KAPITEL 10: DIE ENTSCHEIDENDE DIVERGENZ -
FÜHRUNGSKRÄFTE GEGENÜBER MANAGERN

SCHLUSSFOLGERUNG: DIE KUNST UND DER WEG DER
FÜHRUNG

REFERENZEN

Widmung

Möge dieses Buch Ihnen als Leuchtfeuer dienen, das Sie durch die unbekannten Gewässer der vor Ihnen liegenden Führungsaufgaben führt. Auf diesen Seiten finden Sie eine Fülle von Weisheiten, die aus den Herausforderungen und Erfolgen derer, die vor Ihnen geführt haben, gewebt wurden.

An diejenigen, die es wagen zu träumen, zu inspirieren, den Status quo in Frage zu stellen und in Zeiten der Ruhe und des Sturms am Ruder zu stehen - dies ist für Sie. Sie sind die Architekten von morgen, die Visionäre, die unsere Welt mit Mut, Mitgefühl und einem unerschütterlichen Engagement für ein Ziel, das größer ist als Sie selbst, gestalten werden.

Mögen Sie auf Ihrer Reise die Kraft finden, mit Integrität zu führen, die Weisheit, mit Einsicht zu führen, und das Herz, mit Empathie zu führen. Ihr Weg wird ein Weg der Entdeckung und des Schaffens sein, geprägt nicht nur von den Zielen, die Sie erreichen, sondern auch von den Menschen, die Sie auf Ihrem Weg berühren.

Nehmen Sie diese Reise mit offenen Armen und einem unerschütterlichen Geist auf sich. Denken Sie daran, dass das Vermächtnis einer Führungskraft nicht auf Titeln oder Auszeichnungen beruht, sondern auf dem positiven Wandel, den Sie anstoßen, und dem Wachstum, das Sie fördern.

Diese Widmung ist eine Bestätigung Ihres Potenzials, eine Anerkennung der Führungspersönlichkeit, die Sie werden wollen, und eine Feier der Reise, die Sie antreten werden.

Vorwort

In einer Welt, die ständig an der Schwelle zum nächsten großen Wandel steht, ist es eine große Herausforderung, den Mantel der Führung zu tragen. Die folgenden Seiten sind nicht nur eine Sammlung von Führungsgrundsätzen, sondern auch ein klarer Aufruf an diejenigen, die in den kommenden Jahren diesen Mantel übernehmen werden. Dieses Buch ist eine Einladung, in eine Rolle zu schlüpfen, die ebenso herausfordernd wie edel ist, ebenso anstrengend wie lohnend.

Nachdem ich das Privileg hatte, zu leiten und Führung in ihren vielen Formen und Funktionen zu erleben, ist mir klar geworden, dass Führung kein Endzustand ist, sondern eine Reise - eine Odyssee, die ständiges Lernen, Anpassung und Wachstum erfordert. Dieses Buch fasst diese Odyssee zusammen und schöpft dabei aus dem Brunnen der neuesten Forschung und den Tiefen der praktischen Weisheit.

Das Buch ist ein Zeugnis für die sich entwickelnde Natur der Führung - ein Konzept, das sich über die Starrheit der Hierarchien hinaus zu einem dynamischeren, integrativen und befähigenden Paradigma entwickelt hat. Auf diesen Seiten werden Sie sich auf eine Reise begeben, die Ihre Vorurteile herausfordern und Sie ermutigen wird, über die konventionellen Grenzen hinaus zu denken und zu handeln.

Bei der Lektüre dieses Leitfadens werden Sie die Führungskräfte kennenlernen, die den Wandel nicht nur steuern, sondern auch gestalten. Sie werden lernen, dass Führen nicht nur bedeutet, eine Machtposition innezuhaben, sondern andere zu befähigen, ihr volles Potenzial zu entfalten. Sie werden entdecken, dass das tiefgreifendste Vermächtnis, das eine Führungskraft hinterlassen kann, nicht ein Buch mit persönlichen Errungenschaften ist, sondern eine Kultur der kontinuierlichen Befähigung und eine Tradition der Förderung künftiger Führungskräfte.

Dieses Buch kommt zu einer entscheidenden Zeit - einer Zeit, in der Führung notwendiger, fragwürdiger und komplexer ist als je zuvor. Es bietet keine einfachen Antworten, denn es gibt keine. Stattdessen bietet es einen Rahmen, Ideen und Geschichten, die Sie auf Ihrem eigenen Weg als Führungskraft unterstützen und herausfordern werden.

Wenn Sie diese Seiten durchblättern, bitte ich Sie dringend, dies mit einem offenen Geist und einer reflektierenden Einstellung zu tun. Erlauben Sie den Konzepten, zu Werkzeugen in Ihren Händen zu werden, mit denen Sie Ihren einzigartigen Führungsansatz gestalten können. Lassen Sie dieses Buch Ihr Begleiter sein, wenn Sie die Arena betreten und bereit sind, etwas zu bewegen.

Die Zukunft wird von denen gestaltet, die bereit sind, sie zu führen.

Mögen Sie zu ihnen gehören.

Thomas P Huber PhD MS ECS

Einleitung: Das neue Terrain der Führungskraft

Stellen Sie sich vor, Sie stehen am Fuße einer hoch aufragenden Unternehmensleiter, auf deren oberster Sprosse die Führungspersönlichkeiten hocken und deren Stimmen mit unbestrittener Autorität von der Stahl- und Betonstruktur herabschallen. Dies war das traditionelle Bild von Führung - ein klarer, vertikaler Aufstieg, bei dem die Befehle von oben kamen und Innovation oft von oben verordnet wurde.

Dieses Führungsmodell diente über weite Strecken des zwanzigsten Jahrhunderts als Grundlage für die Gestaltung von Organisationen. Es zeichnete sich durch starre Hierarchien, zentralisierte Entscheidungsfindung und eine klare Abgrenzung zwischen Führenden und Geführten aus. Die Führungskraft war der Denker, Planer und Beweger; die Mitarbeiter waren die Handelnden.

Stellen Sie sich nun aber einen lebendigen Marktplatz vor - einen Basar, auf dem es von verschiedenen Stimmen wimmelt, wo Ideen frei fließen und Autorität weniger sichtbar, aber stärker ist. Das ist die neue Sichtweise der modernen Führung. So wie sich die Welt um uns herum verändert hat, so hat sich auch das Wesen der Führung verändert. Ein neues Konzept löst das alte ab, da sich dynamische, integrative und kollaborative Modelle der Führung durchsetzen.

Warum sollten Sie dieses Buch lesen? Weil sich der Boden unter der traditionellen Führungspyramide verschiebt, und auf diesen Seiten finden Sie das Wissen, um inmitten dieser Veränderungen nicht nur zu navigieren, sondern auch zu gedeihen. Die Welt dreht sich immer schneller und ist durch digitale Fäden miteinander verbunden, die den Globus zu einer Nachbarschaft von sofortigen Transaktionen und Austauschvorgängen schrumpfen lassen. Der technologische Fortschritt ist nicht nur ein Werkzeug, sondern ein Katalysator für neue Wege der Zusammenarbeit. Die Globalisierung hat Kulturen, Volkswirtschaften und Unternehmen zu einem reichhaltigen Eintopf vermischt, der sich nicht mit einem einzigen Löffel umrühren lässt.

Bei der Führung geht es nicht mehr darum, der alleinige Architekt zu sein, sondern vielmehr darum, Räume zu schaffen, in denen Kreativität und Innovation gedeihen. Dieses Buch ist eine Einladung an Sie, diese transformativen Kräfte zu verstehen. Es ist ein Leitfaden für den Visionär, den Veränderer und die mutige Seele, die in einer Welt führen will, in der die Regeln neu geschrieben werden.

Auf diesen Seiten erfahren Sie, wie die Triebkräfte des Wandels - technologischer Fortschritt, globale Vernetzung und innovative Organisationsstrukturen - die Erwartungen und Funktionen von Führungskräften neu gestalten. Mit diesem Verständnis werden Sie darauf vorbereitet sein, nicht nur innerhalb der Grenzen der Tradition zu führen, sondern darüber hinaus, in die weitreichende Zukunft dessen, was Führung sein kann und sein wird.

Führung hat eine tief greifende Metamorphose durchlaufen und sich von der starren Enge der Hierarchie zu einer fließenden und allgegenwärtigen Kraft entwickelt. Die Führung von heute ist nicht auf das Eckbüro beschränkt, sondern bewegt sich in alle Richtungen, auf allen Ebenen und ist so vielseitig wie die Herausforderungen und Chancen, die unsere Zeit bestimmen.

Die Essenz der modernen Führung ist Einfluss, nicht Autorität. Es ist eine Energie, die Kollegen abteilungsübergreifend inspiriert, Teams aus der Ferne motiviert und kollektives Handeln für eine gemeinsame Vision entfacht. Dieser multidirektionale Einfluss spiegelt die Komplexität des modernen Organisationslebens wider, in dem Führungskräfte an der Schnittstelle von Zusammenarbeit, Innovation und Vielfalt entstehen.

In krassem Gegensatz zu früher, als die Erwartungen an eine Führungskraft gleichbedeutend mit Befehl und Kontrolle waren, zeichnet sich die heutige Führung durch Erleichterung und Befähigung aus. Während man von früheren Führungskräften erwartete, dass sie alle Antworten geben, werden moderne Führungskräfte für ihre Fähigkeit geschätzt, die richtigen Fragen zu stellen und die kollektive Intelligenz ihrer Gruppen zu nutzen.

Anpassungsfähigkeit ist heute das Markenzeichen einer effektiven Führung. In einem Umfeld, das von raschen technologischen Veränderungen geprägt ist, müssen Führungskräfte flexibel agieren und Veränderungen als Chance für Wachstum und Innovation begreifen. Auch Visionen sind heute wichtiger denn je - Führungskräfte müssen nicht nur eine Vision für die Zukunft haben, sondern diese auch überzeugend vermitteln und ihre Teams dazu bringen, mit einem gemeinsamen Ziel voranzugehen.

Indem sie sich diese Eigenschaften zu eigen machen, werden moderne Führungskräfte zu Wegbereitern des Fortschritts und verkörpern die Prinzipien, die es Unternehmen ermöglichen, sich in einem sich ständig verändernden Geschäftsumfeld zurechtzufinden. Dieses Buch ist ein Zeugnis für die Dynamik der heutigen Führung und dient als grundlegender Leitfaden für alle, die in der dynamischen und komplexen Welt von heute eine Führungsrolle anstreben.

Begeben Sie sich in diesem Buch auf eine Reise durch die facettenreiche Landschaft der Führung. Jedes Kapitel entfaltet sich wie ein Leuchtfeuer und beleuchtet einen bestimmten Aspekt der Führung in der heutigen Welt. Wir beginnen mit der Essenz der zweckorientierten Führung und gehen der Frage nach, wie man eine überzeugende Vision schmiedet und diese treibende Kraft in das Herz des Unternehmenslebens einbettet. Hier verbinden sich Theorie und praktische Anleitungen zu einem soliden Rahmen für Führungskräfte, um zu inspirieren und zu mobilisieren.

Im weiteren Verlauf verlagert sich der Schwerpunkt auf das Thema "Leading from Every Rung" (Führen von jeder Stufe aus) und unterstreicht die Fähigkeit, von jeder Position aus Einfluss auszuüben. Anhand von Berichten von Führungskräften, die auf verschiedenen Organisationsebenen einen großen Einfluss ausgeübt haben, werden Strategien zur Maximierung des eigenen Einflusses vorgestellt, unabhängig von der Position.

Die Erzählung geht dann zu den Grundsätzen der Teamführung über und befasst sich mit dem komplizierten Tanz der Teamdynamik und damit, wie eine Führungskraft Einigkeit und hohe Leistung fördern kann. Auf der Grundlage neuester Forschungsergebnisse werden in diesem Abschnitt die Grundlagen erfolgreicher Teams und die Rolle der Führungskraft bei deren Bildung aufgezeigt.

Co-Leading stellt eine einzigartige Herausforderung dar, ein Duett der Autorität, bei dem Harmonie an erster Stelle steht. Dieser Abschnitt befasst sich mit den Nuancen gemeinsamer Führung, mit der Komplexität gemeinsamer Entscheidungsfindung und synergetischer Visionen.

Leading Through Change" (Führen durch Wandel) erweist sich als entscheidende Kompetenz auf unserer Reise und rüstet Führungskräfte mit den Werkzeugen aus, die sie zu geschickten Change Agents machen. Es werden Modelle für die Bewältigung von Übergängen und Strategien zur Führung von Teams durch das sich entwickelnde Geschäftsumfeld vorgestellt.

In turbulenten Zeiten sind Führungskräfte die festen Anker, und der Abschnitt über Führung in turbulenten Zeiten beleuchtet die Eigenschaften von Krisenmanagement, Widerstandsfähigkeit und die Aufrechterhaltung eines stabilen Kurses in stürmischer See.

Das Buch wendet sich dann dem Bereich der nicht-hierarchischen Führung zu, indem es über die Effektivität und das Innenleben der Führung ohne die traditionellen Ebenen nachdenkt und einen kooperativen und dezentralen Ansatz der Führung fördert.

Mit Blick auf den Horizont lädt Leadership for the Future dazu ein, über die Kompetenzen und visionären Perspektiven nachzudenken, die die Führungsrolle der Führungskräfte von morgen bestimmen werden, und verbindet dabei die Weitsicht der

Futuristen mit der Weisheit der zeitgenössischen Führungsphilosophie.

Das vorletzte Thema, "The Empowered Leader" (Die befähigte Führungskraft), reflektiert den doppelten Weg der persönlichen Entwicklung und der Entwicklung anderer, ein Zeugnis für die Wechselwirkung von Führung und Befähigung.

Die Erkundung gipfelt in einer Untersuchung von Führungskräften und Managern, in der die entscheidenden Unterschiede und Synergien herausgearbeitet werden und Einblicke in die Verschmelzung dieser Rollen für eine effektive organisatorische Leitung gegeben werden.

Das Buch bietet eine umfassende Untersuchung von Führung in der Praxis, von den theoretischen Grundlagen bis hin zur praktischen Umsetzung, und stellt sicher, dass Leser aller Ebenen innerhalb einer Organisation wertvolle Erkenntnisse für eine wirkungsvolle Führung finden.

Im Bereich der modernen Führung verläuft die Reise selten geradlinig auf der traditionellen Leiter der Unternehmenshierarchie nach oben. Es handelt sich um eine multidirektionale Suche, bei der häufig die ausgetretenen Pfade umgangen und neue Wege beschritten werden. Dieser nicht-lineare Aspekt der Führung ist nicht nur eine Abweichung von der Vergangenheit, sondern auch eine Antwort auf eine neue Welt, in der Agilität wichtiger ist als Festanstellung, Kreativität wichtiger als Konformität und Zusammenarbeit wichtiger als Souveränität.

Die Führungskräfte von heute sind Kartographen, die sich in Gebieten bewegen, die nicht an die festen Grenzen alter Strukturen und traditioneller Rollen gebunden sind. Sie verstehen, dass Führung bedeutet, Einfluss zu nehmen und zu inspirieren, zu ermutigen und zu befähigen, unabhängig von den Sprossen im Organigramm. Führung hat sich somit von einer Position, die man erlangt, zu einer Rolle gewandelt, die man in einem fließenden und sich ständig verändernden Kontext spielt.

Die nicht-hierarchische Führung ist ein Ansatz, der in modernen Unternehmen von entscheidender Bedeutung ist. Es handelt sich um einen Führungsstil, der davon lebt, dass die Ebenen, die früher Innovation und Kommunikation behinderten, abgeflacht werden. Dieses Konzept plädiert für eine Verteilung der Führungsaufgaben auf alle Ebenen und ermächtigt den Einzelnen, die Initiative zu ergreifen, Entscheidungen zu treffen und zu führen, wo immer er steht. Es verkörpert die Philosophie, dass Führung ein kollektives Unterfangen ist und nicht die ausschließliche Domäne derjenigen, die an der Spitze stehen.

In Umgebungen, in denen eine nicht-hierarchische Führung praktiziert wird, hängt die Autorität mehr von der Kompetenz und dem Beitrag ab als vom Titel. Führung wird zu einer gemeinsamen Verantwortung, eine Dynamik, die eine Vielfalt von Gedanken fördert und den Prozess der Gestaltung der Zukunft eines Unternehmens demokratisiert. Solche Organisationen zeichnen sich durch ihre Widerstandsfähigkeit und Anpassungsfähigkeit aus - entscheidende Qualitäten in einer sich ständig verändernden Unternehmenslandschaft.

Das Verständnis und die Umsetzung einer nicht-hierarchischen Führung erfordert eine Überprüfung traditioneller Modelle und die Bereitschaft, neu zu definieren, was es bedeutet, zu führen und zu folgen. Es geht darum, eine Kultur zu fördern, in der Einfluss durch Vertrauen und Leistung erworben wird und nicht durch Dienstalter diktiert wird. Es geht darum, Freiräume zu schaffen, in denen Ideen aus allen Ebenen einfließen können und in denen die besten Ideen und nicht die lautesten Stimmen den Weg nach vorne weisen.

Führung ohne Grenzen ist nicht nur ein Trend, sondern wird zu einem Muss für Organisationen, die in einer komplexen, vernetzten und sich schnell verändernden Welt erfolgreich sein wollen. Es ist ein Beweis für die Überzeugung, dass der beste Weg ins Unbekannte nicht darin besteht, einen vorgegebenen Weg zu gehen, sondern darin, zu verstehen, dass jedes Mitglied der Organisation das Potenzial hat, ein Fackelträger zu sein, der den Weg nach vorne erhellt.

In der zeitgenössischen Führungslehre hat sich der Zweck als der Kompass herauskristallisiert, der Organisationen durch die Komplexität der modernen Unternehmenslandschaft führt. Zweckorientierte Führung geht über das Streben nach kurzfristigen Zielen und Gewinnmargen hinaus; es geht darum, eine Organisation in Werten zu verankern, die bei ihren Mitgliedern und der breiteren Gemeinschaft auf große Resonanz stoßen.

Ein ausgeprägter Sinn für Ziele sorgt für Klarheit und Orientierung und dient als Fixpunkt, an dem alle Entscheidungen und Maßnahmen ausgerichtet werden können. Er bietet ein Warum, das das Was und das Wie der Tätigkeiten einer Organisation vorantreibt. Dieses Warum ist ein starker Motivator, ein intrinsischer Antrieb, der Führungskräfte und ihre Teams dazu inspirieren kann, gemeinsame Ziele mit Leidenschaft und Ausdauer zu verfolgen.

Führungskräfte, die einen zweckorientierten Ansatz verfolgen, wissen, dass Zweck mehr ist als ein Leitbild; er ist eine gelebte Erfahrung und eine ständige Verpflichtung. Er prägt die Kultur der Organisation, formt die Marke und beeinflusst die Beziehungen zu den Stakeholdern. Wenn Führungskräfte diesen Zweck formulieren und vorleben, schaffen sie einen gemeinsamen Sinn, der das Alltägliche in etwas Außergewöhnliches verwandeln kann.

Solche Führungskräfte verstehen es, den Zweck der Organisation so zu vermitteln, dass die einzelnen Aufgaben mit der übergeordneten Mission verbunden sind, und so das Gefühl der Zugehörigkeit und des Engagements der Teammitglieder zu fördern. Sie stellen sicher, dass der Zweck nicht nur erstrebenswert, sondern auch umsetzbar ist, indem sie hochfliegende Ideale in konkrete Ziele umsetzen, die die Organisation voranbringen.

Ein klar definierter und in das strategische Gefüge einer Organisation integrierter Zweck wirkt wie ein Leuchtturm und zieht Talente und Kunden gleichermaßen an. Er hilft Teams, durch

Ungewissheit und Wandel zu navigieren, und bietet einen einheitlichen Rahmen für die Bewertung von Chancen und Herausforderungen. Wenn die Winde des Wandels wehen, kann ein zielorientiertes Unternehmen seine Segel getrost neu setzen, da es weiß, dass seine Kernidentität und seine Ausrichtung stabil bleiben.

Eine zweckorientierte Führung geht auch über die Organisation selbst hinaus und erkennt an, dass die Unternehmen von heute Teil eines größeren sozialen und ökologischen Systems sind. Führungskräfte, die diese Perspektive einnehmen, sind von der Vision motiviert, einen positiven Beitrag für die Gesellschaft und die Umwelt zu leisten, und erkennen, dass nachhaltiger Erfolg mit dem Wohlergehen aller Beteiligten verknüpft ist.

Die Zielsetzung ist das Herzstück moderner Führung, weil sie den moralischen und strategischen Kompass für eine Führung mit Integrität, Vision und Engagement für das Allgemeinwohl liefert. Sie stellt sicher, dass das Streben nach Erfolg Hand in Hand mit der Kultivierung eines Vermächtnisses mit positiver Wirkung geht.

Das Konzept der Führung unterliegt einem tief greifenden Wandel, der die Grenzen von Titeln und Positionen sprengt und ein demokratischeres und umfassenderes Herz zum Vorschein bringt. Die traditionelle Auffassung, dass Führung nur denjenigen vorbehalten ist, die an der Spitze stehen, ist der Erkenntnis gewichen, dass Führung für jeden innerhalb einer Organisation zugänglich ist, unabhängig von seiner Rolle.

Der Kern dieses Wandels ist die Überzeugung, dass es bei der Führung um Einfluss und nicht um Autorität geht. Es geht um die Wirkung, die jemand auf die Menschen um ihn herum hat, und um die Fähigkeit, Veränderungen zu lenken und zum Handeln zu inspirieren. Diese egalitäre Sichtweise von Führung öffnet jedem Einzelnen die Türen, um als Führungskraft in Erscheinung zu treten und erkennt an, dass jeder das Potenzial hat, in irgendeiner Form zu führen.

Die Diskussion über die Führung aus verschiedenen Blickwinkeln innerhalb einer Organisation - von unten, von der Mitte und von oben - zeigt, dass Führung eine multidimensionale Praxis ist, die auf jeder Ebene unterschiedlich ausgeprägt ist und unterschiedliche Möglichkeiten bietet. Die Mitarbeiter an der Basis, die oft am nächsten an den Produkten, Dienstleistungen und Kunden dran sind, haben einen einzigartigen Einblick, der Innovationen und Prozessverbesserungen vorantreiben kann. Ihre Herausforderung besteht darin, ihren Einfluss ohne formale Autorität geltend zu machen, durch Überzeugungsarbeit, Fachwissen und durch ihr Beispiel zu führen.

Aus der Mitte heraus haben Führungskräfte den Vorteil einer doppelten Perspektive: Sie können die strategischen Absichten von oben sehen und gleichzeitig mit den Realitäten der operativen Ebene in Verbindung bleiben. Sie spielen eine zentrale Rolle bei der Umsetzung von Visionen in die Praxis und können den Wandel wirkungsvoll vorantreiben, wenn sie die Komplexität ihrer Position richtig einschätzen können.

An der Spitze geht es darum, die Agenda zu bestimmen, die Richtung vorzugeben und Entscheidungen zu treffen, die sich auf die gesamte Organisation auswirken. Führungskräfte auf dieser Ebene müssen die Anforderungen der verschiedenen Interessengruppen unter einen Hut bringen und gleichzeitig dafür sorgen, dass das Unternehmen seinem Zweck und seinen Werten treu bleibt. Ihre Herausforderung besteht darin, am Puls des Unternehmens und des Marktes zu bleiben und sicherzustellen, dass sie nicht in einer Echokammer der Strategie auf höchster Ebene isoliert werden.

Jede Ebene bietet einzigartige Herausforderungen und Chancen, und der Weg zur Einflussnahme ist sehr unterschiedlich. Die Aufforderung, von jeder Position aus zu führen, ist eine Aufforderung, diese Dynamik zu verstehen und die eigene einzigartige Position als Plattform für die Führung zu nutzen. Dieser integrative Ansatz für die Führung ist nicht nur vorteilhaft, sondern auch notwendig für Organisationen, die die Komplexität der modernen Geschäftswelt meistern wollen. Er fördert eine Kultur, in der Führung als eine kollektive Fähigkeit anerkannt wird, in der jeder die Möglichkeit hat, die Initiative zu ergreifen und den Fortschritt voranzutreiben.

Einfluss zu demokratisieren bedeutet, die Barrieren abzubauen, die Menschen daran hindern, ihr eigenes Führungspotenzial zu erkennen. Es ist eine Einladung an alle in einer Organisation, zum Führungsdenken und -handeln beizutragen. Diese Perspektive schafft die Voraussetzungen für eine dynamischere, agilere und widerstandsfähigere Organisation, in der Führung nicht eine Rolle ist, die ausgefüllt werden muss, sondern ein Verhalten, das auf allen Ebenen gefördert und kultiviert werden muss.

Führung, in ihrer prüfendsten Form, kristallisiert sich oft im Angesicht von Widrigkeiten heraus - sei es durch radikale Veränderungen, Turbulenzen oder Katastrophen. Die wahre Stärke einer Führungspersönlichkeit zeigt sich nicht in Zeiten der Ruhe, sondern in Zeiten des Sturms. Die heutige Zeit, die durch rasanten technologischen Fortschritt, sozio-politische Veränderungen und ökologische Unwägbarkeiten gekennzeichnet ist, bietet eine ganze Reihe von Herausforderungen, die plötzlich und schwerwiegend sein können. In solchen Zeiten tritt die Notwendigkeit einer belastbaren und anpassungsfähigen Führung in den Vordergrund.

Resilienz in der Führung zeichnet sich durch die Fähigkeit aus, Druck standzuhalten, sich von Rückschlägen zu erholen und weiterhin mit Überzeugung und Zuversicht zu führen. Es geht darum, auch bei rauer See eine ruhige Hand am Ruder zu behalten. Eine belastbare Führungspersönlichkeit erholt sich nicht nur, sondern lernt, wächst und stärkt aus den Herausforderungen, mit denen sie konfrontiert wird. Sie schaffen Organisationen, die nicht spröde und starr sind, sondern robust und in der Lage, die Wechselfälle des Geschäftsklimas zu überstehen.

Anpassung ist die ergänzende Eigenschaft, die es Führungskräften ermöglicht, durch unbekannte Gewässer zu navigieren. Sie erfordert die Bereitschaft zu akzeptieren, dass das, was in der Vergangenheit funktioniert hat, für die Zukunft möglicherweise nicht mehr ausreicht. Anpassungsfähige Führungskräfte sind diejenigen, die sich umorientieren können, die in ihren Strategien und Ansätzen flexibel sind und die offen für neue Ideen und Innovationen sind. Sie behalten den Horizont im Auge, antizipieren Veränderungen und bereiten ihre Organisationen darauf vor, bei Bedarf den Kurs zu ändern.

Führungspersönlichkeiten, die resilient und anpassungsfähig sind, bewältigen eine Krise nicht einfach nur, sie finden darin auch Chancen. Sie nutzen Widrigkeiten, um die Kernwerte und den Zweck der Organisation zu stärken, indem sie die Herausforderung als Katalysator für positive Veränderungen nutzen. Sie kommunizieren effektiv und vermitteln Transparenz, Hoffnung und eine klare Vision für die Zukunft, was für die Aufrechterhaltung der Moral und der Konzentration des Teams entscheidend ist.

Die Bedeutung von Widerstandsfähigkeit und Anpassung wird durch die Tatsache unterstrichen, dass die Herausforderungen, mit denen wir heute konfrontiert sind, oft systemisch und miteinander verknüpft sind und umfassende und kreative Lösungen erfordern. Erfolgreiche Führungspersönlichkeiten sind diejenigen, die ihre Organisationen durch diese Komplexität führen können, um kurzfristig das Überleben zu sichern und sich langfristig für Wachstum und Innovation zu positionieren.

Bei der Führung durch Stürme geht es darum, die Grundsätze der Widerstandsfähigkeit und der Anpassung zu verkörpern, wesentliche Eigenschaften, die es Führungskräften ermöglichen, nicht nur den Sturm zu überstehen, sondern auch einen neuen Kurs einzuschlagen, der zu blauen Ozeanen der Möglichkeiten führen kann.

Die einzige Gewissheit, die wir an der Schwelle zur Zukunft haben, ist das unerbittliche Tempo des Wandels. Die Zukunft ist eine Landschaft im Wandel, die ständig von den Kräften der Technologie, der Globalisierung und der gesellschaftlichen Entwicklung geprägt wird. In einer solchen Welt stehen Führungskräfte vor der gewaltigen Aufgabe, einen Kurs durch unbekanntes Terrain festzulegen. Die Fähigkeit, die Zukunft zu antizipieren, zu verstehen und zu gestalten, ist nicht nur ein Vorteil, sondern eine Notwendigkeit für alle, die effektiv führen wollen.

Führung für die Zukunft" ist ein wesentliches Paradigma, das die Unbeständigkeit des gegenwärtigen Zustands und die Notwendigkeit, sich weiterzuentwickeln, anerkennt. Dieser Ansatz erfordert eine andere Art von Weitsicht - eine Vision, die anpassungsfähig und weitreichend genug ist, um auch Möglichkeiten zu erfassen, die erst noch entstehen werden. Er verlangt von Führungskräften, dass sie Innovatoren, Denker und vor allem Lernende sind, die ständig auf die Signale des bevorstehenden Wandels achten.

Die Führungskräfte, die in dieser sich entfaltenden Zukunft Erfolg haben werden, sind diejenigen, die sich eine Denkweise der kontinuierlichen Weiterentwicklung zu eigen machen. Sie geben sich nicht mit dem Status quo zufrieden, sondern versuchen, ihn zu verändern, bevor äußere Umstände sie dazu zwingen. Diese Führungskräfte wissen, dass die Strategien und Modelle von heute schon morgen überholt sein können, und sie suchen ständig nach Anzeichen für den nächsten Wandel. Führen für die Zukunft bedeutet auch eine Verpflichtung zu Nachhaltigkeit und verantwortungsvollem Handeln. Es geht darum, Entscheidungen zu treffen, die nicht nur den unmittelbaren Erfolg fördern, sondern auch sicherstellen, dass das Unternehmen langfristig florieren kann. Dies bedeutet, dass die Auswirkungen des unternehmerischen Handelns auf die Umwelt, die Gesellschaft und künftige Generationen berücksichtigt werden müssen.

Führungskräfte müssen eine Kultur fördern, die agil und widerstandsfähig ist, die schnell auf Veränderungen reagieren kann und die Innovation begrüßt. Sie müssen Organisationen kultivieren, in denen Kreativität gefördert wird, in denen Experimente ermutigt werden und in denen Scheitern nicht gefürchtet, sondern als wertvolle Lernerfahrung angesehen wird. Es ist eine Reise der Vorbereitung und Antizipation, auf der Führungskräfte ihre Fähigkeiten ständig verfeinern und ihr Denken erweitern müssen, um der Zeit immer einen Schritt voraus zu sein. Auf diese Weise können sie sicherstellen, dass ihre Organisationen in den unvorhersehbaren Zeiten, die vor ihnen liegen, nicht nur überleben, sondern florieren.

Befähigte Führung ist das Herzstück einer transformativen Organisationskultur, die Autonomie, Beherrschung und Zielstrebigkeit der Mitarbeiter fördert. Eine solche Führung spannt ein weites Netz des Einflusses und ermutigt den Einzelnen, die Initiative zu ergreifen, innovativ zu sein und die Verantwortung für seine Rolle und seinen Beitrag zu übernehmen. Diese Ermächtigung führt zu einer dynamischeren und reaktionsfähigeren Organisation, in der die Kultur von Vertrauen, Zusammenarbeit und einem gemeinsamen Streben nach Erfolg geprägt ist.

Die Auswirkungen einer befähigenden Führung gehen weit über die unmittelbaren Ergebnisse hinaus. Sie sind tief in das Gefüge der Unternehmenskultur eingewoben und prägen die Identität und die Fähigkeit eines Unternehmens, langfristig erfolgreich zu sein. Teams, die über mehr Kompetenzen verfügen, sind belastbarer, anpassungsfähiger und engagierter. Sie tragen auch eher zu einer Kultur der kontinuierlichen Verbesserung bei, verschieben die Grenzen des Möglichen und treiben die Organisation zu neuen Höchstleistungen an.

Das Vermächtnis einer effektiven Führungspersönlichkeit misst sich daher nicht nur an dem finanziellen Erfolg, zu dem sie beigetragen hat, oder an den Projekten, die sie bis zum Abschluss betreut hat. Vielmehr ist es eingebettet in die Stärke und Vitalität der Organisationskultur, die sie zu kultivieren helfen - eine Kultur, die auch über ihre Amtszeit hinaus Bestand hat und sich weiterentwickelt. Sie spiegelt sich in den Führungspersönlichkeiten wider, die aus ihren Reihen hervorgehen und die die Werte und Visionen, die ihnen eingeflößt wurden, weiterführen.

Dieses Buch soll ein Katalysator für eine solche Führung sein. Es soll eine neue Generation von Führungskräften inspirieren und kultivieren - Führungskräfte, die die Vielschichtigkeit ihrer Rolle verstehen und in der Lage sind, die Herausforderungen einer sich rasch verändernden Welt zu meistern. Das Ziel ist es, derzeitigen und angehenden Führungskräften dabei zu helfen, in ihren Organisationen und Gemeinschaften eine positive und nachhaltige Wirkung zu erzielen.

Bei der Führung geht es letztlich darum, etwas zu bewirken und eine Spur zu hinterlassen. Die größten Führungspersönlichkeiten sind diejenigen, die nicht nur eine Spur von Erfolgen hinterlassen, sondern auch ein Vermächtnis, das sie befähigt - ein Vermächtnis, das kontinuierliches Wachstum, Entwicklung und Erfolg fördert, lange nachdem sie gegangen sind. Dieses Buch möchte seinen Lesern diese Vision von Führung vermitteln - eine Vision, die Wirkung zeigt, alle einbezieht und von Dauer ist.

Dieses Buch ist sowohl als Kompass als auch als Begleiter für Ihre Führungsreise gedacht. Es ist so aufgebaut, dass es Ihnen die Erkenntnisse und Rahmenbedingungen vermittelt, die für das Verständnis und die Anwendung wirksamer Führungsprinzipien in verschiedenen Kontexten erforderlich sind. Um Ihr Lernen und die Anwendung dieser Prinzipien zu maximieren, finden Sie hier einige Vorschläge, wie Sie sich mit dem Inhalt dieses Leitfadens beschäftigen können:

- Reflektierendes Lesen: Lesen Sie die Kapitel nicht im Schnelldurchlauf. Nehmen Sie sich Zeit, um über die vorgestellten Ideen nachzudenken. Denken Sie darüber nach, wie sich jedes Konzept auf Ihre persönlichen Erfahrungen und aktuellen Herausforderungen bezieht.

- Aktives Engagement: Beschäftigen Sie sich aktiv mit dem Lernstoff. Das kann bedeuten, dass Sie sich Notizen machen, wichtige Punkte hervorheben oder sogar mit Gleichaltrigen über die Ideen diskutieren. Hinterfragen Sie die Konzepte und denken Sie kritisch darüber nach, wie sie sich auf Ihre eigene Situation anwenden lassen.

- Praktische Anwendung: Halten Sie nach jedem Kapitel inne und überlegen Sie, wie Sie die Erkenntnisse auf Ihre eigene Führungspraxis anwenden können. Denken Sie darüber nach, ein oder zwei Maßnahmen aufzuschreiben, die Sie auf der Grundlage des Gelernten ergreifen oder umsetzen können.

- Diskussion und Dialog: Führung ist keine einsame Angelegenheit. Diskutieren Sie die Ideen mit anderen in Ihrem Netzwerk oder Team. Dies kann Ihr Verständnis vertiefen und neue Perspektiven auf die Materie eröffnen.

- Schrittweise Herangehensweise: Es kann von Vorteil sein, ein Kapitel nach dem anderen in Angriff zu nehmen, so dass Sie die Lektionen in sich aufnehmen und in Ihren Führungsansatz einfließen lassen können, bevor Sie zum nächsten Kapitel übergehen.

- Reise-Mentalität: Betrachten Sie dieses Buch als eine Reise und nicht als ein einmaliges Ereignis. Ihre Führungsfähigkeiten werden sich im Laufe der Zeit entwickeln; besuchen Sie die Kapitel und Konzepte erneut, wenn Sie wachsen und sich neuen Situationen stellen.

- Persönliche Anpassung: Seien Sie bereit, die Strategien an Ihren Kontext anzupassen. Führung ist keine Einheitsgröße; sie erfordert eine Anpassung an die jeweilige Führungskraft und die spezifischen Umstände.

- Erstellen Sie einen Plan: Nutzen Sie das Buch, um einen Plan für Ihre persönliche Führungsentwicklung zu erstellen. Setzen Sie sich Ziele für Ihr Wachstum als Führungskraft und nutzen Sie die Kapitel als Meilensteine, um diese Ziele zu erreichen.

- Achtsame Praxis: Versuchen Sie, die Führungsqualitäten in realen Situationen zu üben. Reflektieren Sie Ihre Erfolge und verbesserungswürdigen Bereiche.

- Über das Vermächtnis nachdenken: Denken Sie beim Lesen über das Vermächtnis nach, das Sie hinterlassen möchten. Wie können Sie Ihre Handlungen und Entscheidungen so gestalten, dass sie zu einer dauerhaften, positiven Wirkung beitragen?

Wenn Sie dieses Buch als Wegweiser betrachten, können Sie durch die Komplexität der heutigen Führungsarbeit navigieren und die darin enthaltenen Lektionen nutzen, um einen Weg zu finden, der sowohl wirkungsvoll als auch erfüllend ist. Lassen Sie sich von diesem Buch auf Ihrem Weg begleiten, das Ihnen Orientierung, Inspiration und Unterstützung bietet. Ihr Weg als Führungskraft ist einzigartig, und dieser Leitfaden soll Sie bei jedem Schritt unterstützen und Ihnen helfen, die Führungskraft zu werden, die Sie sein möchten.

Kapitel 1: Der Kern der Sache - Zweckgerichtete Führung

Das Streben nach Sinn in der Führung ist kein neues Phänomen, aber seine Bedeutung hat in einer Welt, die sich nach Authentizität und Sinn sehnt, zugenommen. Zweckorientierte Führung zu verstehen bedeutet, sie als die Seele einer Organisation oder Bewegung zu erkennen, als die oft unausgesprochene, aber mächtige Kraft, die inmitten des Lärms der täglichen Arbeit und Entscheidungsfindung für Klarheit und Orientierung sorgt.

Dieser tiefe Sinn für den Zweck beantwortet das "Warum" hinter dem "Was" und dem "Wie" der Führung. Es ist das, was die Leidenschaft antreibt, das Engagement entfacht und der Arbeit einen tieferen Sinn verleiht. Es geht nicht nur darum, Ziele zu erreichen, sondern darum, diese Ziele mit Werten und Visionen in Einklang zu bringen, die über die Bilanz oder den Strategieplan hinausgehen.

In der Vergangenheit war Führung oft gleichbedeutend mit Befehl und Kontrolle, was die militärischen Wurzeln widerspiegelt, die viele frühe Führungstheorien prägten. Führungspersönlichkeiten waren Galionsfiguren, deren Zweck fast immer mit der Eroberung von Märkten oder Territorien verbunden war. Doch mit der Entwicklung von Gesellschaften und Organisationen hat sich auch das Verständnis von Führung verändert. Der Fokus des Industriezeitalters auf Effizienz und Wachstum wich dem humanistischen Ansatz des späten 20. Jahrhunderts, der den Menschen und den Zweck des Unternehmenserfolgs stärker in den Vordergrund stellte.

Die zweckorientierte Führung steht heute im Gegensatz zu traditionellen Führungsstilen, bei denen Profit, Macht oder persönlicher Gewinn im Vordergrund stehen. Es geht darum, einen reichhaltigeren Wandteppich zu weben, bei dem der Erfolg die unmittelbaren, greifbaren Ergebnisse einschließt, aber auch darüber hinausgeht. In diesem Zusammenhang wirkt die Zielsetzung nicht nur als Motivator, sondern auch als Kompass, der den Führungskräften den Weg durch die Herausforderungen und Chancen einer sich rasch verändernden Welt weist.

Der Wandel hin zu einer zweckorientierten Führung vollzieht sich allmählich, aber unübersehbar. Da das Geschäftsumfeld immer komplexer und vernetzter wird und die Arbeitskräfte mehr von ihrem Berufsleben erwarten als nur einen Gehaltsscheck, wird der Ruf nach Führungskräften lauter, die einen überzeugenden Zweck formulieren und verkörpern können. Diese Art von Führung wird nicht nur als "nice-to-have" angesehen, sondern als entscheidender Wettbewerbsvorteil, der Talente anziehen, Innovationen vorantreiben und nachhaltigen Erfolg schaffen kann.

Führungskräfte, denen es gelingt, die Ziele der Organisation mit einem sinnvollen Zweck zu verbinden, haben die Chance, nicht nur durch die Strömungen des Wandels zu navigieren, sondern sie zu gestalten. In diesem Kapitel werden wir die Ursprünge der Zielsetzung in der Führung erforschen, ihre Entwicklung im Laufe der Zeit verfolgen und erörtern, wie die Führungskräfte von heute andere Stile kontrastieren und ergänzen können, indem sie die Zielsetzung in den Mittelpunkt ihrer Führungsphilosophie stellen.

Der Zweck dient als psychologischer Anker für Führungskräfte und ihre Teams. Er verleiht ihren täglichen Aufgaben Bedeutung und fördert ein dauerhaftes Engagement. Wenn Führungskräfte sich über ihre Ziele im Klaren sind, kommunizieren sie diese mit größerer Überzeugung und inspirieren ihre Teams dazu, gewaltige Herausforderungen zu meistern. Diese intrinsische Motivation ist es, die leistungsstarke Teams auszeichnet: das gemeinsame Streben nach einem Ziel, das von Bedeutung ist.

Die Wirkung von Zielen auf die Psyche ist tiefgreifend. Sie entspricht einem grundlegenden menschlichen Bedürfnis nach Verbundenheit mit etwas, das größer ist als man selbst. Führungskräfte, die sich diese Kraft zunutze machen, erreichen nicht nur mehr, sondern erleben auch eine größere Zufriedenheit in ihrer Rolle. Sie schaffen ein Umfeld, in dem die Teammitglieder das Gefühl haben, dass ihre Arbeit einen Sinn hat, und fördern so eine Kultur des Engagements und der Widerstandsfähigkeit.

Wenn man sich erfolgreiche, zielorientierte Führungskräfte ansieht, erkennt man ein Muster tief verwurzelter Werte, die ihre Entscheidungen leiten. Denken Sie an den CEO, der das Unternehmen in Richtung ökologische Nachhaltigkeit lenkt, nicht nur aus Gründen der Compliance oder des Brandings, sondern aus echter Sorge um den Planeten. Oder die Führungspersönlichkeit einer Gemeinde, deren Bemühungen, Jugendliche zu inspirieren, auf einer persönlichen Geschichte beruhen, die die Macht von Mentorenschaft und Chancen bestätigt.

Diese Führungspersönlichkeiten sind keine Anomalien, sondern Beispiele dafür, wie ein ausgeprägter Sinn für Ziele die Unternehmenslandschaft im Allgemeinen beeinflussen kann. Ihre Geschichten sind nicht nur inspirierende Anekdoten; sie sind Fallstudien über die Wirksamkeit einer zielgerichteten Führung. Sie zeigen, wie die Klarheit der Zielsetzung zu innovativen Lösungen führen kann und wie eine solche Führung Branchen verändern und Paradigmen neu definieren kann.

In strategischer Hinsicht fungiert der Zweck als Nordstern. Er bestimmt nicht nur die langfristige Vision, sondern auch die taktischen Entscheidungen, mit denen die Komplexität des Tagesgeschäfts bewältigt wird. Eine zweckorientierte Entscheidungsfindung beinhaltet oft schwierige Entscheidungen, die vielleicht keine sofortige Belohnung bringen, aber mit den größeren, bedeutsameren Zielen übereinstimmen. Durch diese strategische Ausrichtung wird sichergestellt, dass sich die Organisation kohärent auf ihre Ziele zubewegt, wobei jede Entscheidung und jede Handlung den grundlegenden Zweck stärkt.

Zweckmäßigkeit in der Führung ist mehr als ein strategischer Vorteil; sie ist ein psychologischer Stützpfeiler, der sowohl den Führungskräften als auch ihren Anhängern Sinn, Orientierung und

Widerstandsfähigkeit bietet. Sie wirkt wie eine unsichtbare Kraft, die das Ethos einer Organisation und den Geist ihres Teams prägt. Das Verständnis des eigenen Zwecks entfacht die Leidenschaft, fördert die Hingabe und verleiht den täglichen Aufgaben eine tiefgreifende Bedeutung.

Führungskräfte, die in ihrer Zielsetzung verankert sind, vermitteln ihre Vision mit Überzeugung und sind so in der Lage, Teams zu mobilisieren, unerschütterliches Engagement zu fördern und durch die Wechselfälle des Geschäftsklimas zu navigieren. Für diese Führungskräfte ist der Zweck kein abstraktes Konzept, sondern eine tägliche Praxis, die jede Entscheidung und Interaktion beeinflusst.

Die psychologischen Auswirkungen der Zielsetzung sind erheblich. Er berührt die intrinsischen Motivationen und wirkt sich auf alles aus, von der Arbeitszufriedenheit bis zur Leistung. Wenn Teams mit einem klaren Sinn für ihre Ziele arbeiten, geht ihre Arbeit über die transaktionalen Aspekte des Geschäfts hinaus und führt zu einem gemeinsamen Engagement, das sowohl ermächtigend als auch vereinigend ist.

Die Erzählungen erfolgreicher zielorientierter Führungskräfte sind ein greifbarer Beweis für diese Kraft. Diese Fallstudien erstrecken sich über verschiedene Sektoren und Branchen und zeigen, wie Sinn als Katalysator für Innovation und als Leuchtturm für den organisatorischen Wandel wirkt. Diese Führungskräfte passen sich nicht nur an den Wandel an, sondern leben ihn und nutzen ihre Ziele, um ihre Organisationen mit Zuversicht und Weitsicht in unbekannte Gefilde zu lenken.

Bei der Entscheidungsfindung und der Strategie dient der Zweck als Richtschnur, um sicherzustellen, dass kurzfristige Ziele nicht die langfristigen Visionen in den Schatten stellen. Sie bietet einen Rahmen für die Bewertung von Chancen und Herausforderungen und stellt sicher, dass Entscheidungen nicht nur zweckmäßig sind, sondern auch mit den Grundwerten und dem Auftrag der Organisation übereinstimmen. Diese strategische Ausrichtung fördert ein Gefühl der Konsistenz und Integrität, das das Vertrauen der Interessengruppen stärkt und die Grundlage für einen dauerhaften Erfolg bildet.

Die Entwicklung eines Sinns für Ziele ist sowohl eine introspektive Reise als auch ein strategisches Erfordernis. Sie erfordert ein tiefes Verständnis der persönlichen Werte und eine Bewertung des Kernauftrags einer Organisation. Bei diesem Prozess geht es nicht darum, einen Zweck aus dem Nichts zu erschaffen, sondern aufzudecken, was bereits vorhanden und tief im Einzelnen und in der gesamten Organisation verwurzelt ist.

Strategien zur Entdeckung des persönlichen und organisatorischen Zwecks beginnen oft mit Reflexion. Führungskräfte werden ermutigt, sich selbst und ihren Teams bohrende Fragen zu stellen: Was wollen wir mit unserer Arbeit bewirken? Für welche Themen setzen wir uns leidenschaftlich ein? Wie stimmt unsere Arbeit mit unseren persönlichen Werten überein? Diese Reflexion ist von entscheidender Bedeutung, wenn es darum geht, die Werte zu ermitteln, die den Einzelnen antreiben, und den umfassenderen Auftrag zu bestimmen, den eine Organisation erfüllen möchte.

Die Abstimmung der persönlichen Werte mit den Unternehmenszielen kann manchmal eine Herausforderung sein, ist aber für eine authentische, zielgerichtete Führung entscheidend. Führungskräfte müssen sicherstellen, dass ihre persönlichen Werte mit den Zielen der Organisation übereinstimmen und dass eine gegenseitige Verstärkung der Ziele stattfindet. Diese Abstimmung bedeutet nicht unbedingt, dass persönliche und organisatorische Ziele identisch sein müssen, aber sie sollten sich ergänzen und harmonieren.

Sobald ein Sinn für den Zweck entdeckt und eine Ausrichtung erreicht ist, besteht der nächste Schritt darin, diesen Zweck so zu formulieren, dass er bei allen Beteiligten ankommt. Dies kann die Ausarbeitung einer überzeugenden Erzählung beinhalten, die den Auftrag und die Vision der Organisation zusammenfasst und eine Sprache verwendet, die sowohl inspirierend als auch integrativ ist. Die Formulierung des Zwecks wird zu einer Art Manifest, einer

Erklärung darüber, wofür die Organisation steht und wohin sie gehen will.

Kommunikationsmittel sind der Schlüssel zur Verbreitung dieses Ziels in der gesamten Organisation. Die Führungskräfte müssen den von ihnen verkündeten Zweck verkörpern und sicherstellen, dass ihre Handlungen, Entscheidungen und Mitteilungen den definierten Zweck konsequent widerspiegeln. Das Erzählen von Geschichten kann in dieser Hinsicht ein wirkungsvolles Instrument sein, das es den Führungskräften ermöglicht, von Fällen zu berichten, in denen der Zweck der Organisation Entscheidungen geleitet oder zu bedeutenden Auswirkungen geführt hat. Eine regelmäßige, transparente Kommunikation darüber, wie die Organisation ihrem Zweck gerecht wird, motiviert nicht nur die Mitarbeiter, sondern schafft auch Vertrauen und Zusammenhalt.

Sinn wirkt als tiefgreifende Motivationskraft in Führungs- und Organisationskontexten und hat einen deutlichen und messbaren Einfluss auf Engagement und Leistung. Er fördert die intrinsische Motivation, die für langfristigen Erfolg und Zufriedenheit bei der Arbeit entscheidend ist. Wenn der Einzelne versteht, wie seine Bemühungen zu einer größeren Sache oder einer sinnvollen Vision beitragen, wird seine tägliche Arbeit mehr als nur eine Reihe von Aufgaben; sie wird zu einer Mission.

Die Beziehung zwischen Sinnhaftigkeit, Arbeitszufriedenheit und Leistung wird durch empirische Daten eindeutig belegt. Mitarbeiter, die ihre Arbeit als sinnvoll empfinden, weisen mit größerer Wahrscheinlichkeit ein höheres Maß an Arbeitszufriedenheit auf, was wiederum mit einer höheren Leistung korreliert. Bei der Arbeitszufriedenheit geht es nicht nur um Bequemlichkeit oder Annehmlichkeiten; sie ist eng mit dem Gefühl verbunden, einen Zweck zu erfüllen. Diese Erfüllung treibt den Einzelnen dazu an, über die Mindestanforderungen hinauszugehen, und treibt Innovation und Produktivität voran.

Eine Vielzahl von Studien hat den Zusammenhang zwischen einem ausgeprägten Sinn für den Unternehmenszweck und verschiedenen Markern des Unternehmenserfolgs, wie Wachstumsraten, Mitarbeiterbindung und Markenstärke, bestätigt. Unternehmen mit einem klar formulierten und verstandenen Zweck schneiden bei den wichtigsten Erfolgskennzahlen tendenziell besser ab als solche ohne. Darüber hinaus sind zweckorientierte Organisationen widerstandsfähiger; sie können Herausforderungen und Störungen flexibler bewältigen, weil ihr Zweck einen einheitlichen Rahmen für die Entscheidungsfindung bietet.

Es hat sich gezeigt, dass Zweckmäßigkeit eine wichtige Rolle dabei spielt, Talente anzuziehen und zu halten. Die modernen Arbeitskräfte, insbesondere die jüngeren Generationen, suchen zunehmend nach Arbeitgebern, deren Werte mit ihren eigenen übereinstimmen. Das Vorhandensein eines überzeugenden Zwecks kann ein entscheidender Faktor für potenzielle Mitarbeiter sein und ein starkes Gefühl der Loyalität unter den derzeitigen Mitarbeitern fördern.

Trotz der überzeugenden Argumente für eine zweckorientierte Führung ist deren Umsetzung nicht ohne Herausforderungen. Führungskräfte, die sich für einen Zweck jenseits des Profits einsetzen, können auf Skepsis und Widerstand in verschiedenen Formen stoßen, sowohl intern in ihren Organisationen als auch von externen Stakeholdern.

Ein häufiges Hindernis ist die wahrgenommene Dichotomie zwischen Gewinn und Zweck. Die herkömmliche Geschäftsmentalität gibt kurzfristigen finanziellen Gewinnen oft den Vorrang vor langfristigen Zielen, und der Druck der Aktionäre und des Marktes kann sehr stark sein. Führungskräfte können Schwierigkeiten haben, Investitionen in Initiativen zu rechtfertigen, die zwar mit dem Zweck des Unternehmens übereinstimmen, aber keine unmittelbaren finanziellen Erträge abwerfen. In diesem Spannungsfeld gilt es, die Stakeholder davon zu überzeugen, dass langfristige Nachhaltigkeit und ethische Überlegungen wichtiger sind als kurzfristige Rentabilität.

Es kann ein gewisses Maß an Zynismus gegenüber einer zweckorientierten Führung bestehen, vor allem, wenn es sich eher um eine oberflächliche Branding-Übung als um einen authentischen kulturellen Wandel zu handeln scheint. Sowohl Mitarbeiter als auch Kunden können erkennen, wenn der erklärte Zweck eines Unternehmens nicht mit seinen Handlungen übereinstimmt. Um diesen Zynismus zu überwinden, muss ein echtes Engagement durch konsequentes und transparentes Verhalten gezeigt werden, das den erklärten Zweck des Unternehmens aufrechterhält.

Der Aufbau eines authentischen Zwecks ist ein Prozess, der mehr erfordert als eine gut formulierte Erklärung; er erfordert eine grundlegende Integration dieses Zwecks in alle Aspekte der Organisation. Diese Integration kann komplex sein und verlangt von den Führungskräften die Bereitschaft, etablierte Praktiken und Richtlinien, die im Widerspruch zur neuen zweckorientierten Ausrichtung stehen, neu zu bewerten und möglicherweise zu ändern.

Führungskräfte müssen in der Lage sein, sich diesen Herausforderungen zu stellen. Sie sollten in der Lage sein, den geschäftlichen Nutzen einer zweckorientierten Führung überzeugend darzulegen und die langfristigen Vorteile wie Mitarbeiterengagement, Kundentreue und Innovation hervorzuheben. Sie müssen auch sicherstellen, dass ihre Handlungen konsequent ihren Zweck widerspiegeln, um so Vertrauen aufzubauen und Skepsis zu verringern.

Die Schaffung einer zielgerichteten Kultur ist ein bewusster Prozess, der Engagement und strategisches Handeln erfordert. Diese Kultur wird durch konsistente Verhaltensweisen, Rituale und Symbole kultiviert, die mit dem Zweck der Organisation in Einklang stehen. Die Haltung und das Handeln von Führungskräften auf allen Ebenen können die Schaffung eines zielgerichteten Umfelds maßgeblich beeinflussen.

Die Schritte zur Verankerung des Zwecks in der Organisationskultur beginnen mit Klarheit. Der Zweck der

Organisation muss klar definiert sein und so kommuniziert werden, dass er bei allen Mitarbeitern der Organisation ankommt. Diese Klarheit ist wichtig, um sicherzustellen, dass alle Mitglieder der Organisation erkennen können, wie ihre Arbeit zum übergeordneten Ziel beiträgt.

Führungskräfte müssen die zielorientierte Kultur, die sie schaffen wollen, vorleben. Dazu gehört, dass sie Entscheidungen treffen und Maßnahmen ergreifen, die mit dem erklärten Zweck übereinstimmen, was eine starke Botschaft an den Rest der Organisation sendet. Es geht darum, den Worten Taten folgen zu lassen und den Zweck zu einem sichtbaren Aspekt des täglichen Geschäftsbetriebs zu machen.

Die Entwicklung einer Erzählung rund um den Zweck, die Geschichten über vergangene Erfolge, aktuelle Initiativen und zukünftige Ziele enthält, kann dazu beitragen, den Zweck in das Gefüge der Organisation einzubetten. Diese Erzählung sollte Teil des Einführungsprozesses für neue Mitarbeiter sein, in Schulungsunterlagen enthalten sein und in der regelmäßigen internen Kommunikation erwähnt werden.

Die Anerkennungs- und Belohnungssysteme sollten auf den Zweck abgestimmt sein, um sicherzustellen, dass diejenigen, die die Werte der Organisation verkörpern und zu ihrem Zweck beitragen, anerkannt werden. Diese Ausrichtung trägt zur Stärkung der gewünschten Kultur bei und ermutigt andere, in einer Weise zu handeln, die den Zweck der Organisation fördert.

Zusätzlich zu diesen Schritten können Fallstudien von Organisationen mit einer stark zweckorientierten Kultur sowohl als Inspiration als auch als praktischer Leitfaden dienen. Diese Fallstudien liefern greifbare Beispiele dafür, wie Organisationen ihren Zweck erfolgreich in alle Aspekte ihrer Tätigkeit integriert haben und welche positiven Ergebnisse sich aus diesen Bemühungen ergeben haben.

- Patagonia: Das Unternehmen für Outdoor-Bekleidung ist weithin für seinen Umweltaktivismus bekannt. Der Zweck von Patagonia geht über den Verkauf von Kleidung und Ausrüstung hinaus; es geht darum, "unseren Heimatplaneten zu retten". Dies spiegelt sich in Initiativen wie dem "Worn Wear"-Programm wider, das die Reparatur und das Recycling von Kleidung fördert, sowie in der Zusage, 1 % des Umsatzes für die Erhaltung und Wiederherstellung der natürlichen Umwelt zu spenden.

- Salesforce: Salesforce hat mit seinem 1-1-1-Modell der Philanthropie, bei dem 1 % des Eigenkapitals des Unternehmens, 1 % der Zeit seiner Mitarbeiter und 1 % seiner Produkte für wohltätige Zwecke eingesetzt werden, die soziale Verantwortung zu einem Kernbestandteil seines Geschäfts gemacht. Das Cloud-basierte Softwareunternehmen konzentriert sich auf gesellschaftliches Engagement, fördert eine Kultur des Gebens und integriert soziale Auswirkungen in sein Geschäftsmodell.

- Google: Google ist bekannt für seine Innovationen und hoch engagierten Mitarbeiter und ist auch führend bei der Integration seiner Ziele in die Unternehmenskultur. Mit der Mission, "die Informationen der Welt zu organisieren und sie universell zugänglich und nützlich zu machen", investiert Google stark in die Entwicklung seiner Mitarbeiter, in Nachhaltigkeit und in Innovationen, die mit diesem Ziel in Einklang stehen.

- IKEA: Der schwedische Möbelriese arbeitet mit der Vision, "ein besseres Alltagsleben für viele Menschen zu schaffen". Dies zeigt sich in der nachhaltigen Beschaffung von Materialien, den Investitionen in erneuerbare Energien und den Bemühungen, Produkte zu entwickeln, die recycelt oder ein Leben lang verwendet werden können.

- Starbucks: Als Unternehmen legt Starbucks großen Wert auf soziale Themen und gemeinnützige Arbeit. Das Ziel des Unternehmens, "den menschlichen Geist zu inspirieren und zu fördern - eine Person, eine Tasse und eine Nachbarschaft nach der anderen", hat zu Initiativen wie der Einstellung von Flüchtlingen, der Unterstützung von Mitarbeitern bei Studiengebühren und dem Engagement für die Gemeinschaft geführt.

Diese Geschichten veranschaulichen, wie Führungskräfte den Zweck als Sammelpunkt nutzen können, um zum Handeln zu inspirieren, die Entscheidungsfindung zu steuern und sicherzustellen, dass die Organisation die Krise nicht nur überlebt, sondern gestärkt daraus hervorgeht. Sie zeigen, wie zielgerichtete Führung zu innovativen Lösungen und neuen Chancen führen kann, die unter normalen Umständen vielleicht nicht genutzt worden wären.

Eine zielgerichtete Führung in Zeiten des Wandels ist sowohl ein Stabilisator als auch ein Leuchtturm: Sie sorgt für Kontinuität inmitten des Wandels und gibt eine klare Richtung vor, wenn der Weg nach vorn ungewiss ist. Der Zweck dient als unveränderlicher "Nordstern" für eine Organisation, selbst wenn sie durch die unruhigen Gewässer des Wandels navigiert.

Die stabilisierende Wirkung der Zielsetzung in solchen Zeiten kann nicht hoch genug eingeschätzt werden. Wenn eine Organisation bedeutende Veränderungen durchläuft, sei es aufgrund interner Umstrukturierungen, Marktverschiebungen oder globaler Ereignisse, gibt die Zielsetzung den Mitarbeitern ein Gefühl der Beständigkeit und Beruhigung. Er trägt dazu bei, die Moral und den Fokus aufrechtzuerhalten, wenn andere Elemente des organisatorischen Umfelds im Wandel begriffen sind.

Bei der zielgerichteten Führung geht es nicht um Starrheit. Während der Kern des Zwecks stabil bleibt, müssen sich die darauf ausgerichteten Strategien und Maßnahmen möglicherweise weiterentwickeln. Effektive Führungskräfte verstehen es, den Zweck der Organisation zu stärken und ihn gleichzeitig an neue Gegebenheiten anzupassen. Sie kommunizieren, wie der zugrundeliegende Zweck mit der Veränderung zusammenhängt, warum die Anpassung notwendig ist und wie sie der Organisation helfen wird, ihren Kernauftrag weiterhin zu erfüllen.

Die wahre Bewährungsprobe für eine zielgerichtete Führung findet oft in Krisenzeiten statt. In solchen Momenten müssen Führungskräfte außergewöhnliche Klarheit, Mitgefühl und Mut an den Tag legen. Geschichten über zielgerichtete Führung in Krisenzeiten liefern aussagekräftige Beispiele dafür, wie Führungskräfte ihre Organisationen durch schwierige Zeiten führen können, indem sie sich auf ihren Kernzweck stützen.

In einer zweckorientierten Organisation geht die Erfolgsmessung über die finanziellen Kennzahlen hinaus und umfasst auch die Auswirkungen auf die Stakeholder, die Gesellschaft und die Ausrichtung der Geschäftätigkeit auf den Kernzweck. Führungskräfte müssen Leistungskennzahlen (Key Performance Indicators, KPIs) festlegen, die den vielschichtigen Charakter des Zwecks widerspiegeln, um die Wirksamkeit ihrer zweckorientierten Initiativen zu messen.

Um die Auswirkungen der Zielsetzung zu messen, können Organisationen sowohl quantitative als auch qualitative KPIs verwenden. Zu den quantitativen Indikatoren gehören z. B. die Bewertung des Mitarbeiterengagements, die Messung der Kundentreue und die Messung der sozialen Auswirkungen, z. B. Beiträge zur Entwicklung der Gemeinschaft oder zur ökologischen Nachhaltigkeit. Qualitatives Feedback, wie z. B. Berichte über die Mitarbeiterzufriedenheit und Erfahrungsberichte von Kunden, liefert ebenfalls wertvolle Erkenntnisse darüber, wie gut der Zweck der Organisation bei den verschiedenen Interessengruppen ankommt.

Bewertung und Reflexion sind entscheidende Verfahren, um sicherzustellen, dass eine Organisation auf ihr Ziel ausgerichtet bleibt. Regelmäßige Überprüfungssitzungen, in denen geprüft wird, wie Entscheidungen und Maßnahmen den Zweck unterstützen, können helfen, den Fokus aufrechtzuerhalten. Reflexion bedeutet, dass man auf Initiativen zurückblickt, um ihren Erfolg bei der Förderung des Auftrags der Organisation zu bewerten und sowohl aus Erfolgen als auch aus Unzulänglichkeiten zu lernen.

Die langfristigen Vorteile eines zielgerichteten Ansatzes zeigen sich oft in nachhaltigem Unternehmenswachstum, Innovation und Widerstandsfähigkeit. Eine starke, zielgerichtete Kultur zieht Talente an und fördert die Loyalität, senkt die Fluktuationskosten und schafft einen Wettbewerbsvorteil. Darüber hinaus können Organisationen, die mit einer klaren Zielsetzung arbeiten, ein Vermächtnis aufbauen, das über das Endergebnis hinausgeht, einen positiven Beitrag zur Gesellschaft leistet und einen Präzedenzfall für ethische und sinnvolle Geschäftspraktiken schafft.

Die Verankerung der Zielsetzung im Herzen der Führung ist kein vorübergehender Trend, sondern eine dauerhafte Veränderung der Philosophie, wie Organisationen arbeiten. Die dauerhafte Wirkung einer zielgerichteten Führung berührt jede Facette einer Organisation - von der einzelnen Führungskraft über die Teams bis hin zur breiteren Struktur der Organisation selbst.

Für die Führungskraft bietet ein klares Zielbewusstsein eine unerschütterliche Richtung, eine Quelle der Motivation und einen Maßstab, an dem sie ihre Entscheidungen messen kann. Es erhebt ihre Rolle vom bloßen Verwalten zum echten Führen, mit dem Schwerpunkt, ein Vermächtnis zu schaffen, das ihre Amtszeit überdauert. Für Teams fördert ein gemeinsames Ziel den Zusammenhalt, steigert das Engagement und dient als gemeinsame Sprache, die über unterschiedliche Hintergründe und persönliche Motivationen hinausgeht. Sie kann den Arbeitsplatz verändern, indem sie jeder Aufgabe eine tiefere Bedeutung verleiht und die täglichen Bemühungen mit einer größeren Geschichte verbindet.

Organisationen, die sich auf ihre Ziele stützen, können ihre Strategien und Werte besser aufeinander abstimmen. Sie können sich in der komplexen Geschäftswelt besser zurechtfinden, da ihr Zweck in Zeiten der Unsicherheit als Kompass dient. Diese Unternehmen erreichen oft ein harmonisches Gleichgewicht zwischen dem Erreichen finanzieller Ziele und einem positiven Einfluss auf die Gesellschaft, was zu einem nachhaltigen Erfolg führt.

Mit Blick auf die Zukunft wird die Bedeutung von zweckorientierter Führung weiter zunehmen. Die sich wandelnden Erwartungen von Verbrauchern, Mitarbeitern und Gemeinschaften lassen vermuten, dass Organisationen, die die Bedeutung des Zwecks nicht erkennen, es schwer haben werden, relevant zu bleiben. Die Führungskräfte der Zukunft werden wahrscheinlich noch mehr Wert auf Zweckmäßigkeit legen, nicht nur als Leitprinzip, sondern als grundlegendes Element der Identität ihrer Organisation.

Zusammenfassend lässt sich sagen, dass es bei der Annahme der Zielsetzung als zentraler Führungsphilosophie darum geht, über den unmittelbaren Horizont hinaus zu sehen, welche weiterreichenden Auswirkungen die eigene Führung haben kann. Es geht darum, mit Überzeugung zu führen, wobei es bei den Erfolgskriterien ebenso sehr darum geht, sinnvolle Veränderungen zu schaffen, wie Ziele zu erreichen. Zweckorientierte Führung ist eine Einladung, einen Weg zu beschreiten, dem andere folgen wollen, eine Organisation aufzubauen, die für etwas Bedeutendes steht, und ein Zeichen zu hinterlassen, das unauslöschlich und inspirierend ist. Es ist ein Ansatz, der nicht nur die Praxis der Führung bereichert, sondern auch den menschlichen Geist erhebt und alle, die sich darauf einlassen, ermutigt, nach etwas Größerem als sich selbst zu streben.

Kapitel 2: Führen aus jeder Position - Die Dynamik der Positionsführung

In der sich wandelnden Arbeitswelt wird die Vorstellung, dass Führung ausschließlich in der Vorstandsetage angesiedelt ist, zu einem antiquierten Konzept. Die traditionelle Hierarchie, bei der die Führung strikt von oben nach unten verläuft, weicht einem fließenden und dynamischen Verständnis. Dieses Kapitel stellt die fest verwurzelte Vorstellung in Frage, dass nur diejenigen, die an der Spitze eines Organigramms stehen, führen können, und eröffnet einen Dialog über die Demokratisierung von Führung.

Im Mittelpunkt dieser modernen Sichtweise steht die Erkenntnis, dass Führungspotenzial auf jeder Ebene eines Unternehmens vorhanden ist, vom Erdgeschoss bis zur C-Suite. Es ist nicht der Titel neben dem Namen, sondern der Einfluss, den man ausübt, und die Ergebnisse, die man erzielt, die eine Führungskraft wirklich definieren.

Diese neu definierte Sichtweise schmälert nicht die Bedeutung formeller Führungsrollen, sondern betont vielmehr den ergänzenden Charakter der informellen Führung, die von Personen ohne traditionelle Autorität ausgeübt wird. Einflussnahme ohne Autorität ist die stille Kraft, die Organisationen vorantreibt und den Grundsatz verkörpert, dass jeder ein Katalysator für Veränderungen, ein Innovator oder eine führende Hand sein kann.

Wenn wir uns mit diesem Thema befassen, werden wir untersuchen, wie sich Führung in jedem Winkel des Arbeitsplatzes manifestiert. Wir werden sehen, wie diejenigen, die oft als Mitläufer bezeichnet werden, eine aktive Rolle bei der Leitung von Projekten übernehmen, Innovationen vorantreiben und die Kultur ihrer Organisationen gestalten. Diese Personen treffen wichtige Entscheidungen, bauen Netzwerke auf, die ihre Initiativen unterstützen, und inspirieren ihre Kollegen durch Visionen und Beispiele.

Indem wir den Wert und die Auswirkungen der Führung von jeder Sprosse der Karriereleiter aus verstehen, schaffen wir die Voraussetzungen für ein leistungsfähigeres, flexibleres und zukunftsorientierteres Unternehmen. Dieses Kapitel legt den Grundstein für den folgenden tiefen Einblick in die Strategien, Herausforderungen und Triumphe der Positionsführung und zeigt, wie jeder, unabhängig von seiner formalen Rolle, einen unauslöschlichen Eindruck in seinem Unternehmen hinterlassen kann.

Führung von unten in der Unternehmenshierarchie ist eine unterschätzte Kunst. Mitarbeiter auf der Einstiegsebene und an der Front, die oft die Richtlinien der höheren Ebene ausführen, haben aufgrund ihrer engen Interaktion mit den täglichen Abläufen und dem Kundenerlebnis eine einzigartig starke Position. Sie sind die Augen und Ohren eines Unternehmens, sie beobachten Ineffizienzen, erleben Produkte und Dienstleistungen aus erster Hand und sind oft die ersten, die Verbesserungsmöglichkeiten erkennen.

Die Nähe der Mitarbeiter zum Kerngeschäft des Unternehmens verschafft ihnen wertvolle Einblicke und gibt ihnen das Potenzial, die Effektivität des Unternehmens maßgeblich zu beeinflussen. Diese Führungskräfte an der Basis initiieren den Wandel von der Basis aus und beeinflussen mit ihren Erkenntnissen vor Ort die Politik, die Produktentwicklung und die Strategien zur Kundenbindung.

Es ist wichtig, die Kanäle zu erkunden, über die diese Mitarbeiter ihre Beobachtungen und Ideen äußern können. Indem sie ihren einzigartigen Blickwinkel nutzen, können die Mitarbeiter an vorderster Front die Führung übernehmen und ihre täglichen Erfahrungen in einen Hebel für organisatorische Veränderungen verwandeln. Sie verkörpern die Macht, Einfluss zu nehmen und zu inspirieren, und zeigen, dass die Fähigkeit zur Führung nicht auf die oberen Ebenen einer Hierarchie beschränkt ist, sondern überall vorhanden ist.

Die Kraft der Bottom-up-Führung wird durch die realen Geschichten von Menschen lebendig, die von ihren Positionen auf den unteren Stufen der Unternehmensleiter aus bedeutende Veränderungen in ihren Unternehmen bewirkt haben. Diese Erzählungen berichten von den Erfahrungen von Mitarbeitern, die ohne formale Autorität erhebliche Verbesserungen an ihren Arbeitsplätzen bewirkt haben.

Denken Sie an den Kundendienstmitarbeiter, der eine Feedbackschleife einführte, die die Serviceprotokolle veränderte, oder an den Fabrikarbeiter, dessen Vorschlag zur Prozessverbesserung seinem Unternehmen erhebliche Ressourcen einsparte.

Fallstudie 1: Mary Barra - von Grund auf neu anfangen

Bevor Mary Barra die erste weibliche Vorstandsvorsitzende eines großen globalen Automobilherstellers bei General Motors (GM) wurde, begann sie ihre Karriere dort als Studentin bei der Pontiac Motor Division. Barras Geschichte ist ein Beweis dafür, welche Auswirkungen die Führung an der Basis haben kann. Während ihrer gesamten Laufbahn bekleidete sie verschiedene technische und administrative Positionen, die ihr jeweils einen detaillierten Einblick in die Abläufe des Unternehmens ermöglichten.

Auf ihrem Weg nach oben konnte Barra dank ihrer profunden Kenntnisse der Produktionsabläufe des Unternehmens entscheidende Innovationen vorantreiben. Insbesondere straffte sie den Produktentwicklungsprozess von GM, reduzierte die Komplexität des Designs und führte zu erheblichen Kosteneinsparungen und Qualitätsverbesserungen. Ihre Führungsqualitäten veranschaulichen, wie Einsicht und Initiative auf allen Ebenen den Weg eines Unternehmens bestimmen können.

Fallstudie 2: Tony Hsieh - Förderung der Innovation an der Frontlinie

Tony Hsieh, der verstorbene CEO von Zappos, wird für sein Engagement für die Stärkung der Mitarbeiter gefeiert. Hsieh verstand, dass die Mitarbeiter an der Front das Herzstück des Kundendienstes des Unternehmens sind. Er setzte sich für eine Unternehmenskultur ein, die alle Mitarbeiter dazu ermutigte, die Initiative zu ergreifen, um die Kundenerfahrungen zu verbessern, was zu der berühmten hervorragenden Servicequalität des Unternehmens führte.

Unter Hsiehs Führung führte Zappos eine Richtlinie ein, die es den Kundendienstmitarbeitern erlaubt, ohne Zustimmung des Managements selbst zu entscheiden, wie sie ihre Kunden am besten bedienen können. Diese Richtlinie führte zu legendären Kundendienstgeschichten, wie z. B. dass ein Mitarbeiter einem Kunden, der Schuhe für eine Beerdigung bestellt hatte, Blumen schickte. Die Initiative und die Führungsqualitäten der Mitarbeiter von Zappos trugen zu den hohen Kundenzufriedenheitsbewertungen des Unternehmens und zu seinem dauerhaften Erfolg in der Einzelhandelsbranche bei.

Diese Fallstudien veranschaulichen den Grundsatz, dass Führungsqualitäten und innovatives Denken von jeder Position innerhalb eines Unternehmens ausgehen können, um bedeutende Veränderungen voranzutreiben und zum Erfolg des Unternehmens beizutragen. Diese Geschichten zeigen auch, wie Mitarbeiter die Herausforderungen der Führung ohne formale Autorität gemeistert haben, wie sie Unterstützung für ihre Ideen gewonnen haben und welche transformativen Ergebnisse ihre Initiativen erbracht haben. Diese Berichte bieten nicht nur Inspiration, sondern auch eine Reihe von informellen Strategien für jeden, der an der Basis eine Führungsrolle anstrebt. Sie betonen, dass es bei Führungsaufgaben nicht auf die Höhe der eigenen Position ankommt, sondern auf die Tiefe des Einflusses, und dass jeder Einzelne, unabhängig von seinem Rang, das Potenzial besitzt, als Katalysator für positive Veränderungen in seiner Organisation zu wirken.

Der Bereich des mittleren Managements ist eine Landschaft des Einflusses und des Übergangs. Hier bewegen sich die Menschen in der heiklen Situation, sowohl zu führen als auch zu folgen, zwischen den strategischen Richtlinien von oben und den operativen Realitäten vor Ort. Die Doppelrolle der mittleren Führungskräfte bringt sie an einen entscheidenden Punkt, an dem der Erfolg sowohl der Strategieumsetzung als auch des Engagements der Teams weitgehend von ihren Führungsqualitäten abhängt.

Mittlere Führungskräfte haben als Vermittler in der Unternehmenswelt eine hybride Vision. Sie verstehen die Strategien der Geschäftsführung und können sie in umsetzbare Aufgaben für ihre Teams übersetzen. Gleichzeitig können sie der oberen Führungsebene aufgrund ihrer praktischen Erfahrung mit betrieblichen Herausforderungen und Teamdynamik kritisches Feedback geben.

Die Beeinflussung sowohl nach oben als auch nach unten erfordert eine Reihe von besonderen Fähigkeiten. Mittlere Führungskräfte müssen sowohl die Sprache der Strategie als auch die Sprache der Frontlinien beherrschen. Sie müssen geschickt in Kommunikation, Verhandlung und Konfliktlösung sein und nicht nur Projekte und Prozesse, sondern auch Menschen und deren Erwartungen managen.

Eine wirksame Strategie für mittlere Führungskräfte besteht darin, Koalitionen zu bilden und ein Unterstützungsnetz aufzubauen, das sich über das Unternehmen hinaus erstreckt. Dazu gehört die Pflege von Beziehungen zu Gleichaltrigen, der Aufbau von Mentoren in der oberen Führungsebene und die Entwicklung einer loyalen Anhängerschaft innerhalb ihrer Teams.

Eine weitere Strategie besteht darin, sich einen Ruf für Zuverlässigkeit und Einsicht zu erarbeiten. Wenn mittlere Führungskräfte beständig Ergebnisse liefern und wertvolle Perspektiven bieten, verdienen sie sich das Vertrauen ihrer Vorgesetzten und Untergebenen. Dieses Vertrauenskapital wird zu einer Währung, die sie einsetzen können, um Entscheidungen zu beeinflussen und sich für ihre Teams einzusetzen.

Fallstudie: Satya Nadellas transformatives mittleres Management bei Microsoft

Bevor er CEO wurde, spielte Satya Nadella eine transformative Rolle bei Microsoft, während er in mittleren Managementpositionen tätig war. Nadella war maßgeblich daran beteiligt, den Schwerpunkt des Unternehmens auf Cloud Computing zu verlagern und sich nicht mehr ausschließlich auf den Softwareverkauf zu verlassen. Dank seines Verständnisses sowohl der technologischen Landschaft als auch der internen Fähigkeiten von Microsoft konnte er sich wirksam für diese Verlagerung einsetzen. Seine Fähigkeit, seinen Teams und der oberen Führungsebene die Vision mit Klarheit und Überzeugung zu vermitteln, war entscheidend für die Ausrichtung des Unternehmens auf die aufkommenden Trends in der Tech-Branche.

Führen aus der Mitte heraus ist ein komplizierter Tanz, der sowohl Anmut als auch Durchhaltevermögen erfordert. Mittlere Führungskräfte, die sich in diesem Bereich auszeichnen, treiben ihre Organisationen voran und beweisen, dass der Einfluss von Führungskräften nicht nur von der Position abhängt, sondern auch von der Perspektive und der Fähigkeit, Verbindungen über alle Ebenen einer Organisation hinweg herzustellen.

An der Spitze eines jeden Unternehmens tragen Führungskräfte eine große Verantwortung und sehen sich mit einer Vielzahl von Herausforderungen konfrontiert, die für ihre Position einzigartig sind. Diese Führungskräfte sind die Architekten der strategischen Ausrichtung und spielen eine zentrale Rolle bei der Aufrechterhaltung der finanziellen Vitalität ihrer Organisationen. Ihre Entscheidungen wirken sich auf die Zukunft aus und erfordern einen Weitblick, der Markttrends, wirtschaftliche Veränderungen und die Fähigkeit, sowohl ruhige als auch stürmische Gewässer zu durchqueren, umfasst. Das Gleichgewicht zwischen den Interessen der Aktionäre, den

Bedürfnissen und der Zufriedenheit der Kunden und dem Wohlergehen der Mitarbeiter ist ein heikler Akt, der täglich vollzogen wird.

Isolation kann auf dieser Ebene, wo die Luft dünn ist und es nur wenige Gleichgesinnte gibt, eine große Herausforderung darstellen. Führungskräfte auf höchster Ebene müssen Strategien entwickeln, um mit der täglichen Realität ihrer Tätigkeit in Verbindung zu bleiben und die Abgehobenheit zu vermeiden, die mit einem hohen Amt einhergehen kann.

Über die Strategie und die Aufsicht hinaus geben diese Führungskräfte den kulturellen Ton in ihren Organisationen an. Die von ihnen vermittelte Vision wirkt wie ein Leitstern, der jede Entscheidung beeinflusst und allen Ebenen der Organisation als Inspiration dient. Diese Vision wird zur Grundlage der Unternehmenskultur, einem Geflecht aus Werten, Überzeugungen und Praktiken, die die Art und Weise der Geschäftstätigkeit des Unternehmens bestimmen.

Die Führungskräfte an der Spitze müssen die Werte der Organisation verkörpern und die Verhaltensweisen und Einstellungen vorleben, die sie von ihren Teams erwarten. Auf diese Weise festigen sie die Kultur und fördern ein Umfeld, in dem sich jeder an den Zielen des Unternehmens orientiert und engagiert.

Nehmen Sie das Beispiel von Indra Nooyi bei PepsiCo, die mit ihrer Vision "Performance with Purpose" einen neuen Weg für das Unternehmen vorzeichnete. Damit wurde nicht nur die Identität des Unternehmens neu gestaltet, sondern auch bewiesen, dass die oberste Führungsebene Rentabilität mit einem umfassenderen sozialen Gewissen in Einklang bringen kann. Unter Nooyis Führung florierte PepsiCo nicht nur finanziell, sondern machte auch große Fortschritte bei der Auswahl gesünderer Produkte und der Einführung nachhaltiger Praktiken.

Führung auf Führungsebene ist ein Balanceakt zwischen visionärem Weitblick und praktischer Verwaltung. Sie erfordert eine Reihe von Fähigkeiten, die von den breiten strategischen Pinselstrichen bis hin zu den Feinheiten reichen, die die Kultur der Organisation lebendig und effektiv halten. Es ist eine komplizierte Mischung aus dem Blick auf den Horizont und der gleichzeitigen Fähigkeit, den Puls der Organisation zu fühlen.

Eine Führung, die sich über die gesamte Organisation erstreckt, erfordert ein differenziertes Verständnis dafür, wie der Einfluss über verschiedene Ebenen hinweg funktioniert. Es ist ein dynamisches Zusammenspiel, das nicht nur den Fluss von Direktiven von oben nach unten, sondern auch die Aufwärts- und Querbewegung von Ideen, Feedback und Unterstützung umfasst.

Die Schaffung von Kohärenz zwischen den verschiedenen Ebenen ist vergleichbar mit dem Dirigieren eines Orchesters. Jeder Bereich hat seine Rolle, seinen einzigartigen Klang und seinen Moment, um zu glänzen. Doch ohne den Dirigenten - die Führungskraft -, der dafür sorgt, dass jede Gruppe zur richtigen Zeit, in der richtigen Tonlage und mit der richtigen Lautstärke einsetzt, würde die Musik im Chaos versinken. Führungskräfte müssen daher in der Lage sein, die Organisation zu synchronisieren und sicherzustellen, dass die Strategie mit der Ausführung übereinstimmt und dass alle Stimmen gehört und in die Gesamtleistung integriert werden.

Es gibt zahlreiche Fallstudien, in denen Führungskräfte dieses komplexe Geflecht von Interaktionen erfolgreich gemeistert haben. Ein Beispiel ist ein Technologieunternehmen, das ein funktionsübergreifendes Team gebildet hat, um die Innovation voranzutreiben. Das Team, das sich aus verschiedenen Rängen und Abteilungen zusammensetzte, wurde von der Führung ermächtigt, den Status quo in Frage zu stellen. Die Führungskräfte ermöglichten offene Foren, in denen die Teammitglieder ihre Ideen einbringen konnten, ohne Angst haben zu müssen, dass die Hierarchie die Kreativität unterdrückt. Dieser Ansatz brachte nicht nur bahnbrechende Innovationen hervor, sondern förderte auch ein Gefühl der gemeinsamen Zielsetzung und Zusammenarbeit, das das gesamte Unternehmen durchdrang.

Ein weiteres Beispiel stammt aus dem Gesundheitswesen, wo der CEO eines Krankenhauses regelmäßige Visiten nicht nur in den Chefetagen, sondern auch auf den Patientenetagen einführte. Durch diese Praxis wurden Barrieren abgebaut, da die Ideen der Mitarbeiter direkt an die Unternehmensleitung weitergeleitet wurden, was zu einer schnellen Entscheidungsfindung führte, die die Patientenversorgung und die Arbeitsmoral der Mitarbeiter erheblich verbesserte.

Führung auf allen Ebenen erfordert ein Gleichgewicht zwischen Anleitung und Autonomie, Struktur und Flexibilität. Führungskräfte müssen Vermittler, Übersetzer und Ermöglicher sein. Sie müssen ein Klima der offenen Kommunikation, des gegenseitigen Respekts und der gemeinsamen Zielsetzung schaffen. Wenn Führungskräfte die Kunst der hierarchieübergreifenden Führung beherrschen, können sie das gesamte Spektrum an Talenten, Einsichten und Kreativität innerhalb ihrer Organisation nutzen und die einzelnen Noten in eine harmonische Symphonie verwandeln, in der Erfolg mitschwingt.

Die Anpassung des Führungsstils an den jeweiligen Kontext ist nicht nur ein Vorteil, sondern eine Notwendigkeit für eine effektive Führung. Die Fähigkeit, die Anforderungen verschiedener Situationen zu erkennen und den eigenen Ansatz entsprechend zu ändern, ist ein Markenzeichen einer vielseitigen Führungskraft. Positionsflexibilität in der Führung bedeutet, fließend und scharfsinnig zu sein und zu verstehen, dass das, was in einem Szenario funktioniert, in einem anderen möglicherweise nicht so effektiv ist.

Ein Ansatz zur Entwicklung dieser Flexibilität sind situative Führungsmodelle, die vorschlagen, den eigenen Stil je nach Reife und Kompetenz der Teammitglieder zu variieren. Diese Modelle bieten einen Rahmen für Führungskräfte, um das am besten geeignete Verhalten zu bewerten und anzuwenden - sei es das Coaching eines weniger erfahrenen Teams, die Zusammenarbeit mit Kollegen oder das Delegieren an hochqualifizierte Fachleute.

Situative Führung ist ein flexibles und anpassungsfähiges Modell, das davon ausgeht, dass die Wirksamkeit der Führung davon abhängt, ob der Führungsstil einer Führungskraft mit der Bereitschaft oder dem Entwicklungsstand der Menschen, die sie zu führen versucht, übereinstimmt. Das von Paul Hersey und Ken Blanchard entwickelte Modell der situativen Führung geht davon aus, dass es keinen einzelnen "besten" Führungsstil gibt. Stattdessen müssen effektive Führungskräfte ihren Stil an die Anforderungen der Aufgabe und den Reifegrad des Teams oder die Kompetenz und das Engagement des Einzelnen anpassen.

Hier finden Sie einen ausführlichen Überblick über die Kernpunkte des situativen Führungsmodells:

1. Beurteilung der Situation: Der Leiter bewertet die anstehende Aufgabe und die Fähigkeit und Bereitschaft des Teams, sie zu bewältigen. Bei dieser Bewertung werden die Komplexität der Aufgabe, die Erfahrung des Teams mit ähnlichen Aufgaben, sein Selbstvertrauen und seine Motivation berücksichtigt.

2. Anpassung des Führungsstils: Situative Führung identifiziert vier Hauptführungsstile, die eine Führungskraft annehmen kann:

- Anweisend (S1): Stark direktives und wenig unterstützendes Verhalten. Dieser Stil ist effektiv, wenn man mit Teammitgliedern arbeitet, denen es an Wissen über eine bestimmte Aufgabe fehlt.

- Coaching (S2): Sehr direktives und sehr unterstützendes Verhalten. Die Führungskraft bietet Anleitung und Ermutigung, um die Fähigkeiten der Teammitglieder auszubauen, was von Vorteil ist, wenn das Team willig ist, aber nicht über die nötigen Fähigkeiten verfügt.

- Unterstützend (S3): Wenig direktives und stark unterstützendes Verhalten. Dieser Stil eignet sich gut, wenn das Team über die nötigen Fähigkeiten verfügt, es ihm aber möglicherweise an Selbstvertrauen oder Motivation mangelt.

- Delegieren (S4): Wenig direktives und wenig unterstützendes Verhalten. Wirksam, wenn das Team in der Lage und willens ist, Aufgaben selbständig zu übernehmen.

3. Entwicklungsniveaus: Die Entwicklungsstufen von Teams oder Einzelpersonen sind wie folgt kategorisiert:

- D1 - Geringe Kompetenz, hohe Einsatzbereitschaft: Oft ein Merkmal eines neuen Mitarbeiters.

- D2 - Einige Kompetenzen, geringes Engagement: Wenn ein Arbeitnehmer zwar berufliche Fähigkeiten erlernt hat, aber bei der Aufgabe zögert.

- D3 - Hohe Kompetenz, variables Engagement: Der Mitarbeiter weiß, wie er die Aufgabe erfüllen kann, ist aber unsicher, ob er die Verantwortung übernehmen kann.

- D4 - Hohe Kompetenz, hohe Einsatzbereitschaft: Mitarbeiter mit hoher Kompetenz und hohem Selbstvertrauen.

4. Leadership Matching: Führungskräfte passen ihren Führungsstil an den Entwicklungsstand ihrer Teammitglieder an. Ein neuer Mitarbeiter (D1) braucht beispielsweise mehr Anleitung und weniger Unterstützung (S1), während ein erfahrenes und qualifiziertes Teammitglied (D4) mit weniger Anleitung und Unterstützung (S4) am besten zurechtkommt.

5. Kommunikation und Feedback: Bei der Führung geht es nicht nur darum, zu führen, sondern auch darum, effektiv zu kommunizieren. Eine situative Führungspersönlichkeit hört zu und gibt den Teammitgliedern Feedback, um sicherzustellen, dass auf beiden Seiten Klarheit und Verständnis herrschen.

6. Flexibilität: Das Markenzeichen der situativen Führung ist Flexibilität - Führungskräfte müssen in der Lage sein, fließend zwischen verschiedenen Führungsstilen zu wechseln, wenn sich

der Entwicklungsstand ihrer Teammitglieder im Laufe der Zeit ändert.

Wenn Führungskräfte die Grundsätze der situativen Führung verstehen und anwenden, können sie ihre Teams effektiver durch verschiedene Herausforderungen und Aufgaben führen. Dieser Ansatz schreibt keine bestimmte Art der Führung vor, sondern erkennt die dynamische Natur der Führung und die Notwendigkeit für Führungskräfte an, ihren Stil zu beurteilen und an die Bedürfnisse ihres Teams anzupassen.

Führungskräfte, die die situative Führung beherrschen, wissen, wann sie die Verantwortung übernehmen und wann sie sich zurückziehen, wann sie anleiten und wann sie motivieren. Denken Sie zum Beispiel an eine Führungskraft, die bei einem neuen Mitarbeiter einen praktischen Ansatz verfolgt, indem sie ihn ausführlich anleitet und unterstützt, während sie bei einem erfahrenen Teammitglied, das seine Kompetenz und Autonomie unter Beweis gestellt hat, zu einem eher delegativen Stil übergeht.

Ein weiteres Instrument zur Entwicklung adaptiver Führungsfähigkeiten ist die emotionale Intelligenz, die es Führungskräften ermöglicht, die emotionalen Strömungen einer Gruppe zu erkennen und angemessen zu reagieren. Das ist der Unterschied zwischen einer Führungskraft, die auf einer harten Linie beharrt und die Moral des Teams ignoriert, und einer, die die Notwendigkeit von Empathie und Unterstützung während eines schwierigen Projekts erkennt.

Darüber hinaus können Führungskräfte von Feedback-Mechanismen wie 360-Grad-Bewertungen profitieren, um einen Einblick zu erhalten, wie ihr Stil auf den verschiedenen Ebenen der Organisation wahrgenommen wird. Dieses Feedback kann den Führungskräften dabei helfen, ihre Wirkung zu verstehen und ihren Ansatz anzupassen, um in unterschiedlichen Kontexten effektiver zu sein.

Letztlich geht es bei der Positionsflexibilität darum, vielseitig zu sein, ohne inkonsequent zu sein. Es geht darum, einen

Werkzeugkasten mit verschiedenen Führungsstilen zu haben und zu wissen, welches Werkzeug man einsetzen kann, um Vertrauen aufzubauen, die Zusammenarbeit zu fördern und die Leistung zu steigern. Die Anpassung an den Kontext bedeutet nicht nur, dass man sein Verhalten an die Umgebung anpasst, sondern ist eine strategische Fähigkeit für Führungskräfte, die in der vielschichtigen Welt moderner Unternehmen erfolgreich sein wollen.

Um alle Ebenen eines Unternehmens zu befähigen, Führungsaufgaben zu übernehmen, ist ein bewusster Wandel der Kultur und der Denkweise erforderlich. Dazu gehört die Erkenntnis, dass wertvolle Einsichten und Innovationen von jeder Ebene des Unternehmens ausgehen können und Führung nicht ausschließlich eine Domäne der oberen Ränge sein sollte.

Die Schaffung einer Kultur der gemeinsamen Führung beginnt mit Transparenz und Kommunikation. Ein offener Dialog zwischen den verschiedenen Ebenen sorgt dafür, dass sich jeder gehört und wertgeschätzt fühlt. Das bedeutet, dass die Führungskräfte nicht nur Visionen und Strategien verbreiten, sondern auch zuhören und vermitteln können. Sie suchen aktiv nach Beiträgen von allen Ebenen und sind offen für Ideen und Kritik.

Eine weitere wichtige Methode ist die Bereitstellung von Möglichkeiten für die Entwicklung von Führungskräften innerhalb des Unternehmens. Dazu können Schulungsprogramme, Mentoring und rotierende Aufgaben gehören, die es dem Einzelnen ermöglichen, verschiedene Facetten des Unternehmens kennenzulernen und sich darin zurechtzufinden. Diese Möglichkeiten fördern ein breiteres Verständnis des Unternehmens und entwickeln eine Pipeline von Führungstalenten.

Eine Kultur der gemeinsamen Führung wird durch ein System der Anerkennung und Belohnung untermauert, das den Wert der Beiträge auf allen Ebenen unterstreicht. Dies kann durch formale Auszeichnungen, öffentliche Anerkennungen oder Aufstiegsmöglichkeiten geschehen.

Organisationen, die diesen Ansatz vorleben, sind in verschiedenen Sektoren zu finden. So sind beispielsweise einige Technologieunternehmen für ihre flachen Organisationsstrukturen bekannt, bei denen Autonomie und Entscheidungsfindung an den Rand der Organisation gedrängt werden. Diese Unternehmen gedeihen, weil sie eine Kultur pflegen, in der Führung ein kollektives Unterfangen ist und die nächste große Innovation von jedem und überall im Unternehmen kommen kann.

Ein weiteres Beispiel findet sich im Gesundheitswesen, wo multidisziplinäre Teams häufig von einer wechselnden Führungsstruktur geleitet werden. Dies gibt nicht nur verschiedenen Fachleuten die Möglichkeit, je nach Bedarf zu führen, sondern fördert auch den Zusammenhalt und den gegenseitigen Respekt im Team.

Indem alle Ebenen zur Führung befähigt werden, können Organisationen agiler, reaktionsfähiger und innovativer werden. Sie ermöglicht eine schnellere Reaktion auf sich bietende Herausforderungen und Chancen, da diejenigen, die am nächsten an der Situation dran sind, in der Lage und befähigt sind zu handeln. Eine Kultur der gemeinsamen Führung würdigt und nutzt die vielfältigen Erfahrungen, Perspektiven und Fähigkeiten der gesamten Belegschaft und fördert ein Umfeld, in dem das Ganze tatsächlich größer ist als die Summe seiner Teile.

Abschließend wird deutlich, dass die wahre Stärke einer Organisation darin liegt, das auf jeder Ebene vorhandene Führungspotenzial zu erkennen und zu kultivieren. Vom Erdgeschoss bis zur Chefetage verfügt jeder Einzelne über eine einzigartige Fähigkeit, Einfluss zu nehmen und etwas zu bewirken. Dies anzuerkennen, demokratisiert nicht nur das Konzept der Führung, sondern ermöglicht auch eine dynamischere und robustere Organisationsstruktur.

Es geht also nicht darum, den Einzelnen in eine starre Führungshierarchie einzupassen, sondern eine Kultur zu fördern, in der die Führung fließend und anpassungsfähig ist und über das gesamte Spektrum hinweg gefördert wird. Wenn eine Organisation das gesamte Spektrum ihres Humankapitals auf diese Weise nutzt, profitiert sie von einer Vielfalt des Denkens, einer engagierteren Belegschaft und einer Widerstandsfähigkeit, die aus der kollektiven Verantwortung für ihren Auftrag und ihre Werte erwächst.

Wenn wir in die Zukunft blicken, werden wahrscheinlich diejenigen Organisationen erfolgreich sein, die die Kunst der Positionsführung beherrschen. Sie werden Orte sein, an denen jeder, unabhängig von seinem Rang oder seiner Rolle, ermutigt wird, Initiative zu ergreifen und zu führen. Dieser Wechsel von einem Führungsmodell, das auf Titeln basiert, zu einem Modell, das auf Beitrag und Einfluss beruht, kann die Art und Weise, wie Arbeit geleistet wird und wie Erfolge erzielt werden, verändern.

Dieses Kapitel legte den Grundstein für einen integrativeren und umfassenderen Führungsansatz und schuf die Voraussetzungen für einen Wandel in der Sichtweise des Einzelnen auf seine Rolle innerhalb eines größeren Systems. Indem sie das Potenzial auf allen Ebenen freisetzt, beschleunigt eine Organisation nicht nur ihr eigenes Wachstum, sondern trägt auch zu einem breiteren gesellschaftlichen Wandel hin zu mehr Eigenverantwortung und gemeinsamem Erfolg bei.

Kapitel 3: Die kohäsive Einheit - Grundsätze der Teamführung

In der modernen Organisationsstruktur ist Teamarbeit nicht nur ein Schlagwort, sondern die Kette und der Schuss, die ihr Stärke und Farbe verleihen. Da sich die Märkte weiterentwickeln und die Herausforderungen immer komplexer werden, war der Bedarf an kohäsiven Teams noch nie so groß wie heute. Von Teams wird heute erwartet, dass sie agil, innovativ und widerstandsfähig sind - Eigenschaften, die nur erreicht werden können, wenn Einzelpersonen synergetisch zusammenarbeiten.

Die Rolle der Führungskraft in diesem Umfeld geht über das reine Management hinaus; es geht darum, diese Synergie zu kultivieren. Eine Führungskraft muss die subtile Kunst und Wissenschaft verstehen, unterschiedliche Persönlichkeiten, Fähigkeiten und Perspektiven zusammenzubringen, um eine Einheit zu bilden, die mehr ist als die Summe ihrer Teile. Dies erfordert ein Umfeld, in dem Vertrauen die Grundlage bildet und ein gemeinsames Ziel der klare Horizont ist, auf den alle Bemühungen ausgerichtet sind.

In Kapitel 3, "Die kohäsive Einheit - Prinzipien der Teamführung", befassen wir uns mit der Dynamik der Teamführung. Führungspersönlichkeiten sind die Architekten des Teamgeistes und die Verwalter der Zusammenarbeit. Dieses Kapitel befasst sich mit den Feinheiten des Teamzusammenhalts und zeigt auf, wie Führungskräfte eine Gruppe von Einzelpersonen in eine einzigartige Kraft verwandeln können, die zu außergewöhnlichen Leistungen fähig ist. Durch die Förderung einer effektiven Kommunikation, den Aufbau von Vertrauen und die Abstimmung von Zielen können Führungskräfte sicherstellen, dass Teamarbeit nicht nur ein Unternehmensideal, sondern eine lebendige, atmende Realität innerhalb ihrer Organisation ist.

Der Aufbau und die Pflege eines kohäsiven Teams sind von zentraler Bedeutung für die Rolle einer Führungskraft in modernen Unternehmen. Teams sind die Motoren, die Innovation, Problemlösung und Ausführung vorantreiben. Damit ein Team jedoch sein volles Potenzial ausschöpfen kann, muss es auf dem stabilen Fundament der einzigartigen Stärken jedes Mitglieds und der Ausrichtung dieser Stärken auf die übergeordneten Ziele des Teams aufgebaut sein.

Der Prozess beginnt mit einer scharfsinnigen Bewertung der individuellen Fähigkeiten und der Erkenntnis, dass jede Person eine Reihe von besonderen Fähigkeiten, Erfahrungen und Perspektiven mitbringt. Die Führungskräfte müssen dann gezielt handeln und die Teammitglieder in Rollen einsetzen, die nicht nur zu ihren Fähigkeiten passen, sondern sie auch herausfordern, sich weiterzuentwickeln und einen sinnvollen Beitrag zum Zweck des Teams zu leisten. Diese strategische Platzierung von Talenten ist vergleichbar mit einem Künstler, der die richtigen Farben für ein Gemälde auswählt und weiß, dass jeder Strich zu einem größeren Meisterwerk beiträgt.

Aber eine Gruppe talentierter Einzelpersonen macht noch kein Team - ohne eine gemeinsame Vision gibt es keinen Leitstern für die gemeinsamen Bemühungen. Ein entscheidender Schritt ist es, eine Vision zu entwerfen und zu kommunizieren, die den Auftrag des Teams auf den Punkt bringt und bei jedem Mitglied Anklang findet. Diese Vision muss mehr als nur Worte sein; sie muss inspirieren und das Team mit einer unwiderstehlichen Kraft vorantreiben, die individuelle Anstrengungen in kollektives Handeln verwandelt.

Wenn eine Führungskraft diese gemeinsame Vision erfolgreich umsetzt, wird sie zu einer Vereinbarung, die jedes Teammitglied in sich trägt, ein Versprechen an sich selbst und seine Kollegen, ein gemeinsames Ziel anzustreben. Das schafft Vertrauen, fördert die Zusammenarbeit und regt zum Handeln an. So wird aus einer Ansammlung von "Ichs" ein vereintes "Wir", das mit einem klaren Ziel vor Augen in dieselbe Richtung zieht.

Die Führungskraft muss die Vision des Teams ständig bekräftigen und mit den Zielen des Teams in Einklang bringen. Die Landschaft, in der Teams agieren, ist dynamisch; Ziele können sich verschieben, Herausforderungen entstehen und Chancen ergeben sich. Die Aufgabe der Führungskraft besteht darin, diese Gewässer zu navigieren und den Fokus des Teams bei Bedarf neu zu kalibrieren und zu stärken.

Bei diesen Bemühungen ist Kommunikation der Schlüssel. Sie muss transparent, häufig und in beide Richtungen erfolgen und den Austausch von Ideen, Feedback und Bedenken ermöglichen. Dieser offene Dialog stellt sicher, dass die Vision nicht nur verstanden, sondern von jedem Teammitglied mitgetragen wird und dass der Weg dorthin gemeinsam erarbeitet und vereinbart wird.

Die Rolle der Führungskraft bei der Förderung des Teamzusammenhalts ist sowohl komplex als auch kontinuierlich. Sie erfordert das Engagement, die Vielfalt innerhalb des Teams zu verstehen und zu nutzen, die Weitsicht, eine Vision zu entwerfen, die begeistert und vereint, und die Flexibilität, das Team durch die sich ständig verändernde Landschaft des Organisationslebens zu führen. Wenn diese Elemente vorhanden sind, wird ein Team mehr als nur eine Gruppe von Einzelpersonen, die zusammenarbeiten; es wird zu einer starken Kraft, die in der Lage ist, bemerkenswerte Dinge zu erreichen.

Effektive Kommunikation ist die Lebensader eines erfolgreichen Teams und fungiert als Kreislaufsystem, das die notwendigen Informationen, Gefühle und Signale durch die Gruppe leitet. Sie stellt sicher, dass alle Mitglieder mit den Zielen des Teams übereinstimmen, sich ihrer Verantwortung bewusst sind und sich für den gemeinsamen Prozess engagieren.

Um diese Kommunikationsebene herzustellen, müssen Führungskräfte Strategien anwenden, die Offenheit und Klarheit fördern. Dazu gehört die Schaffung eines Raums, in dem sich die Teammitglieder sicher fühlen, um ihre Ideen, Bedenken und ihr Feedback zu äußern. Ein solches Umfeld baut auf einer Grundlage von Vertrauen und Respekt auf, in dem der Gedankenaustausch gefördert und wertgeschätzt wird. Führungskräfte können dies durch regelmäßige Teamsitzungen, persönliche Gespräche und eine Politik der offenen Tür fördern, die ihre Erreichbarkeit und Reaktionsfähigkeit unterstreicht.

Transparenz ist ein weiterer Eckpfeiler einer effektiven Kommunikation. Durch den offenen Austausch von Informationen über organisatorische Veränderungen, Projektstatus und Entscheidungsprozesse können Führungskräfte verhindern, dass die Gerüchteküche Misstrauen oder Verwirrung stiftet. Wenn die Teammitglieder gut informiert sind, bleiben sie eher konzentriert und motiviert.

Wo es Kommunikation gibt, kann es auch Konflikte geben. Meinungsverschiedenheiten und Persönlichkeitskonflikte sind in jeder Gruppendynamik natürlich. Führungskräfte müssen in der Lage sein, die ersten Anzeichen von Konflikten zu erkennen und sie anzusprechen, bevor sie eskalieren. Dies erfordert ein feines Gleichgewicht zwischen Einfühlungsvermögen und Durchsetzungsvermögen, um den Standpunkt jedes Teammitglieds zu verstehen und gleichzeitig das Gespräch auf Lösungen zu lenken, die den besten Interessen des Teams dienen.

Die effektive Bewältigung von Teamkonflikten hängt von der Fähigkeit der Führungskraft ab, einen konstruktiven Dialog zu ermöglichen. Techniken wie das aktive Zuhören, bei dem die Führungskraft dem Sprecher ihre volle Aufmerksamkeit schenkt und sein Verständnis klärt, können dazu beitragen, dass sich alle Parteien gehört fühlen. Die Führungskraft sollte die Teammitglieder auch dazu ermutigen, ihre Gedanken auf respektvolle und konstruktive Weise zu äußern, anstatt sie zu beschuldigen oder zu verteidigen.

Wenn sie gut gehandhabt werden, können Konflikte zu Chancen für Wachstum und Innovation werden. Sie können den Status quo des Teams in Frage stellen und zu neuen Denkansätzen anregen. Es liegt in der Verantwortung der Führungskraft, diese Situationen in positive Bahnen zu lenken und potenzielle Hindernisse in Brücken der Zusammenarbeit zu verwandeln.

Die Effektivität der Kommunikationsmuster eines Teams kann über Erfolg oder Misserfolg entscheiden. Führungskräfte, die offenen, transparenten und anpassungsfähigen Kommunikationskanälen Priorität einräumen und sie pflegen, legen den Grundstein für ein Team, das nicht nur funktioniert, sondern außergewöhnlich ist.

Die Pflege einer Vertrauenskultur innerhalb eines Teams ist von grundlegender Bedeutung für dessen Erfolg. Vertrauen ist das Fundament, auf dem die Stabilität und Effizienz eines Teams aufgebaut ist. Es ermöglicht eine offene Kommunikation, gemeinsame Verantwortlichkeiten und ein unterstützendes Umfeld, in dem sich jedes Mitglied entfalten kann. Der Aufbau von Vertrauen beginnt mit Führungskräften, die in ihrem Handeln und ihrer Kommunikation konsequent, zuverlässig und transparent sind. Indem sie diese Qualitäten zeigen, setzen sie einen Standard und schaffen eine Atmosphäre, in der Vertrauen erwartet und geschätzt wird.

Ein wichtiger Aspekt bei der Förderung von Vertrauen ist die Fähigkeit, Zusagen einzuhalten. Wenn die Teammitglieder sehen, dass ihre Führungskraft Versprechen einhält und sich an Vereinbarungen hält, stärkt das die Überzeugung, dass sie sich auf ihre Führungskraft und die anderen Teammitglieder verlassen können. Diese Verlässlichkeit wirkt ansteckend, durchdringt das gesamte Team und ermutigt die Mitglieder, ebenfalls integer zu handeln.

Gegenseitiger Respekt ist eine weitere wichtige Facette einer vertrauensvollen Teamkultur. Führungskräfte müssen den einzigartigen Beiträgen, Fähigkeiten und Perspektiven jedes Teammitglieds Respekt entgegenbringen. Das bedeutet, dass sie die Vielfalt schätzen, gleiche Möglichkeiten für Beiträge bieten und die Bemühungen aller Mitglieder anerkennen. Wenn Respekt frei und konsequent gelebt wird, fühlen sich die Teammitglieder wertgeschätzt und anerkannt, was wiederum ein tieferes Gefühl des Engagements für die Ziele des Teams fördert.

Gesunde Teambeziehungen werden gefördert, wenn die gegenseitige Abhängigkeit im Vordergrund steht. Führungskräfte können dies fördern, indem sie Aufgaben und Ziele festlegen, die eine Zusammenarbeit erfordern und von Einzelpersonen nicht erreicht werden können, die isoliert arbeiten. Diese gegenseitige Abhängigkeit verbessert nicht nur die Effizienz des Teams, sondern fördert auch die Beziehungen, da die Mitglieder kommunizieren, kooperieren und sich auf die Stärken der anderen verlassen müssen, um erfolgreich zu sein.

Um die Beziehungen innerhalb des Teams weiter zu festigen, können Führungskräfte soziale Interaktionen über die Grenzen der arbeitsbezogenen Aktivitäten hinaus fördern. Teambuilding-Übungen, gesellige Ausflüge oder informelle Zusammenkünfte können den Teammitgliedern die Möglichkeit bieten, sich zusammenzuschließen, persönliche Erfahrungen auszutauschen und Freundschaften zu schließen. Diese Aktivitäten tragen dazu bei, Barrieren abzubauen und ein offeneres, stärker vernetztes Team zu schaffen.

Führungskräfte können Vertrauen und den Aufbau von Beziehungen fördern, indem sie ein Umfeld schaffen, in dem Verletzlichkeit als Stärke und nicht als Schwäche angesehen wird. Wenn Teammitglieder ermutigt werden, ihre Herausforderungen und Unsicherheiten mitzuteilen, kann dies zu einer unterstützenden Atmosphäre führen, in der die Einzelnen bereit sind, sich gegenseitig zu helfen und gemeinsam an der Überwindung von Hindernissen zu arbeiten.

Vertrauen und starke Beziehungen innerhalb eines Teams sind nicht zufällig, sondern das Ergebnis bewusster Handlungen und Strategien von Führungskräften. Indem sie konsequent Integrität demonstrieren, Respekt fördern, die gegenseitige Abhängigkeit unterstützen und Verbindungen über die Arbeit hinaus erleichtern, können Führungskräfte eine starke Teamkultur aufbauen, die hohe Leistung und Arbeitszufriedenheit unterstützt.

Die Entscheidungsfindung in Teams ist ein kritischer Prozess, der von der Nutzung der kollektiven Weisheit aller Mitglieder erheblich profitieren kann. Integrative und partizipatorische Entscheidungsprozesse führen nicht nur zu besseren Ergebnissen, indem sie unterschiedliche Perspektiven nutzen, sondern erhöhen auch das Engagement der Teammitglieder bei der Umsetzung dieser Entscheidungen. Effektive Führungskräfte fungieren in diesem Prozess als Moderatoren, die Diskussionen so leiten, dass jedes Teammitglied seine Erkenntnisse und sein Fachwissen einbringen kann.

Um einen wirklich partizipativen Prozess zu ermöglichen, müssen die Führungskräfte ein Umfeld schaffen, in dem alle Meinungen geschätzt und berücksichtigt werden. Dazu gehört, dass sie sich aktiv um Beiträge von ruhigeren Mitgliedern bemühen, die vielleicht weniger bereit sind, sich zu Wort zu melden, und sicherstellen, dass dominante Persönlichkeiten andere nicht überschatten. Techniken wie Brainstorming-Sitzungen, Feedback in der Runde oder anonyme Vorschlagssysteme können eingesetzt werden, um sicherzustellen, dass ein breites Spektrum an Ideen gesammelt wird.

Das Gleichgewicht zwischen dem Bedürfnis nach Konsens und der Notwendigkeit, rechtzeitig zu handeln, ist eine heikle Kunst. Zwar ist es wichtig, Entscheidungen anzustreben, die das kollektive Einvernehmen widerspiegeln, doch ist es ebenso wichtig, die Fallstricke endloser Debatten zu vermeiden, die zu einer Lähmung der Entscheidungsfindung führen können. Führungskräfte müssen daher erkennen können, wann eine ausreichende Diskussion stattgefunden hat, und bereit sein, das Team zu einem Abschluss zu führen, auch wenn dies harte Entscheidungen erfordert, wenn ein vollständiger Konsens nicht erreicht werden kann.

Die Leiter können von Anfang an klare Erwartungen an den Entscheidungsfindungsprozess stellen, einschließlich der Art und Weise, wie Entscheidungen getroffen werden, wenn ein Konsens nicht möglich ist. Sie können zum Beispiel festlegen, dass eine

Mehrheitsentscheidung getroffen wird, wenn innerhalb eines bestimmten Zeitrahmens kein Konsens erzielt werden kann, oder dass die Führungskraft die endgültige Entscheidung auf der Grundlage der eingegangenen Beiträge trifft.

Bei der Entscheidungsfindung ist es auch wichtig, dass die Führungskräfte eine gründliche Analyse der möglichen Folgen von Entscheidungen ermöglichen. Dies kann eine Diskussion von Risiken, Vorteilen und alternativen Optionen beinhalten, um sicherzustellen, dass die Entscheidungen gut informiert sind und die zukünftigen Auswirkungen berücksichtigen.

Effektive Führungspersönlichkeiten versammeln das Team um die getroffenen Entscheidungen und sorgen für eine klare Kommunikation über die gewählte Vorgehensweise und die dahinter stehenden Überlegungen. Selbst diejenigen, die der endgültigen Entscheidung nicht zugestimmt haben, werden sie eher unterstützen, wenn sie das Gefühl haben, dass ihr Beitrag während des gesamten Prozesses gehört und geschätzt wurde.

Führungskräfte, die sich bei der Entscheidungsfindung auszeichnen, erkennen, dass es nicht nur darum geht, die richtige Entscheidung zu treffen, sondern auch darum, den Zusammenhalt des Teams zu stärken, individuelle Investitionen zu fördern und sicherzustellen, dass die kollektiven Fähigkeiten des Teams voll ausgeschöpft werden. Diese Herangehensweise an die Entscheidungsfindung wird zu einem mächtigen Werkzeug im Arsenal der Führungskraft, das die unterschiedlichen Meinungen innerhalb eines Teams in sein größtes Kapital verwandeln kann.

Motivation und Engagement sind wichtige Faktoren für die Leistung eines jeden Teams. Führungskräfte spielen eine Schlüsselrolle, wenn es darum geht, diesen Treibstoff zu entfachen, indem sie Techniken einsetzen, die ein Umfeld fördern, in dem Teammitglieder nicht nur motiviert sind, Ziele zu erreichen, sondern sich auch für den Erfolg und das Wohlergehen des Teams einsetzen.

Eine der grundlegenden Techniken, um ein hohes Maß an Motivation und Engagement aufrechtzuerhalten, besteht darin, klare, erreichbare Ziele zu setzen, die sowohl mit dem Zweck des Teams als auch mit den Bestrebungen der einzelnen Mitglieder übereinstimmen. Wenn Teammitglieder den Wert ihrer Arbeit sehen und verstehen, wie sie zu größeren Zielen beiträgt, steigt ihr Engagement natürlich.

Um die Motivation des Teams aufrechtzuerhalten, müssen die Führungskräfte sowohl die Leistungen des Teams als auch die des Einzelnen anerkennen können. Diese Anerkennung kann viele Formen annehmen, vom verbalen Lob vor Kollegen bis hin zu formellen Auszeichnungen oder sogar greifbaren Belohnungen. Es ist jedoch wichtig, dass die Form der Anerkennung mit dem übereinstimmt, was für die Teammitglieder von Bedeutung ist. Einige legen Wert auf öffentliche Anerkennung, während andere vielleicht private Anerkennung oder zusätzliche Aufgaben als Zeichen des Vertrauens in ihre Fähigkeiten bevorzugen.

Die Führungskräfte sollten auch sicherstellen, dass die Motivationsstrategien personalisiert und anpassungsfähig sind. Dies können sie erreichen, indem sie die Teammitglieder auf individueller Ebene kennen lernen, um ihre persönlichen Beweggründe und Werte zu verstehen. Ein Teammitglied könnte beispielsweise durch Möglichkeiten zur beruflichen Weiterentwicklung motiviert sein, während ein anderes Wert auf ein ausgewogenes Verhältnis zwischen Arbeit und Privatleben legt.

Über die Anerkennung von Leistungen hinaus schaffen effektive Führungskräfte eine Atmosphäre, in der kontinuierliches Lernen gefördert wird und Misserfolge nicht als Katastrophe, sondern als Lernchance gesehen werden. Dieser Ansatz motiviert die Teammitglieder nicht nur dazu, neue Dinge ohne Angst auszuprobieren, sondern führt auch zu einer innovativeren und widerstandsfähigeren Teamkultur.

Um das Engagement aufrechtzuerhalten, müssen Führungskräfte ein kollaboratives Teamumfeld fördern. Wenn die

Teammitglieder das Gefühl haben, Teil einer zusammenhängenden Einheit zu sein, werden ihr Zugehörigkeitsgefühl und ihr Engagement für die Ziele des Teams gestärkt. Führungskräfte können dies fördern, indem sie teambildende Aktivitäten organisieren, gemeinsame Projekte anregen und sicherstellen, dass jeder das Gefühl hat, dass seine Stimme gehört und wertgeschätzt wird.

Das Engagement hängt auch eng damit zusammen, inwieweit die Teammitglieder das Gefühl haben, dass ihre Work-Life-Balance respektiert wird. Führungskräfte, die ein offenes Ohr für die persönlichen Bedürfnisse ihrer Teammitglieder haben und sich bemühen, ihnen nach Möglichkeit entgegenzukommen, können die Arbeitsmoral und damit auch das Engagement erheblich steigern.

Für Führungskräfte ist es wichtig, Möglichkeiten zur Weiterentwicklung zu bieten. Dies kann erreicht werden, indem sie Herausforderungen anbieten, die die Fähigkeiten des Teams erweitern, sich für die berufliche Entwicklung ihres Teams einsetzen und die für den Erfolg erforderlichen Ressourcen bereitstellen.

Die Fähigkeit einer Führungskraft, ein Team effektiv zu motivieren und zu engagieren, hängt von ihrer Fähigkeit ab, mit den Teammitgliedern in Kontakt zu treten, ein unterstützendes und integratives Umfeld zu schaffen und die intrinsischen Motivationen der einzelnen Mitglieder zu erkennen und zu fördern. Dies schafft einen fruchtbaren Boden, auf dem Motivation und Engagement gedeihen und das Team zu nachhaltigen Höchstleistungen anspornen können.

Vielfalt und Integration innerhalb eines Teams sind nicht nur ethische Gebote oder Compliance-Anforderungen, sondern auch eine Quelle der Stärke und des Wettbewerbsvorteils. Die Rolle der Führungskraft bei der Förderung eines Umfelds, in dem Unterschiede gewürdigt werden und Inklusivität gewährleistet ist, ist entscheidend für die Entfaltung des vollen Potenzials des Teams.

Die Nutzung von Vielfalt bedeutet, dass die einzigartigen Perspektiven, Erfahrungen und Fähigkeiten, die jedes Teammitglied mitbringt, anerkannt werden. Führungskräfte, die sich diese Vielfalt zunutze machen, fördern eine Innovationskultur, in der unterschiedliche Standpunkte zu kreativen Problemlösungen und Entscheidungen führen. Dazu gehört, dass sie sich aktiv um Beiträge aller Mitglieder bemühen, dafür sorgen, dass auch leisere Stimmen gehört werden, und die abweichenden Meinungen wertschätzen, die zu einem Durchbruch im Denken führen können.

Die Schaffung eines integrativen Umfelds geht über die bloße Zusammensetzung eines vielfältigen Teams hinaus; sie erfordert, dass sich jedes Teammitglied geschätzt und verstanden fühlt. Führungskräfte können dieses Gefühl der Zugehörigkeit kultivieren, indem sie eine Atmosphäre schaffen, in der Unterschiede nicht nur toleriert, sondern aktiv gefeiert werden. Dazu können regelmäßige Diskussionen über Vielfalt, Schulungen über unbewusste Vorurteile und Teamaktivitäten gehören, die darauf abzielen, die Empathie und das Verständnis unter den Mitgliedern zu erhöhen.

Eingliederung bedeutet auch, dass alle Teammitglieder den gleichen Zugang zu Chancen und Ressourcen haben. Führungskräfte müssen auf Anzeichen von Ausgrenzung oder Ungleichheit innerhalb des Teams achten und rasch Maßnahmen ergreifen, um diese zu beseitigen. Dazu gehören die faire Zuteilung anspruchsvoller Aufgaben, eine gerechte Unterstützung für die berufliche Entwicklung und eine Anerkennung, die den unterschiedlichen Werten und Ausdrucksformen des Erfolgs Rechnung trägt.

Ein integratives Team ist ein Team, in dem die Mitglieder frei sind, sich selbst zu sein, ohne Angst vor Beurteilung oder Diskriminierung. Diese Authentizität kann zu einem höheren Engagement führen, da die Teammitglieder eher bereit sind, ihre volle Energie und ihr Engagement zu investieren, wenn sie ein starkes Zugehörigkeitsgefühl haben. Führungskräfte können dies fördern, indem sie Inklusivität in ihrem eigenen Verhalten vorleben, ihre eigenen Erfahrungen und Schwachstellen mitteilen und kulturelle Ereignisse und Meilensteine feiern, die für verschiedene Teammitglieder wichtig sind.

Für Führungskräfte ist es wichtig, die Dynamik der Intersektionalität zu verstehen - wie sich überschneidende Identitäten (wie Rasse, Geschlecht, Klasse und sexuelle Orientierung) auf die Erfahrungen einer Person innerhalb eines Teams auswirken können. Führungskräfte sollten sich bemühen, Räume zu schaffen, in denen diese Komplexität anerkannt wird und in denen das Team einen offenen Dialog führen kann, um ein tieferes Verständnis füreinander zu entwickeln.

Vielfalt und Integration sind nicht nur Kästchen für die Organisationspolitik, sondern wesentliche Elemente eines leistungsstarken Teams. Eine Führungskraft, die Vielfalt nicht nur begrüßt, sondern sich auch aktiv für den Aufbau einer integrativen Kultur einsetzt, kann eine Quelle für Innovation, Zusammenarbeit und Leistung erschließen, die das Team im komplexen, globalisierten Geschäftsumfeld von heute auszeichnet.

Rechenschaftspflicht und Leistungsmessung sind entscheidende Aspekte der effektiven Verwaltung eines Teams. Diese Praktiken tragen dazu bei, dass sich jeder an den Zielen des Teams orientiert und dazu beiträgt, diese zu erreichen.

Die Festlegung von Standards und Erwartungen für die Teamleistung ist die Grundlage für Verantwortlichkeit. Es müssen klare, messbare und erreichbare Ziele festgelegt werden, damit jedes Teammitglied weiß, was von ihm erwartet wird. Dazu gehört die Festlegung von Zielen auf Einzel- und Teamebene, die zu den allgemeinen strategischen Zielen des Unternehmens beitragen. Es ist wichtig, dass diese Standards nicht nur klar sind, sondern auch von allen Teammitgliedern als fair und gerecht empfunden werden.

Neben der Festlegung von Erwartungen ist es wichtig, über solide Methoden zur Überwachung der Fortschritte zu verfügen. Dazu können regelmäßige Besprechungen, Fortschrittsberichte oder

Leistungs-Dashboards gehören, die Echtzeitdaten zu wichtigen Kennzahlen liefern. Wie auch immer die Methode aussieht, sie sollte genaue und zeitnahe Informationen darüber liefern, wie das Team und seine Mitglieder im Hinblick auf ihre Ziele abschneiden.

Ein weiteres Schlüsselelement ist die Bereitstellung von konstruktivem Feedback. Feedback sollte ein kontinuierlicher Prozess sein, der sich nicht auf formelle Leistungsbeurteilungen beschränkt. Es sollte spezifisch sein und sich eher auf Verhaltensweisen und Ergebnisse als auf persönliche Eigenschaften konzentrieren, und es sollte auf Wachstum und Entwicklung ausgerichtet sein. Positives Feedback kann gute Praktiken und Verhaltensweisen bestärken, während konstruktive Kritik zu Verbesserungen und Anpassungen führen kann.

Feedback und Überwachung sollten in beide Richtungen gehen; die Führungskräfte müssen offen sein für Feedback zu den Zielen selbst und dazu, wie sie das Team bei der Erreichung dieser Ziele unterstützen. Dies kann dazu beitragen, notwendige Anpassungen vorzunehmen, und zeigt dem Team, dass sein Beitrag im Prozess der kontinuierlichen Verbesserung geschätzt wird.

Wenn die Leistung hinter den Erwartungen zurückbleibt, ist es wichtig, die Probleme umgehend anzugehen. Dabei sollte es nicht um Schuldzuweisungen gehen, sondern darum, die Ursachen für die unzureichende Leistung zu verstehen und Strategien zur Bewältigung dieser Herausforderungen zu entwickeln. Dies kann zusätzliche Schulungen, eine Neuzuweisung von Ressourcen oder Prozessverbesserungen beinhalten.

In gut funktionierenden Teams ist Rechenschaftspflicht ein gemeinsamer Wert. Die gegenseitige Rechenschaftspflicht kann besonders wirkungsvoll sein, da sich die Teammitglieder nicht nur gegenüber dem Leiter oder der Organisation, sondern auch untereinander verantwortlich fühlen. Dies erfordert die Pflege einer Kultur, in der sich die Teammitglieder befähigt fühlen, sich gegenseitig auf konstruktive und unterstützende Weise zur Verantwortung zu ziehen.

Die Anerkennung und Würdigung von Leistungen ist entscheidend. Wenn Teams und Einzelpersonen ihre Leistungsstandards erreichen oder übertreffen, kann die Anerkennung ihrer harten Arbeit und ihres Erfolgs unglaublich motivierend sein und die Bedeutung der Aufrechterhaltung hoher Standards verstärken. Feiern, Belohnungen und öffentliche Anerkennung können Teil dieser Anerkennung sein.

Die Einbeziehung dieser Elemente in das Teammanagement steigert nicht nur die Leistung, sondern fördert auch eine positive, ergebnisorientierte Kultur, in der kontinuierliche Verbesserungen die Norm sind und in der sich die Teammitglieder wertgeschätzt und motiviert fühlen, ihr Bestes zu geben.

Die effektive Bewältigung von Herausforderungen im Team ist für die Aufrechterhaltung von Produktivität und Arbeitsmoral von entscheidender Bedeutung. Führungskräfte müssen in der Lage sein, potenzielle Fallstricke zu erkennen, bevor sie problematisch werden, und schnell auf unvorhergesehene Probleme zu reagieren, sobald sie auftreten.

Eine der größten Herausforderungen, mit denen Teams häufig konfrontiert sind, ist die falsche Ausrichtung von Zielen oder Prioritäten. Die Führungskräfte müssen dafür sorgen, dass alle Teammitglieder die gemeinsamen Ziele verstehen und wissen, wie ihre individuellen Aufgaben zu dem größeren Ziel beitragen. Dazu gehören regelmäßige Diskussionen, in denen die Ziele überprüft und bei Bedarf neu ausgerichtet werden können, um den Fokus und den Zusammenhalt aufrechtzuerhalten.

Konflikte sind ein weiteres häufiges Problem in Teams. Ein gewisses Maß an Konflikten kann zwar die Kreativität und das kritische Denken fördern, kann aber auch destruktiv sein, wenn sie nicht richtig gehandhabt werden. Führungskräfte sollten eine offene Kommunikation fördern und den Teammitgliedern eine Plattform bieten, auf der sie abweichende Meinungen auf respektvolle und konstruktive Weise äußern können. Sie sollten auch in Konfliktlösungstechniken geschult sein, um Streitigkeiten zu steuern und zu schlichten, damit sie nicht eskalieren und die Lösung zum Wachstum des Teams beiträgt.

Ein weiterer Fallstrick ist Burnout, das auftreten kann, wenn Teammitglieder überlastet sind oder keine gesunde Work-Life-Balance haben. Führungskräfte müssen wachsam sein, um die Anzeichen von Burnout zu erkennen, und Maßnahmen ergreifen, um dem entgegenzuwirken, indem sie die Arbeitslast umverteilen, Unterstützung bieten und bei Bedarf zu einer Auszeit ermutigen.

Wenn sich Teams weiterentwickeln, muss sich auch der Führungsstil ihrer Leiter ändern. Ein flexibler Führungsansatz, der sich an die wechselnden Bedürfnisse des Teams anpasst, ist entscheidend. So kann ein neues Team beispielsweise einen eher zupackenden Führungsansatz erfordern, während ein etabliertes Team vielleicht von einer Führungskraft profitiert, die sich zurücknimmt und den Teammitgliedern mehr Eigeninitiative zugesteht.

Führungskräfte müssen auch darauf vorbereitet sein, Veränderungen zu begleiten, sei es aufgrund interner Umstrukturierungen, Veränderungen auf dem Markt oder neuer Technologien. Das bedeutet oft, dass sie ein Vorbild sein müssen, wenn es darum geht, Veränderungen anzunehmen und den Teammitgliedern durch klare Kommunikation, Schulung und Unterstützung bei der Bewältigung des Wandels zu helfen.

Stagnation kann eine Herausforderung für Teams sein, die über einen längeren Zeitraum zusammengearbeitet haben und in eine Routine verfallen sind. Führungskräfte können dem entgegenwirken, indem sie ein Umfeld des kontinuierlichen Lernens und der Verbesserung fördern. Dies kann bedeuten, dass sie neue Herausforderungen schaffen, ehrgeizige Ziele setzen oder den Teammitgliedern die Möglichkeit geben, neue Fähigkeiten zu entwickeln.

Bei der Bewältigung dieser Herausforderungen besteht die Rolle der Führungskraft darin, als Navigator zu fungieren und das Team durch raue Gewässer und in einen Zustand kontinuierlicher, kohärenter Produktivität zu steuern. Indem sie wachsam bleiben und auf die Bedürfnisse des Teams eingehen, können Führungskräfte sicherstellen, dass das Team nicht nur die

Herausforderungen übersteht, sondern auch gestärkt und geeint daraus hervorgeht.

Fallstudien von Hochleistungsteams bieten wertvolle Einblicke in die Grundsätze und Praktiken, die die Effektivität einer Gruppe steigern können. Hier finden Sie Zusammenfassungen von Fallstudien aus verschiedenen Branchen und Kontexten, die zeigen, wie erfolgreiche Teams Herausforderungen gemeistert haben, um Spitzenleistungen zu erzielen.

Technologie-Sektor: Agile Innovation bei Apple Inc.

Apple Inc. ist bekannt für seine innovativen Technologieprodukte und führt einen Teil seines Erfolgs auf die Anwendung agiler Methoden zurück. Die Entwicklung und Markteinführung des iPhones wurde beispielsweise durch einen flexiblen, iterativen Ansatz ermöglicht, der kontinuierliches Feedback einbezog und es Apple ermöglichte, den Smartphone-Markt zu revolutionieren. Das agile Modell ermöglichte es dem Unternehmen, seine Produkte schnell zu verfeinern, auf die Bedürfnisse der Verbraucher einzugehen und einen neuen Standard für mobile Geräte zu setzen.

Gesundheitswesen: Multidisziplinäre Koordinierung in der Mayo-Klinik

Die Mayo Clinic wird häufig für ihren integrierten, multidisziplinären Ansatz in der Gesundheitsfürsorge zitiert, bei dem Expertenteams zusammenarbeiten, um eine umfassende Patientenversorgung zu gewährleisten. Dieses Kooperationsmodell ist ein Schlüsselfaktor für die hohe Patientenzufriedenheit und hat die Klinik als führend in der medizinischen Innovation und der patientenzentrierten Versorgung etabliert.

Gemeinnützig: Ehrenamtliche Synergie bei Habitat for Humanity

Habitat for Humanity ist eine weltweit tätige gemeinnützige Organisation, die dafür bekannt ist, dass sie Freiwillige für den

Bau erschwinglicher Wohnungen mobilisiert. Ihre Fähigkeit, den Einsatz von Freiwilligen mit der Kernaufgabe der Organisation in Einklang zu bringen, hat zu einer wirkungsvollen Entwicklung der Gemeinschaft und einem bedeutenden Beitrag zur Bewältigung der weltweiten Wohnungsnot geführt.

Sport: Meisterschaftskultur bei Neuseelands All Blacks

Die neuseeländische Rugby-Nationalmannschaft, die All Blacks, ist berühmt für ihre dominanten Leistungen und ihr Mannschaftsethos, das von Einigkeit und Respekt geprägt ist. Kulturelle Grundsätze wie "No Dickheads" - eine Politik, die egozentrisches Verhalten nicht duldet - sorgen dafür, dass der Fokus der Mannschaft auf dem kollektiven Erfolg liegt, der entscheidend für ihre anhaltenden Erfolge im Rugby ist.

Luft- und Raumfahrt: Projekt Apollo - Die Mondlandung der NASA

Die Apollo-11-Mission der NASA, bei der die ersten Menschen erfolgreich auf dem Mond landeten, ist ein historisches Beispiel für Führung, Teamwork und Zusammenarbeit. Die Mission stützte sich auf das Fachwissen von Tausenden von Ingenieuren, Wissenschaftlern und Astronauten und wurde von einer gemeinsamen Vision und einer Führung angetrieben, die eine effektive Kommunikation und Problemlösung in verschiedenen Teams förderte.

Fertigung: Lean Leadership bei Toyota

Die Toyota Motor Corporation wird häufig für die Entwicklung und Perfektionierung der schlanken Produktion, auch bekannt als Toyota Production System, verantwortlich gemacht. Die Grundsätze der schlanken Produktion, wie "Kaizen" (kontinuierliche Verbesserung) und "Jidoka" (Automatisierung mit menschlicher Note), haben zu hoher Qualität, Effizienz und Mitarbeiterbeteiligung geführt. Diese Philosophie untermauert den Ruf von Toyota als zuverlässiges Unternehmen und wurde weltweit in verschiedenen Branchen übernommen.

Diese Fallstudien inspirieren nicht nur, sondern dienen auch als praktische Leitfäden für Führungskräfte, die leistungsstarke Teams fördern wollen. Sie zeigen gemeinsame Themen wie die Bedeutung gemeinsamer Ziele, offener Kommunikation und einer Kultur, die sowohl die Beiträge des Einzelnen als auch die Leistungen des Teams würdigt. Sie verdeutlichen auch, wie wichtig es ist, dass die Führung den Ton für Teamwork und Zusammenarbeit angibt.

Effektive Teamführung ist ein Handwerk, das im Laufe der Zeit perfektioniert wird, mit durchdachter Praxis und dem strategischen Einsatz bestimmter Übungen und Ressourcen, die die Teamdynamik stärken können. Hier erfahren Sie, wie Teamleiter ihre Fähigkeiten weiterentwickeln und durch praktische Aktivitäten eine solide Teambindung fördern können:

Die Entwicklung von Führungskräften beginnt mit Reflexion. Indem sie regelmäßige Intervalle für die Selbstbeobachtung von Führungserfahrungen einplanen, können Führungskräfte Tagebücher oder Apps nutzen, um Erkenntnisse festzuhalten und Herausforderungen zu bewältigen. Strukturierte Feedback-Sitzungen mit dem Team sind unerlässlich, bei denen ein offener Dialog gefördert wird, manchmal durch anonyme Umfragen, um eine ehrliche Kommunikation zu gewährleisten.

Rollenspiele zu gemeinsamen Herausforderungen im Team können ein dynamischer Weg sein, um Führungsreaktionen zu üben, wobei die Teammitglieder die Rollen wechseln, um verschiedene Perspektiven zu gewinnen. Workshops, die sich auf wesentliche Fähigkeiten wie Konfliktlösung und effektive Kommunikation konzentrieren, bieten Möglichkeiten für Wachstum, während die Hinzuziehung externer Experten neue Erkenntnisse bringen kann.

Mentoring bereichert die Führungserfahrung, indem Führungskräfte mit Mentoren innerhalb und außerhalb der Organisation zusammengebracht werden, um verschiedene Führungsstile zu erkunden. Peer-Coaching-Zirkel, in denen sich kleine Gruppen regelmäßig zum Austausch von Ratschlägen treffen, fördern die kollektive Intelligenz und ein unterstützendes Netzwerk.

Bei der Führung geht es auch um Entscheidungsfindung, und durch Übungen, die Druck simulieren, können Führungskräfte die Auswirkungen ihrer Entscheidungen kennen lernen und so ein tieferes Verständnis für ihre Führungswirkung entwickeln.

Über die unmittelbare Teamumgebung hinaus bieten Online-Kurse eine Fülle von Wissen über Führung, oft mit praktischen Komponenten. Teambuilding-Klausuren können noch einen Schritt weiter gehen, indem sie immersive Erfahrungen schaffen, die gemeinsame Problemlösungen und Vertrauensbildung erfordern.

Die Schaffung einer Kultur des kontinuierlichen Lernens kann die Einrichtung eines Buchclubs umfassen, der sich mit Führungsliteratur befasst und darüber diskutiert, wie diese neuen Ideen in das Team integriert werden können. Nach Abschluss des Projekts dienen Nachbesprechungen dazu, die Effektivität der Führung und verbesserungswürdige Bereiche zu bewerten.

Das Verständnis der Teamdynamik wird durch Verhaltensbeurteilungen erleichtert, die den Führungskräften maßgeschneiderte Strategien für den Umgang mit unterschiedlichen Teampersönlichkeiten an die Hand geben. Wenn Konflikte auftauchen, können die Führungskräfte dank strukturierter Lösungsansätze effektiv vermitteln.

Die Einrichtung von Innovationslabors, in denen funktionsübergreifende Teams kreative Aufgaben bewältigen, ermöglicht es Führungskräften, in einem dynamischen Umfeld zu üben und sich so auf die vielfältigen Herausforderungen der Teamführung vorzubereiten.

Die Einbeziehung dieser Praktiken in regelmäßige Führungsroutinen kann zu effektiveren, anpassungsfähigeren und kohärenteren Teams führen und die Fähigkeit der Führungskraft, ihr Team zum Erfolg zu führen und zu beeinflussen, kontinuierlich verbessern.

Der Weg zum Aufbau und zur Führung eines gut funktionierenden Teams ist vielschichtig und anspruchsvoll. Eine Führungskraft fungiert als Katalysator, nicht nur, indem sie Regie führt oder verwaltet, sondern indem sie die Bedingungen fördert, die es dem Team ermöglichen, organisch hervorragende Leistungen zu erbringen.

Die hervorragende Leistung eines Teams ist ein Spiegelbild seiner Führung. Die in diesem Kapitel dargelegten Grundsätze unterstreichen die zentrale Rolle der Führungskraft bei der Schaffung einer Grundlage des Vertrauens, der Ausrichtung und der Zielsetzung. Es geht darum, ein Umfeld zu schaffen, in dem sich jedes Teammitglied ermächtigt fühlt, seine beste Arbeit zu leisten. Führungskräfte prägen die Kultur des Teams, indem sie ihm ein Gefühl der Zugehörigkeit und eine gemeinsame Vision vermitteln, die bei jedem Einzelnen ankommt.

Ein Team zu Spitzenleistungen zu führen, erfordert ein empfindliches Gleichgewicht an Fähigkeiten, von der Fähigkeit zuzuhören und effektiv zu kommunizieren bis hin zur Weisheit, wann man sich zurückziehen und dem Team die Verantwortung überlassen sollte. Dabei geht es nicht nur darum, das Team durch die täglichen Aufgaben zu führen, sondern auch durch die Komplexität der zwischenmenschlichen Dynamik, der Konfliktlösung und der gemeinsamen Entscheidungsfindung.

Die in diesem Kapitel vorgestellten Strategien und Ratschläge beruhen auf praktischen Erfahrungen und zielen darauf ab, den Führungskräften das nötige Rüstzeug zu geben, um die Feinheiten der Teamführung zu meistern. Die Beispiele aus der Praxis veranschaulichen die transformative Kraft einer effektiven Führung und die bemerkenswerten Ergebnisse, die erzielt werden können, wenn sich ein Team wirklich um ein gemeinsames Ziel schart.

Der Erfolg einer Führungskraft wird daran gemessen, inwieweit es ihr gelingt, ihr Team dazu zu inspirieren, die gemeinsamen Ziele nicht nur zu erreichen, sondern zu übertreffen, die Grenzen des Möglichen zu erweitern und ein Leistungsniveau zu erreichen, das Spitzenleistungen in ihrem Bereich definiert. Dieses Kapitel dient als Leitfaden für Führungskräfte, die sich diesem Ziel verschrieben haben, und bietet Einblicke, die die kollektive Leistung eines Teams in etwas Außergewöhnliches verwandeln können.

Effektive Teamführung lässt sich durch gezieltes Üben und den Einsatz spezifischer Instrumente und Übungen zur Verbesserung der Teamdynamik verbessern. Im Folgenden finden Sie einen Überblick über praktische Übungen und Ressourcen, die Teamleitern dabei helfen können, ihre Fähigkeiten weiterzuentwickeln und den Zusammenhalt im Team zu fördern:

Praktische Übungen zum Aufbau von Teamleitungskompetenzen

Sitzungen zur Reflexion von Führungsqualitäten:
Planen Sie regelmäßige Intervalle für die Selbstreflexion von Führungserfahrungen ein.
Verwenden Sie ein Tagebuch oder eine digitale App, um Erkenntnisse, Herausforderungen und erfolgreiche Ergebnisse festzuhalten.

Rückkopplungsschleifen:
Durchführung strukturierter Feedback-Sitzungen mit dem Team, um die Effektivität der Führung zu diskutieren.
Ermutigen Sie zu offenem und konstruktivem Feedback durch anonyme Umfragen oder persönliche Gespräche.
Szenarien für Rollenspiele:
Erstellen Sie Simulationen gängiger Teamherausforderungen und üben Sie, diese zu bewältigen.
Lassen Sie die Teammitglieder während dieser Übungen verschiedene Führungsrollen übernehmen, um Einfühlungsvermögen und Verständnis zu fördern.

Workshops zu Führungsqualitäten:

Organisieren Sie Workshops, die sich auf bestimmte Fähigkeiten wie Konfliktlösung, Kommunikation oder Delegation konzentrieren.
Ziehen Sie externe Experten hinzu, um neue Perspektiven zu gewinnen und sich weiterzubilden.

Mentoring-Programme:
Bringen Sie Führungskräfte mit Mentoren innerhalb und außerhalb des Unternehmens zusammen.
Nutzen Sie das Mentoring, um verschiedene Führungsstile und -strategien zu erkunden.

Peer-Coaching-Zirkel:
Bilden Sie kleine Gruppen, die sich regelmäßig treffen, um Führungsprobleme zu diskutieren und Ratschläge auszutauschen.
Nutzen Sie das Peer-Coaching, um kollektive Intelligenz und Unterstützung zu entwickeln.

Entscheidungsfindungsübungen:
Führen Sie Übungen durch, die schnelle Entscheidungen unter Druck erfordern.
Analysieren Sie die Ergebnisse, um die Auswirkungen der verschiedenen Führungsentscheidungen besser zu verstehen.

Ressourcen für fortlaufende Entwicklung und teambildende Aktivitäten

Team-Building-Klausuren:
Organisieren Sie Klausuren außerhalb des Unternehmens, die der Teambildung und der Entwicklung von Führungskräften dienen.
Fügen Sie Aktivitäten hinzu, die Zusammenarbeit, Problemlösung und Vertrauensbildung erfordern.

Leadership Reading Groups:
Gründen Sie einen Buchclub für Führungskräfte, der die neueste Literatur über effektive Teamführung liest und diskutiert.
Erörtern Sie, wie die Konzepte innerhalb des Teams angewendet werden können.

Projektnachbesprechungen:
Nutzen Sie den Projektabschluss als Gelegenheit zur Reflexion im Team.
Diskutieren Sie, welche Führungsansätze sich bewährt haben und was verbessert werden könnte.

Instrumente zur Verhaltensbeurteilung:
Nutzen Sie Tools wie DISC oder StrengthsFinder, um die Dynamik von Einzelpersonen und Teams besser zu verstehen.
Erkenntnisse aus Beurteilungen anwenden, um Führungsansätze an die Zusammensetzung des Teams anzupassen.

Rahmen für die Konfliktlösung:
Schulung der Führungskräfte in strukturierten Ansätzen zur Lösung von Teamkonflikten.
Den Führungskräften die Mittel an die Hand geben, um Streitigkeiten zu schlichten und eine Lösung zu finden.

Innovationslaboratorien:
Bilden Sie funktionsübergreifende Teams, die an kreativen Problemlösungsaufgaben arbeiten.
Nutzen Sie diese Praktika als Gelegenheit, Führungsqualitäten in einem dynamischen und innovativen Kontext zu üben.

Durch die regelmäßige Teilnahme an diesen Übungen und die Nutzung der verfügbaren Ressourcen können Teamleiter ihre Fähigkeiten kontinuierlich verbessern, was zu effektiveren, widerstandsfähigeren und kohärenteren Teams führt.

Kapitel 4: Der Tanz der Doppelspitze - Einblicke in die Co-Führung

Im komplizierten Tanz der Führung zeigt sich das Konzept der Doppelspitze oder Co-Führung eher als ein nuanciertes Duett denn als ein Soloauftritt. Dieses Phänomen der Tandem-Führung, bei dem sich zwei Personen das Kommando teilen, setzt sich in verschiedenen Bereichen immer mehr durch. Von Unternehmen bis hin zu Bildungseinrichtungen werden Co-Führungsstrukturen wegen ihres Potenzials erkannt, Synergien zu schaffen, die die Fähigkeiten einer einzelnen Führungskraft bei weitem übertreffen können.

Co-Leadership bedeutet eine dynamische Beziehung, die von gegenseitigem Vertrauen, gemeinsamen Werten und einer gemeinsamen Vision geprägt ist und eine Aufgabenteilung ermöglicht, bei der die Stärken der einzelnen Führungskräfte genutzt und ihre Schwächen kompensiert werden können. Wenn diese Partnerschaft effektiv umgesetzt wird, kann sie zu innovativen Lösungen, einer soliden Entscheidungsfindung und einem ausgewogenen Managementansatz führen, der die gesamte Organisation beleben kann.

Die Vorteile von Co-Leadership sind vielfältig. Sie kann zu kreativeren Ergebnissen führen, da Führungskräfte mit unterschiedlichen Fachkenntnissen und Perspektiven zusammenkommen, um Herausforderungen zu bewältigen. Sie kann auch für Kontinuität und Stabilität sorgen, da die Organisation nicht nur von einer einzigen Person abhängig ist, wenn es um Richtung und Inspiration geht. Darüber hinaus kann Co-Leadership die Entscheidungsprozesse verbessern, da mehrere Standpunkte zu einer umfassenderen Analyse der jeweiligen Situation führen.

Dieser gemeinsame Ansatz zur Führung ist nicht ohne Herausforderungen. Das Konfliktpotenzial ist ein inhärentes Risiko in jeder Partnerschaft, insbesondere wenn es um Entscheidungen geht, bei denen viel auf dem Spiel steht. Co-Führungskräfte müssen sich mit Fragen des Egos und der Autorität auseinandersetzen und sicherstellen, dass ihre Partnerschaft ausgewogen bleibt und dass eine Führungskraft die andere nicht überschattet. Klare Kommunikation und eine klar definierte Arbeitsteilung sind entscheidend, um Missverständnisse zu vermeiden und sicherzustellen, dass die Organisation eine einheitliche Führung erhält.

Der Erfolg eines Co-Leadership-Arrangements kann stark von der Organisationskultur abhängen, in der es eingesetzt wird. In Umgebungen, die an eine hierarchische, von oben nach unten gerichtete Führung gewöhnt sind, kann die Einführung eines dualen Führungssystems auf Skepsis oder Widerstand stoßen. Für eine erfolgreiche Integration ist ein bewusster Kulturwandel hin zu Zusammenarbeit, Transparenz und gemeinsamer Verantwortlichkeit erforderlich.

In diesem Kapitel werden wir uns eingehender mit der Dynamik der Ko-Führung befassen und ihre definierenden Merkmale, die Kontexte, in denen sie gedeiht, und das heikle Gleichgewicht der gemeinsamen Führung untersuchen. Wir werden die Vorteile, die eine Doppelspitze bieten kann, wie z.B. ein breit gefächertes Denken und gemeinsamer Stress, analysieren, aber auch die potenziellen Fallstricke, wie z.B. geteilte Autorität und das Risiko der Untätigkeit aufgrund von Blockaden, untersuchen. Auf diese Weise wollen wir ein umfassendes Verständnis von Co-Leadership als zeitgemäßes und fortschrittliches Führungsmodell vermitteln, das das Versprechen birgt, Organisationen zu verändern und einen kooperativeren Ansatz zur Erreichung von Erfolgen zu fördern.

Die Grundlage einer soliden Co-Leadership-Struktur beginnt mit der sorgfältigen Auswahl der Co-Leader. Bei dieser Auswahl geht es nicht nur um die Bewertung der individuellen Kompetenzen, sondern auch darum, das Potenzial für eine gute Zusammenarbeit zwischen den Führungskräften und die Komplementarität ihrer Fähigkeiten und Führungsstile zu erkennen.

Die Kriterien für die Auswahl von Co-Leitern sollten sich nicht nur auf Qualifikationen und Erfahrung beschränken. Vielmehr müssen die Übereinstimmung der potenziellen Führungskräfte mit den Werten der Organisation, ihre Fähigkeit zur Zusammenarbeit und ihre Bereitschaft, Macht und Anerkennung zu teilen, genau geprüft werden. Potenzielle Co-Führungskräfte sollten auf ihre zwischenmenschlichen Fähigkeiten, ihre emotionale Intelligenz und ihre Fähigkeit, Vertrauen zu schaffen, geprüft werden. Sie müssen in der Lage sein, sich in komplexen Beziehungen zurechtzufinden, und eine respektvolle und konstruktive Kommunikation an den Tag legen.

Nach der Auswahl ist die Festlegung klarer Erwartungen der nächste wichtige Schritt. Die Co-Führungskräfte müssen sich über ihre individuellen Rollen und gemeinsamen Verantwortlichkeiten im Klaren sein. Dazu gehört oft ein offenes Gespräch über Stärken, Schwächen und Aufsichtsbereiche, um sicherzustellen, dass es kaum Überschneidungen gibt und dass beide Führungskräfte in der Lage sind, den größtmöglichen Einfluss zu nehmen. Durch diese Abgrenzung der Rollen wird auch das Risiko verringert, sich gegenseitig auf die Füße zu treten, was zu internen Reibereien führen und die Effizienz des Führungsduos verringern kann.

Zur Festlegung dieser Rollen gehört auch eine Diskussion über die Vision und die Ausrichtung der Organisation. Co-Führungskräfte müssen in Bezug auf die übergeordneten Ziele, auf die sie hinarbeiten, im Gleichschritt sein. Diese gemeinsame Vision dient als Nordstern für ihre Partnerschaft, der die Entscheidungsfindung lenkt und hilft, Konflikte zu lösen, wenn sie entstehen.

Das Gleichgewicht zwischen Macht und Autorität ist vielleicht der heikelste Aspekt beim Aufbau einer gemeinsamen Führungsstruktur. Beide Führungspersönlichkeiten müssen sich befugt fühlen, in ihrem Verantwortungsbereich Entscheidungen zu treffen und gleichzeitig eine einheitliche Front zu bilden. Die

Einrichtung von Mechanismen zur gemeinsamen Entscheidungsfindung in strategischen Fragen ist von entscheidender Bedeutung. Bei eher operativen oder bereichsspezifischen Entscheidungen sollte jedoch jede Führungskraft autonom sein und auf die Kompetenz der anderen vertrauen können. Dieses Gleichgewicht stellt sicher, dass keine einzelne Führungskraft zum Engpass für Entscheidungen wird und dass die Organisation von der Agilität profitieren kann, die eine verteilte Führung mit sich bringt.

Ebenso wichtig ist die Festlegung von Protokollen zur Konfliktlösung. Selbst bei klar definierten Rollen und einer gemeinsamen Vision wird es unweigerlich zu Unstimmigkeiten kommen. Co-Führungskräfte müssen sich im Voraus darauf einigen, wie sie mit solchen Situationen umgehen, um eine Blockade und eine Lähmung der Organisation zu verhindern.

Bei der Umsetzung einer Co-Leadership-Struktur wird Transparenz zum Lebenselixier einer effektiven Arbeit. Co-Leader müssen sich zu einer offenen Kommunikation nicht nur untereinander, sondern auch mit ihren Stakeholdern verpflichten. Sie sollten ihre Teams regelmäßig auf den neuesten Stand bringen und sicherstellen, dass jeder in der Organisation weiß, an wen er sich bei verschiedenen Fragen und Entscheidungen wenden kann.

Während sich die Co-Führungskräfte mit den Feinheiten ihrer gemeinsamen Rolle auseinandersetzen, müssen sie ihre Partnerschaft kontinuierlich reflektieren und anpassen. Diese reflektierende Praxis stellt sicher, dass sie aufeinander und auf die sich entwickelnden Bedürfnisse der Organisation abgestimmt bleiben.

Der Aufbau einer Co-Führungsstruktur ist ein bewusster und durchdachter Prozess. Er erfordert ein strenges Auswahlverfahren, klare Erwartungen, klar definierte Rollen und ein ausgewogenes Kräfteverhältnis. Wenn diese Grundlagen vorhanden sind, können Co-Leader eine Führungsdynamik aufbauen, die sowohl belastbar als auch dynamisch ist und bereit ist, ihre Organisation durch die Komplexität der modernen Unternehmenslandschaft zu lenken.

Die gemeinsame Führung von Einzelpersonen wird in verschiedenen Sektoren immer häufiger und bringt eine einzigartige Mischung aus Vorteilen und Schwierigkeiten mit sich. Sie bietet die Chance auf mehr Kreativität, birgt aber auch die Gefahr von Konflikten, wenn sie nicht gut gehandhabt wird. Bei solchen Vereinbarungen sind eine klare Rollendefinition und eine gleichmäßige Aufteilung der Befugnisse von entscheidender Bedeutung für die Aufrechterhaltung des Gleichgewichts der Kräfte.

Die Beziehung zwischen den Co-Leitern ist für den Erfolg dieses Modells von grundlegender Bedeutung und erfordert Vertrauen, Respekt und ein starkes professionelles Verhältnis. Sie müssen ihre Partnerschaft sorgfältig steuern, Protokolle für die Entscheidungsfindung und die Beilegung von Meinungsverschiedenheiten erstellen und eine transparente und effektive Kommunikation sicherstellen.

Wenn Co-Führungskräfte die Stärken und Schwächen der anderen ergänzen, können sie Ergebnisse erzielen, die für eine einzelne Führungskraft unerreichbar wären. Sie treffen strategische Entscheidungen, die eine kollektive Übereinkunft der verschiedenen Perspektiven darstellen.

Regelmäßige Bewertungen der Effektivität der Co-Führung sind unerlässlich und konzentrieren sich auf die Leistung der Organisation, die Zufriedenheit der Mitarbeiter und die Erreichung der strategischen Ziele. Oft sind Anpassungen erforderlich, um die Führungsdynamik zu verbessern.
Die Abstimmung zwischen den Co-Führungskräften und der Vision der Organisation ist von entscheidender Bedeutung, um zu gewährleisten, dass Entscheidungen und Maßnahmen auf der Führungsebene die angestrebte Ausrichtung und Kultur der Organisation konsequent unterstützen.

Um einen offenen und kontinuierlichen Dialog zu gewährleisten, können die Co-Leiter verschiedene Techniken anwenden, wie z. B. regelmäßige Treffen, die Einrichtung gemeinsamer digitaler Plattformen für einen ständigen Informationsfluss und strukturierte Klausurtagungen zur Diskussion größerer strategischer Initiativen.

Diese Kommunikationsstrategien sollten so gestaltet sein, dass Missverständnisse und Unstimmigkeiten vermieden werden können. So kann z. B. eine "No Surprises"-Politik, bei der sich die Co-Führungskräfte darauf einigen, Informationen in Echtzeit auszutauschen, Situationen verhindern, in denen eine Führungskraft unvorbereitet getroffen wird. Dieses Maß an Transparenz ist von entscheidender Bedeutung für die Aufrechterhaltung des Vertrauens, das für die Co-Leader-Beziehung von zentraler Bedeutung ist.

Zu einer wirksamen Kommunikation gehört auch, dass man sich die Standpunkte des anderen aktiv anhört und bereit ist, sich anzupassen und Kompromisse einzugehen. Diese Gegenseitigkeit ermöglicht es den Co-Führungskräften, die Komplexität ihrer gemeinsamen Aufgaben im Geiste der Partnerschaft und nicht des Wettbewerbs zu bewältigen. Indem sie eine effektive Kommunikation innerhalb ihrer Dyade demonstrieren, setzen die Co-Führungskräfte einen Standard für den Rest der Organisation und zeigen, dass selbst auf den höchsten Ebenen Zusammenarbeit und gegenseitiger Respekt nicht nur erwartet werden, sondern die Norm sind.

Co-Leader sind auch für die Förderung von Führungsqualitäten in der gesamten Organisation verantwortlich. Indem sie kooperative Führung vorleben, inspirieren sie andere dazu, ihre Führungsfähigkeiten zu entwickeln, was eine Kultur fördert, in der sich jeder befähigt und verantwortlich fühlt.

Dieser umfassende Überblick über Co-Leadership wird durch Beispiele aus der Praxis von Organisationen unterstützt, die diese Gewässer erfolgreich durchquert haben, aber auch von solchen, die auf Schwierigkeiten gestoßen sind, und vermittelt den Lesern ein differenziertes Verständnis dessen, was für eine effektive Co-Leadership erforderlich ist.

Co-Leadership-Modelle können sehr effektiv sein, und mehrere Beispiele aus der Praxis veranschaulichen sowohl ihre potenziellen Vorteile als auch ihre Herausforderungen. Hier sind ein paar Beispiele:

- Google: Larry Page und Sergey Brin waren Mitbegründer von Google und fungierten zunächst als Co-Präsidenten, bevor Eric Schmidt zum CEO ernannt wurde. Später führten Page und Brin das Unternehmen wieder gemeinsam, wobei Page als CEO fungierte und Brin sich auf strategische Projekte konzentrierte. Ihre Fähigkeit, zusammenzuarbeiten und die Stärken des jeweils anderen zu ergänzen, trug wesentlich zum Wachstum und zur Innovation von Google bei.

- Salesforce: Marc Benioff, der CEO von Salesforce, hat im Laufe der Jahre mit mehreren Co-CEOs gearbeitet. Keith Block war von 2018 bis 2020 gemeinsam mit Benioff als Co-CEO tätig, was es dem Unternehmen ermöglichte, sich gleichzeitig auf verschiedene Fach- und Führungsbereiche zu konzentrieren und so die Leistung und Strategieumsetzung des Unternehmens zu verbessern.

- Oracle: Safra Catz und Mark Hurd fungierten nach dem Rücktritt von Larry Ellison als Co-CEOs von Oracle. Das Arrangement nutzte die Stärken jeder Führungskraft, wobei sich Hurd auf Vertrieb, Marketing und Strategie konzentrierte und Catz die rechtlichen und finanziellen Abläufe leitete. Diese Arbeitsteilung sollte die Entscheidungsprozesse straffen und das Wachstum beschleunigen.

- Whole Foods: John Mackey leitete Whole Foods von 2010 bis 2016 gemeinsam mit Walter Robb. Sie teilten sich die Verantwortung und sprachen abwechselnd bei Investorentreffen. Diese Partnerschaft hat dem Unternehmen geholfen, sich in einem sich schnell verändernden Einzelhandelsumfeld zurechtzufinden.

- Samsung: Die Co-CEO-Regelungen bei Samsung haben es dem Unternehmen ermöglicht, sich auf verschiedene Produktlinien zu konzentrieren, wobei jede Führungskraft die Innovation und strategische Entwicklung in ihrem jeweiligen Bereich vorantreibt.

- Deutsche Bank: Anshu Jain und Jürgen Fitschen waren von 2012 bis 2015 als Co-CEOs tätig. Sie sahen sich aufgrund der europäischen Finanzkrisen und interner Probleme innerhalb der Bank mit erheblichen Herausforderungen konfrontiert. Ihre Amtszeit wird oft als Beispiel für die Komplexität und die Kommunikationsprobleme angeführt, die in einer Co-Führungsstruktur auftreten können.

- Chipotle: Steve Ells und Monty Moran fungierten als Co-CEOs von Chipotle, wobei Ells sich auf das Essen und die kulinarische Führung und Moran auf die operative Exzellenz konzentrierte. Dies ermöglichte es dem Unternehmen, sein Engagement für Qualitätslebensmittel und Kundenservice zu verdoppeln.

Jedes dieser Beispiele zeigt, wie die Doppelspitze auf unterschiedliche Weise strukturiert werden kann, um die Stärken der einzelnen Führungskräfte zu nutzen. Während diese Arrangements beeindruckende Ergebnisse erzielen können, unterstreichen sie auch die Bedeutung einer klaren Kommunikation, klar definierter Rollen und einer gemeinsamen Vision, um die Fallstricke zu vermeiden, die mit einer doppelten Führungsstruktur einhergehen können.

Die Synergie aus unterschiedlichen Führungsstilen kann eine dynamischere und flexiblere Managementstruktur schaffen. So kann beispielsweise ein strategischer Denker zusammen mit einem operativen Experten ein größeres Gebiet abdecken als zwei Führungskräfte mit ähnlichen Fähigkeiten. Entscheidend ist, dass diese Stile nicht im Widerspruch zueinander stehen, sondern sich vielmehr ergänzen und ein Gleichgewicht zwischen visionärer Planung und pragmatischer Umsetzung schaffen.

Organisationen mit einer solchen komplementären Führung weisen oft eine größere Flexibilität bei der Entscheidungsfindung auf, da jede Führungskraft eine andere Sichtweise auf ein Problem einbringt und dadurch eine umfassendere Analyse ermöglicht. Dies kann zu innovativen Lösungen führen, die von einem homogeneren Führungsteam nicht entwickelt werden könnten.

Um diese Vielfalt zu nutzen, müssen die Co-Führungskräfte eine solide Grundlage des gegenseitigen Respekts und eine Verpflichtung zum offenen Dialog haben. Regelmäßig anberaumte Strategiesitzungen, in denen die Co-Führungskräfte Erkenntnisse austauschen und Ideen diskutieren können, sind entscheidend für die Aufrechterhaltung der Abstimmung und die Nutzung ihrer unterschiedlichen Führungsstile zur Steigerung der Teamleistung.

Hier sind einige weitere Beispiele für erfolgreiche Co-Leiter.

- Adobe: Shantanu Narayen und John Warnock, Chairman bzw. CEO von Adobe, sind für ihre sich ergänzenden Führungsqualitäten bekannt. Warnocks Expertise in der Softwareentwicklung und Narayens Geschäftssinn halfen Adobe bei der Umstellung von einem traditionellen Software-Vertriebsmodell auf ein cloudbasiertes Servicemodell, was die Marktposition des Unternehmens deutlich verbesserte.

- Netflix: Reed Hastings und Ted Sarandos, die Co-CEOs von Netflix, vereinen Hastings' technischen und geschäftlichen Weitblick mit Sarandos' Erfahrung in der Erstellung von Inhalten und in der Medienarbeit. Diese Partnerschaft ist entscheidend für die Strategie von Netflix in einer zunehmend wettbewerbsorientierten Streaming-Landschaft.

- Warner Bros. Entertainment: Ann Sarnoff und Toby Emmerich sind ein Beispiel für eine Co-Führung, bei der

Sarnoffs geschäftliche und operative Stärken Emmerichs kreative Vision ergänzen und das Unternehmen durch das sich entwickelnde Terrain der digitalen Medien und Unterhaltung führen.

- Siemens AG: Jim Hagemann Snabe und Michael Reitermann waren als Co-CEOs der Healthcare-Sparte der Siemens AG tätig und vereinten Snabes strategische und IT-Expertise mit Reitermanns Erfahrung im Bereich Healthcare Operations. Ihre Zusammenarbeit war wesentlich, um den Bereich durch eine Zeit bedeutender Veränderungen und regulatorischer Herausforderungen zu steuern.

Bei Co-Leadership geht es nicht nur um die Aufteilung von Aufgaben, sondern um die strategische Ausrichtung der einzigartigen Kompetenzen jeder Führungskraft auf die Bedürfnisse der Organisation. Dieser maßgeschneiderte Ansatz stellt sicher, dass jede Co-Führungskraft ihre Stärken voll einbringen kann, wodurch die Führungseffektivität insgesamt optimiert wird.

Bei der Arbeitsteilung ist es wichtig, die individuellen Eigenschaften der einzelnen Führungskräfte zu berücksichtigen. So kann sich beispielsweise eine Führungskraft durch externe Beziehungen und strategische Partnerschaften auszeichnen, während sich die andere auf internes Management und operative Spitzenleistungen konzentriert. Wenn die Organisation diese Stärken erkennt, kann sie die Verantwortlichkeiten so zuschneiden, dass jede Führungskraft in der besten Position ist, um einen bedeutenden Beitrag zu leisten.

Die Strategie für die Aufteilung der Arbeitslast sollte sich auch an den Zielen und Herausforderungen des Unternehmens orientieren. In Zeiten erheblichen Wachstums oder Wandels könnte beispielsweise die Führungskraft mit einem ausgeprägten Hintergrund im Veränderungsmanagement die Führung bei Transformationsinitiativen übernehmen, während diejenige mit einem Händchen für Stabilität und Kontinuität sich auf die

Aufrechterhaltung der Kerngeschäftsfunktionen konzentrieren könnte.

Diese Aufteilung erstreckt sich auch auf geteilte Aufgaben und individuelle Verantwortlichkeiten, so dass beide Führungspersönlichkeiten zur Zusammenarbeit beitragen und gleichzeitig für bestimmte Bereiche des Unternehmens zuständig sind. Zu den geteilten Aufgaben gehören in der Regel Strategie, Kultur und Vision auf hoher Ebene, wo der kombinierte Beitrag beider Führungskräfte eine rundere und fundiertere Perspektive bieten kann. Einzelne Aufgaben hingegen können einzelne Abteilungen oder Initiativen umfassen, bei denen das Fachwissen einer einzelnen Führungskraft von großem Nutzen sein kann.

Es gibt ein wesentliches Wechselspiel zwischen gemeinsamen und individuellen Aufgaben. Regelmäßige Koordinationssitzungen stellen sicher, dass beide Führungskräfte über die Arbeit des jeweils anderen informiert sind und bei Bedarf Unterstützung oder Input geben können. Diese Zusammenarbeit fördert eine einheitliche Ausrichtung des Unternehmens und verhindert die Bildung von Silos innerhalb der Führungsstruktur.

Das Gleichgewicht zwischen individueller Verantwortung und kollektiver Aufsicht erfordert ein gut durchdachtes System von Kontrollen und Ausgleichen, um das Gleichgewicht aufrechtzuerhalten. Dieses System sollte flexibel sein und es den Führungskräften ermöglichen, ihre Arbeitsteilung neu zu bewerten und auszurichten, wenn sich die Organisation weiterentwickelt und neue Herausforderungen entstehen.

In der Praxis ist die Arbeitsteilung in der Co-Leitung eine dynamische und kontinuierliche Verhandlung, die sich an den komplementären Stärken der einzelnen Führungskräfte und den strategischen Zielen der Organisation orientiert. Wenn sie effektiv durchgeführt wird, kann sie zu einer verbesserten Entscheidungsfindung, innovativeren Problemlösungen und einem robusten und widerstandsfähigen Führungsrahmen führen.

Die gemeinsame Strategieentwicklung in Co-Leadership ist ein entscheidender Prozess, bei dem beide Führungskräfte gemeinsam eine Vision und einen Strategieplan für das Unternehmen entwickeln. Diese Zusammenarbeit erfordert, dass jede Führungskraft ihre Einsichten und ihr Fachwissen einbringt, um sicherzustellen, dass die Strategie umfassend ist und von den gemeinsamen Stärken profitiert.

Der Co-Creation-Prozess beginnt mit der Definition einer Zukunftsvision, die bei beiden Führungskräften auf Resonanz stößt und mit den Werten und Zielen des Unternehmens in Einklang steht. Die Perspektive jeder Führungskraft dient dazu, die Perspektive der anderen zu bereichern und herauszufordern, was zu einer robusten und vielseitigen strategischen Vision führt. Der daraus resultierende Plan ist nicht nur ein Kompromiss zwischen zwei Standpunkten, sondern eine neue Vision, die ohne diesen kooperativen Ansatz nicht möglich gewesen wäre.

Sobald ein strategischer Plan vorliegt, ist die Synchronisierung der Bemühungen entscheidend. Dazu gehört die Abstimmung von Ressourcen, Zeitplänen und Meilensteinen, damit die Umsetzung nahtlos erfolgen kann. Co-Führungskräfte arbeiten zusammen, um Aufgaben zu delegieren, wichtige Leistungsindikatoren zu ermitteln und klare Kommunikationskanäle im gesamten Unternehmen zu schaffen. Auf diese Weise wird sichergestellt, dass alle Beteiligten in dieselbe Richtung gehen und die Strategie effizient und effektiv umgesetzt wird.

Die laufende Überwachung der Fortschritte ist ein weiterer wichtiger Aspekt der gemeinsamen Strategieentwicklung. Die Co-Führungskräfte müssen regelmäßig die Leistungsdaten überprüfen, beurteilen, ob die Strategie die gewünschten Ergebnisse bringt, und feststellen, ob Anpassungen erforderlich sind. Dazu kann es gehören, bestimmte Ziele zu überdenken, Ressourcen neu zuzuweisen oder Zeitpläne zu ändern, um sie besser an das dynamische Umfeld der Organisation anzupassen.

Das Co-Management von Anpassungen ist ein iterativer Prozess, der von beiden Führungspersönlichkeiten verlangt, flexibel zu sein und auf neue Informationen und veränderte Umstände zu reagieren. Es reicht nicht aus, einen Kurs festzulegen; effektive Co-Führung erfordert die Fähigkeit, die Organisation sowohl durch vorhersehbare als auch unvorhergesehene Veränderungen zu steuern. Dies kann bedeuten, dass Strategien umgestellt, Hürden überwunden und unerwartete Chancen genutzt werden müssen, wenn sie sich ergeben.

Durch die gemeinsame Strategieentwicklung schaffen die Co-Führungskräfte einen Präzedenzfall für Zusammenarbeit und kollektives Denken in der gesamten Organisation. Sie modellieren eine Partnerschaft, die unterschiedliche Perspektiven und gemeinsame Entscheidungsfindung schätzt, was zu ähnlichen Ansätzen in der Organisationshierarchie ermutigen kann und zu einer Kultur der Einheit und des gemeinsamen Ziels führt.

Der Wert, den Co-Führungskräfte einer Organisation bringen, liegt in ihrer Fähigkeit, Herausforderungen aus verschiedenen Blickwinkeln zu betrachten und ein breites Spektrum an Erfahrung und Wissen zu bieten, das zu innovativen Lösungen führen kann.

Wenn die Co-Führungskräfte aus verschiedenen Bereichen kommen oder über unterschiedliche Fachkenntnisse verfügen, können sie Probleme aus verschiedenen Blickwinkeln angehen. Diese Vielfalt im Denken und in der Herangehensweise kann besonders in komplexen Szenarien von Vorteil sein, in denen eine einzige Perspektive entscheidende Elemente übersehen könnte. So kann beispielsweise eine Führungskraft einen starken Hintergrund in den Bereichen Finanzen und Risikomanagement haben, während die andere sich durch Kreativität und Personalentwicklung auszeichnet. Gemeinsam können sie Strategien entwickeln, die sowohl finanziell solide als auch innovativ sind und das Wachstum des Unternehmens und die Zufriedenheit der Mitarbeiter sicherstellen.

In Krisenzeiten oder bei Ungewissheit können Co-Führungskräfte der Organisation Stabilität verleihen, indem sie mehrere Beruhigungspunkte bieten. Mit zwei Führungspersönlichkeiten an der Spitze ist die Fähigkeit zur Bewältigung von Drucksituationen erhöht, so dass sich eine Führungspersönlichkeit um die unmittelbaren Probleme kümmern kann, während sich die andere auf die langfristigen Auswirkungen und die Planung konzentriert.

Darüber hinaus können Co-Leiter ihren Schwerpunkt zwischen operativer Exzellenz und strategischer Entwicklung aufteilen. Während eine Führungskraft das Tagesgeschäft überwacht, um sicherzustellen, dass die Leistungs- und Qualitätsstandards eingehalten werden, kann die andere sich der Zukunftsplanung und dem Aufbau externer Beziehungen widmen. Diese Arbeitsteilung ermöglicht es der Organisation, einen stabilen Kurs zu halten und sich gleichzeitig für zukünftige Chancen zu positionieren.

Sie bringen auch eine Dynamik in die Problemlösung ein, die mehr auf Zusammenarbeit ausgerichtet ist. Sie leben Teamarbeit auf höchster Ebene vor, was eine kooperativere und integrativere Kultur im gesamten Unternehmen fördern kann. Wenn die Mitarbeiter sehen, dass ihre Führungskräfte trotz aller Unterschiede zusammenarbeiten, kann sie das dazu inspirieren, sich die Vielfalt zu eigen zu machen und mit ihren Kollegen zusammenzuarbeiten.

Eine gemeinsame Leitung bedeutet, dass die Organisation über einen eingebauten Mechanismus der Kontrolle und des Ausgleichs verfügt. Jede Führungskraft kann die Annahmen und Entscheidungen der anderen in Frage stellen, was zu einer durchdachten und gründlichen Überlegung führt, bevor Maßnahmen ergriffen werden. Dies kann Gruppendenken verhindern und sicherstellen, dass die Entscheidungen wohlüberlegt sind und den Interessen der Organisation entsprechen.

Co-Führungskräfte bieten eine einzigartige Kombination von Fähigkeiten, Perspektiven und kollaborativer Energie, die ein breites Spektrum von Herausforderungen effektiv angehen und die Organisation auf ausgewogene und nachhaltige Weise zum Erfolg führen kann.

Das Navigieren durch die Feinheiten der Co-Leitung erfordert ein genaues Verständnis der potenziellen Herausforderungen, die sich aus einer solchen Partnerschaft ergeben können. Eine der grundlegenden Hürden besteht darin, sicherzustellen, dass beide Führungskräfte ihre individuelle Identität bewahren können, während sie auf ein gemeinsames Ziel hinarbeiten. Die Führungskräfte müssen ein Gleichgewicht zwischen dem Auftreten nach außen und der Beibehaltung ihrer einzigartigen Perspektiven und Fähigkeiten finden, die die gemeinsame Führung vorteilhaft machen.

In manchen Fällen haben Co-Führungskräfte damit zu kämpfen, dass die Grenzen verschwimmen, wenn die Rolle der einen Führungskraft endet und die der anderen beginnt. Für Co-Führungskräfte ist es wichtig, klar definierte Rollen zu haben, die ihre Stärken ausspielen, die jedoch flexibel genug sind, um bei Bedarf Überschneidungen zuzulassen. Diese Klarheit verhindert doppelte Arbeit und mögliche Machtkämpfe.

Co-Führungskräfte müssen in der Lage sein, mit unterschiedlichen Standpunkten und Arbeitsstilen umzugehen. Meinungsverschiedenheiten sind unvermeidlich, aber die Art und Weise, wie diese Meinungsverschiedenheiten gehandhabt werden, kann den Unterschied zwischen einer produktiven Partnerschaft und einer, die den Fortschritt hemmt, ausmachen. Führungskräfte müssen solide Konfliktlösungsfähigkeiten entwickeln und Mechanismen für die Entscheidungsfindung schaffen, die die Beiträge und Perspektiven beider Parteien respektieren.

Die langfristige Nachhaltigkeit einer Co-Führungsstruktur ist eine weitere Überlegung. Sie hängt oft von der kontinuierlichen Abstimmung der Ziele, Werte und Visionen für die Organisation ab. Die Co-Führungskräfte müssen einen ständigen Dialog über ihre gemeinsamen Ziele und die Entwicklung ihrer individuellen Rollen bei der Erreichung dieser Ziele führen. Diese Abstimmung ist nicht nur für die Effizienz der Führung, sondern auch für das Vertrauen der von ihnen geleiteten Teams unerlässlich.

Co-Leadership kann manchmal zu Verwirrung unter den Mitarbeitern führen, wenn es nicht richtig gehandhabt wird. Die Mitarbeiter müssen wissen, wie sie mit dem Co-Leadership-Modell umgehen sollen, an wen sie sich bei bestimmten Fragen wenden können und wie sie potenziell widersprüchliche Botschaften interpretieren sollen. Eine konsequente und transparente Kommunikation seitens der Co-Leader kann diese Verwirrung lindern und die Wirksamkeit der Co-Leadership-Struktur stärken.

Die Nachfolgeplanung für Co-Leiter stellt eine besondere Herausforderung dar. Es ist von entscheidender Bedeutung, eine Strategie zu entwickeln, die Kontinuität in der Führung gewährleistet und gleichzeitig die potenziellen Veränderungen, die eine neue Führung mit sich bringen kann, berücksichtigt. Es erfordert Voraussicht und Planung, um sicherzustellen, dass das Ausscheiden einer Führungskraft nicht die Organisation oder das Führungsmodell destabilisiert.

Trotz aller Herausforderungen bietet die Co-Leitung eine einzigartige Möglichkeit für Organisationen, die kombinierten Stärken von zwei Personen zu nutzen. Mit sorgfältigem Management, offener Kommunikation und gegenseitigem Respekt können Co-Leader die Komplexität ihrer Rollen meistern und ihre Organisation zu neuen Erfolgen führen.

Der Aufbau einer Kultur, die Co-Leadership unterstützt, beginnt mit einem klaren Signal von oben, dass duale Führung geschätzt wird und effektiv ist. Organisationen können dieses Umfeld fördern, indem sie Richtlinien und Praktiken einführen, die die Vorteile der Doppelspitze unterstreichen, wie z.B. eine verbesserte Entscheidungsfindung, eine Vielfalt von Perspektiven und eine solide Führungskontinuität.

Um die Akzeptanz im Team zu fördern, ist es wichtig, dass die Co-Leader ein kooperatives Verhalten vorleben und sich bemühen, die Vorteile ihrer Partnerschaft zu vermitteln. Dies kann den Teams helfen, die Gründe für den Co-Leadership-Ansatz zu verstehen und die positiven Ergebnisse einer solchen

Zusammenarbeit zu erkennen, wie z. B. eine bessere Reaktionsfähigkeit auf Herausforderungen und Chancen.

Der Aufbau von Vertrauen in die Doppelspitze erfordert eine konsequente, transparente Kommunikation über Ziele, Strategien und Ergebnisse. Co-Führungskräfte sollten sowohl im Erfolg als auch in der Krise ihre Einigkeit demonstrieren und Solidarität bei der Entscheidungsfindung und Rechenschaftspflicht zeigen. Dieser einheitliche Ansatz gibt dem Team die Gewissheit, dass die Führung aufeinander abgestimmt ist und kohärent auf gemeinsame Ziele hinarbeitet.

Die Bewertung der Auswirkungen von Co-Leadership auf den Unternehmenserfolg ist vielschichtig. Zu den Messgrößen können traditionelle Leistungsindikatoren wie finanzielle Ergebnisse und Marktanteilszuwächse gehören, aber auch Messungen der Mitarbeiterzufriedenheit, der Mitarbeiterbindung sowie der Geschwindigkeit und Qualität der Entscheidungsfindung. Rückmeldungen aus allen Ebenen des Unternehmens können wertvolle Erkenntnisse darüber liefern, wie sich das Co-Leadership-Modell auf das Tagesgeschäft und die langfristigen strategischen Ziele auswirkt.

Durch die aktive Gestaltung einer Co-Leadership-Kultur können Organisationen ein Umfeld schaffen, das die Führung von Doppelspitzen nicht nur unterstützt, sondern auch gedeiht. Dies kann zu einer widerstandsfähigeren, dynamischeren und erfolgreicheren Organisation führen, die in der Lage ist, die gesamte Bandbreite der ihr zur Verfügung stehenden Talente zu nutzen.
Die Bewältigung der Dynamik des Co-Leadings beginnt mit einem klaren Verständnis der Grundprinzipien, die einer effektiven Doppelspitze zugrunde liegen. Vertrauen und Respekt sind die nicht verhandelbaren Eckpfeiler dieser Beziehung, die die nötige Stabilität und Zuversicht für die Bewältigung der inhärenten Komplexität der Machtteilung bieten.

Anpassungsfähigkeit ist ein weiterer wichtiger Bestandteil des Co-Leadership-Mixes, der sicherstellt, dass die Führungskräfte auf die sich verändernden Gegebenheiten innerhalb und außerhalb ihrer Organisationen reagieren und sich weiterentwickeln können. Bei der Anpassungsfähigkeit geht es nicht nur um Flexibilität in Strategie und Ausführung, sondern auch um die Bereitschaft, das Co-Leadership-Modell selbst neu zu bewerten und anzupassen, wenn die Umstände es erfordern.

Mit Blick auf die Zukunft wird sich die Co-Leadership-Landschaft wahrscheinlich weiter durchsetzen, da die Unternehmen den Wert einer diversifizierten Führung in einer komplexen, vernetzten Welt erkennen. Da Unternehmen mit immer dynamischeren Herausforderungen konfrontiert sind, können die kombinierten Stärken, Perspektiven und Fähigkeiten von Co-Leadern ein überlegenes Modell für die Navigation in der Zukunft bieten.

Kapitel 5: Die Kunst der Anpassung - Führen im Wandel

Der Wandel ist ein untrennbarer Bestandteil der Unternehmenslandschaft, ein Element, das so unvermeidlich ist wie die Zeit selbst. Im modernen Geschäftsumfeld, das durch rasche technologische Fortschritte, globale Vernetzung und sich wandelnde Marktanforderungen gekennzeichnet ist, ist die Fähigkeit zum Wandel nicht nur eine wünschenswerte Eigenschaft, sondern eine lebenswichtige Notwendigkeit. Während Unternehmen durch dieses turbulente Terrain navigieren, wird der Ruf nach Führungskräften, die den Wandel nicht nur managen, sondern ihn auch annehmen und vorantreiben, immer lauter und dringlicher.

Bei der Führung im Kontext des Wandels geht es im Wesentlichen darum, die Kräfte zu verstehen, die die Notwendigkeit von Veränderungen innerhalb einer Organisation vorantreiben. Sie erfordert einen ausgeprägten Sinn für Weitsicht, um Veränderungen im Geschäftsumfeld zu antizipieren, und die Fähigkeit, schnell und effektiv zu reagieren. Die Rolle einer Führungskraft geht über das Management des Tagesgeschäfts hinaus; sie muss eine gemeinsame Vision für die Zukunft inspirieren und die gesamte Organisation auf die Erreichung dieser neuen Richtung ausrichten.

Das Wesentliche an der Führung von Veränderungsprozessen ist die Fähigkeit, externen Druck und interne Visionen in ein kohärentes Narrativ zu übersetzen, das bei den Beteiligten auf allen Ebenen Resonanz findet. Es geht darum, Widerstände abzubauen, und zwar nicht durch Zwang, sondern durch Überzeugung und das Aufzeigen der greifbaren Vorteile, die der Wandel bringen kann. Führungskräfte müssen als Architekten des

Wandels fungieren und Strukturen aufbauen, die den Winden des Wandels standhalten, während sie ihre Teams sicher durch den Prozess führen.

Ebenso wichtig ist die emotionale Intelligenz, die Führungskräfte an den Tag legen müssen. Es ist entscheidend, die menschliche Seite des Wandels zu verstehen - die Befürchtungen, Ängste und Widerstände, die ihn oft begleiten. Indem sie diese Emotionen anerkennen und sie direkt ansprechen, können Führungskräfte ein vertrauensvolles Umfeld schaffen, in dem Veränderungen nicht als Bedrohung, sondern als Chance für Wachstum und Innovation gesehen werden.

Bei der Bewältigung des Wandels müssen die Führungskräfte auch die Werkzeuge der Anpassungsfähigkeit und der Widerstandsfähigkeit beherrschen. Der Weg des Wandels ist selten linear oder vorhersehbar. Er verlangt von den Führungskräften, dass sie flink sind, Entscheidungen mit unvollkommenen Informationen treffen und aus den Ergebnissen lernen, um ihre Strategien kontinuierlich zu verfeinern. Auf diesem Weg geht es sowohl um die Bewältigung der externen Effekte des Wandels als auch um die persönliche Entwicklung, bei der eine Führungskraft wachsen, sich anpassen und sich gemeinsam mit der Organisation, die sie führt, weiterentwickeln muss.

Dieses Kapitel befasst sich mit der vielschichtigen Rolle von Führungskräften im Veränderungsmanagement - von der Erkennung der Notwendigkeit von Veränderungen und deren effektiver Kommunikation bis hin zur Umsetzung, Aufrechterhaltung und dem Lernen aus den Ergebnissen von Veränderungsinitiativen. Es zielt darauf ab, aktuelle und angehende Führungskräfte mit den notwendigen Einsichten und Werkzeugen auszustatten, um die Herausforderungen des Wandels in einen strategischen Vorteil umzuwandeln und sicherzustellen, dass ihre Organisationen nicht nur überleben, sondern im sich ständig verändernden Geschäftspanorama gedeihen.

Die Fähigkeit, die Signale zu erkennen, die einen Wandel erforderlich machen, ist eine wesentliche Führungsqualifikation. Dazu gehört ein ständiger Umwelt-Scan - sowohl intern als auch extern -, um Veränderungen im Verbraucherverhalten, technologische Fortschritte, Wettbewerbsbedrohungen und interne Leistungskennzahlen zu erkennen. Eine proaktive Führungskraft ist der Zeit immer einen Schritt voraus und versucht, sich anzupassen und weiterzuentwickeln, bevor eine Krise dies erfordert. Sie wissen, dass proaktives Veränderungsmanagement ein strategisches Instrument für Innovation und Wettbewerbsvorteile sein kann.

Ein proaktiver Umgang mit Veränderungen bedeutet, eine Kultur zu schaffen, die Wert auf kontinuierliche Verbesserung legt und in der der Status quo regelmäßig in Frage gestellt wird. Es geht darum, ein Umfeld zu fördern, in dem Feedback gesucht und geschätzt wird und in dem Signale für Veränderungen nicht nur erkannt, sondern mit strategischer Absicht umgesetzt werden.

Ein reaktiver Ansatz für den Wandel ist dagegen ein Ansatz, bei dem Veränderungen als Reaktion auf externen Druck oder Krisen vorgenommen werden. Es ist zwar unmöglich, jedes Szenario vorherzusehen, aber eine reaktive Haltung kann oft zu überstürzten und weniger strategischen Anpassungen führen, die möglicherweise den langfristigen Erfolg zugunsten des kurzfristigen Überlebens gefährden.

Die Unterscheidung zwischen proaktivem und reaktivem Wandel ist durch den Zeitpunkt und den Anstoß für den Wandel gekennzeichnet. Proaktiver Wandel wird durch Voraussicht und strategische Planung vorangetrieben, während reaktiver Wandel in der Regel durch Notwendigkeit und unmittelbaren Druck ausgelöst wird. Die besten Führungskräfte finden ein Gleichgewicht, indem sie die Flexibilität bewahren, bei Bedarf schnell zu reagieren, und gleichzeitig eine vorausschauende Denkweise kultivieren, die den Wandel vorwegnimmt und einleitet, um nachhaltigen Erfolg zu erzielen.

Das Verständnis der Dynamik zwischen diesen Ansätzen ist für Führungskräfte, die ihre Organisationen durch die unruhigen Gewässer des Wandels steuern wollen, von entscheidender Bedeutung. Dieser Abschnitt des Kapitels befasst sich mit Strategien zur frühzeitigen Erkennung notwendiger Veränderungen und mit der Frage, wie Führungskräfte ihre Organisation in die Lage versetzen können, proaktiv oder reaktiv zu reagieren. Erörtert werden Instrumente und Rahmenbedingungen, die bei diesem Prozess hilfreich sein können, wie z. B. Umwelt-Scanning, SWOT-Analyse und Szenarioplanung, die Führungskräften nicht nur dabei helfen, die Notwendigkeit von Veränderungen zu erkennen, sondern diese auch zu antizipieren und fundierte Entscheidungen zu treffen, die mit der langfristigen Vision und den Zielen der Organisation in Einklang stehen.

Ein wirksamer Wandel beginnt mit der Festlegung klarer Ziele und gewünschter Ergebnisse. Die Führungskräfte müssen eine Vision formulieren, die den Zweck der Veränderung, den erwarteten Nutzen und die Auswirkungen auf die Organisation umreißt. Diese Vision gibt eine Richtung vor und motiviert die Beteiligten, sich auf den Veränderungsprozess einzulassen.

Sobald die Ziele festgelegt sind, ist die Entwicklung eines strategischen Plans für das Änderungsmanagement der nächste entscheidende Schritt. Dieser Plan dient als Fahrplan, in dem die Schritte aufgeführt sind, die erforderlich sind, um den Übergang vom gegenwärtigen Zustand zum gewünschten künftigen Zustand zu erreichen. Er umfasst die Analyse der erforderlichen Ressourcen, die Ermittlung der beteiligten Interessengruppen und die Beschreibung der spezifischen Maßnahmen, die zur Umsetzung des Wandels erforderlich sind.
Ein umfassender Plan berücksichtigt auch mögliche Hindernisse und enthält Strategien zu deren Überwindung. Das Risikomanagement wird zu einem integralen Bestandteil des Planungsprozesses und stellt sicher, dass potenzielle Herausforderungen antizipiert und Strategien zur Schadensbegrenzung entwickelt werden. Durch diesen Ansatz

werden Störungen minimiert und der Fokus auf die Veränderungsziele beibehalten.

Darüber hinaus muss der Plan Zeitvorgaben, Meilensteine und Messgrößen für den Fortschritt enthalten. Dies schafft Verantwortlichkeit und ermöglicht es den Führungskräften, Entwicklungen zu verfolgen, die Wirksamkeit der Veränderungsinitiativen zu bewerten und gegebenenfalls Anpassungen vorzunehmen.

Der Plan für das Veränderungsmanagement sollte ein lebendiges Dokument sein, das an das Feedback und die sich entwickelnden Bedingungen des internen und externen Umfelds der Organisation angepasst werden kann. Es ist wichtig, dass die Führungskräfte den Plan klar und einheitlich im gesamten Unternehmen kommunizieren, um sicherzustellen, dass jeder seine Rolle im Prozess versteht und sich an den Veränderungszielen orientiert.

Die Strategien für die Ausarbeitung wirksamer Pläne für das Veränderungsmanagement sind vielfältig und umfassen bewährte Modelle wie den 8-Schritte-Prozess von Kotter und das ADKAR-Modell. Diese Modelle bieten einen strukturierten Ansatz für die Einleitung und Aufrechterhaltung von Veränderungen. Unter Einbeziehung dieser Modelle wurde in diesem Abschnitt die Notwendigkeit hervorgehoben, die Organisationsstrukturen, die Kultur und die Prozesse auf die Veränderungsziele abzustimmen. Es wurde hervorgehoben, wie wichtig es ist, die Mitarbeiter einzubeziehen, ihre Rolle im Veränderungsprozess zu klären und sie zu befähigen, zum Wandel beizutragen. Darüber hinaus wurde die Bedeutung des kontinuierlichen Lernens und der Anpassungsfähigkeit innerhalb der Organisation hervorgehoben, was auf den Aufbau einer widerstandsfähigen Organisation hinweist, in der der Wandel nicht nur verwaltet wird, sondern ein integraler Bestandteil des Entwicklungsprozesses ist.

Eine klare und konsistente Kommunikation ist der Grundstein für erfolgreiche Veränderungsinitiativen. Die Ausarbeitung einer überzeugenden Darstellung der Veränderung erfordert ein tiefes Verständnis des Zwecks der Veränderung und ihrer erwarteten

Auswirkungen auf das Unternehmen. Die Führungskräfte müssen die Vision und die zu ihrer Verwirklichung erforderlichen Schritte formulieren und sicherstellen, dass die Botschaft bei allen Beteiligten auf allen Ebenen ankommt. Dabei geht es nicht nur um eine einmalige Ankündigung, sondern um einen kontinuierlichen Dialog, bei dem Rückmeldungen möglich sind, auf Bedenken eingegangen wird und die Botschaft der Veränderung über verschiedene Kanäle verstärkt wird. Mit den Interessengruppen in Kontakt zu treten bedeutet, ihre Perspektiven anzuerkennen und eine zweiseitige Kommunikation zu fördern, die es jedem ermöglicht, seine Gedanken zu äußern und sich gehört zu fühlen. Führungskräfte müssen in diesem Prozess nicht nur Informationen weitergeben, sondern auch zuhören können und ihren Ansatz auf der Grundlage des erhaltenen Feedbacks anpassen, um die Ausrichtung und das Engagement für die Veränderungsziele aufrechtzuerhalten.

Bei der Umsetzung eines Veränderungsmanagementplans gehen die Führungskräfte von der Strategie zur Aktion über. Die erfolgreiche Umsetzung hängt von der systematischen Einführung der geplanten Änderungen ab, wobei auf die Reaktion der Betroffenen zu achten ist. Führungskräfte müssen proaktiv bleiben und erkennen, dass Widerstand ein natürlicher Teil des Veränderungsprozesses ist. Um diesen Widerstand zu überwinden, bedarf es einer Kombination aus Einfühlungsvermögen, klarer Kommunikation und Unterstützungsstrukturen.

Führungskräfte können den Übergang erleichtern, indem sie die notwendigen Ressourcen, Schulungen und Unterstützung bereitstellen, damit Einzelpersonen und Teams ihre Rollen innerhalb des neuen Rahmens verstehen. Es ist von entscheidender Bedeutung, die Umsetzung genau zu überwachen und bereit zu sein, auf auftretende Herausforderungen zu reagieren. Transparenz in dieser Phase stärkt das Vertrauen und kann Widerstände deutlich verringern.

Ein flexibler Ansatz ermöglicht es den Führungskräften, als Reaktion auf Feedback Anpassungen vorzunehmen, um die

Dynamik aufrechtzuerhalten und sicherzustellen, dass die Veränderungsinitiative auf ihre Ziele ausgerichtet bleibt. Das Feiern von kleinen Erfolgen auf dem Weg dorthin kann auch dazu dienen, die Beteiligten zu motivieren und einzubinden, die Vorteile der Veränderung zu verstärken und den Übergang zu festigen.

Beim Führen durch den Wandel geht es darum, Teams und Einzelpersonen bei der Bewältigung der mit dem Wandel verbundenen Unsicherheiten und Herausforderungen zu begleiten und zu unterstützen. Ein wichtiger Teil dieses Prozesses ist die Aufrechterhaltung von Moral und Produktivität, auch wenn vertraute Routinen und Strukturen verändert oder ersetzt werden. Um Teams wirksam zu unterstützen, sollten Führungskräfte zunächst die emotionalen und praktischen Auswirkungen des Wandels erkennen. Sie müssen ansprechbar sein und den Teammitgliedern eine ständige Präsenz bieten, auf die sie sich verlassen können, wenn sie Anleitung und Unterstützung benötigen. Dazu gehört, dass sie sich die Sorgen der Teammitglieder aktiv anhören und klare, einfühlsame Antworten geben, die die Gefühle der Teammitglieder anerkennen und sie auf die positiven Aspekte des Übergangs hinweisen.

Die Aufrechterhaltung der Moral ist entscheidend. Die Führungskräfte können dies erreichen, indem sie die Vorteile der Veränderung sowohl für das Unternehmen als auch für den Einzelnen hervorheben. Die regelmäßige Mitteilung von Fortschritten und das Feiern von Meilensteinen trägt dazu bei, eine Erfolgsbilanz zu erstellen und den Wert der Bemühungen des Teams zu unterstreichen. Anerkennung spielt in diesem Zusammenhang eine entscheidende Rolle: Wenn sich der Einzelne wertgeschätzt fühlt und sieht, wie sich sein Beitrag in das Gesamtbild einfügt, bleiben sein Engagement und seine Produktivität in der Regel hoch.

Die Produktivität während des Übergangs kann aufrechterhalten werden, indem realistische, kurzfristige Ziele gesetzt und die zu ihrer Erreichung erforderlichen Ressourcen bereitgestellt werden. Schulungs- und Entwicklungsmöglichkeiten ermöglichen es den

Teammitgliedern, sich neue Fähigkeiten anzueignen, die für den zukünftigen Betrieb notwendig sind, was die Effizienz und Effektivität verbessern kann.

Die Führungskräfte müssen auch bereit sein, ihren eigenen Stil an die sich ändernden Bedürfnisse ihrer Teams anzupassen. Ein flexibler Führungsansatz, der in der Anfangsphase des Wandels von direktiv zu unterstützend wechseln kann, wenn die Teams Vertrauen gewinnen, kann besonders effektiv sein.

Indem sie für Klarheit sorgen, die Widerstandsfähigkeit fördern und eine Kultur der offenen Kommunikation und des kontinuierlichen Lernens pflegen, können Führungskräfte ihren Teams helfen, in Zeiten des Wandels nicht nur zu überleben, sondern zu gedeihen.

Die Anpassung des Führungsstils an den Wandel erfordert ein hohes Maß an Flexibilität und ein Verständnis für die verschiedenen Phasen, die Teams während eines Übergangs durchlaufen. Es geht um die Anpassung des eigenen Ansatzes an die sich entwickelnden Bedürfnisse der Organisation und ihrer Mitglieder.

Flexibilität bei den Führungsmethoden bedeutet nicht, dass man unentschlossen ist, sondern dass man beweglich und reaktionsfähig ist. Eine Führungskraft, die ihren Stil anpassen kann, ist besser in der Lage, auf die emotionalen und praktischen Aspekte des Wandels einzugehen, wenn diese auftreten. Bei der ersten Ankündigung von Veränderungen kann beispielsweise ein eher autoritärer Stil erforderlich sein, um die Richtung und die Erwartungen klar vorzugeben. Im weiteren Verlauf der Veränderung kann jedoch ein eher partizipativer Stil die Beteiligung des Teams und die Akzeptanz fördern.

Die Anpassung der Führung an die Phasen des Wandels erfordert ein Verständnis dieser Phasen. Die Veränderungskurve, ein beliebtes Modell, das auf dem Kübler-Ross-Modell der Trauerphasen basiert, beschreibt die emotionale Reise durch den Wandel: von Schock und Verleugnung über Wut und Depression bis hin zu Akzeptanz und Engagement. Das Erkennen dieser Phasen kann Führungskräften helfen, die Reaktionen des Teams vorherzusehen und zu steuern.

In der Anfangsphase des Wandels kann ein direktiver Stil am effektivsten sein, der den Teammitgliedern klare Anweisungen gibt und sie dabei unterstützt, mit der Unsicherheit umzugehen. Wenn die Mitarbeiter ihren anfänglichen Widerstand überwinden und beginnen, die Auswirkungen der Veränderungen zu erkunden, kann ein Coaching-Stil ihnen helfen, die erforderlichen Fähigkeiten und Einstellungen zu entwickeln. In den späteren Phasen ermutigt ein unterstützender und delegierender Stil den Einzelnen, sich neue Prozesse und Praktiken zu eigen zu machen.

Die Fähigkeit einer Führungskraft, aktiv zuzuhören, klar zu kommunizieren, konsequente Unterstützung zu bieten und Teammitglieder zu befähigen, ist von entscheidender Bedeutung. Den Ansatz auf Einzelpersonen und Teams zuzuschneiden bedeutet auch zu erkennen, dass sich nicht jeder im gleichen Tempo oder auf die gleiche Weise an Veränderungen anpasst.

Bei der Anpassung des Führungsstils an den Wandel geht es darum, einfühlsam und proaktiv zu sein und eine Reihe von Führungsinstrumenten und -techniken einzusetzen, um die Teammitglieder durch den Übergang zu führen, zu unterstützen und zu motivieren und so sicherzustellen, dass das Unternehmen gemeinsam vorankommt.

Die Überwachung und Anpassung von Strategien sind Schlüsselprozesse innerhalb des Veränderungsmanagementzyklus. Nach der Umsetzung der Veränderungen müssen die Führungskräfte die Auswirkungen der Veränderungen messen, um ihre Effektivität zu verstehen und um festzustellen, ob die gewünschten Ergebnisse erreicht werden. Dazu gehört das Sammeln von Daten, das Einholen von Feedback und die Analyse der Ergebnisse anhand von vordefinierten Zielen und Leistungsindikatoren (KPIs).

Die Messung der Auswirkungen von Veränderungen erfordert sowohl quantitative als auch qualitative Methoden. Umfragen,

Leistungskennzahlen, Finanzberichte und Betriebsdaten liefern greifbare Beweise dafür, wie sich der Wandel innerhalb der Organisation auswirkt. Auf der qualitativen Seite können Fokusgruppen, Interviews und Beobachtungen Aufschluss darüber geben, wie der Wandel von Einzelpersonen auf allen Ebenen wahrgenommen und erlebt wird.

Sobald die Daten gesammelt und analysiert wurden, müssen die Führungskräfte die Ergebnisse interpretieren, um das Gesamtbild zu verstehen. Dazu kann es gehören, zu erkennen, wo die Veränderung erfolgreich war und wo sie hinter den Erwartungen zurückgeblieben ist. Es ist wichtig, die Erfolge zu feiern und aus eventuellen Unzulänglichkeiten zu lernen.

Die Feinabstimmung des Ansatzes ist ein fortlaufender Prozess. Es kann bedeuten, dass kleine Anpassungen vorgenommen werden, um die Übereinstimmung mit den ursprünglichen Zielen zu gewährleisten, oder dass Korrekturmaßnahmen ergriffen werden, wenn die Veränderung nicht wie geplant voranschreitet. Dies könnte bedeuten, dass zusätzliche Ressourcen, Schulungen oder Unterstützung bereitgestellt werden, wo dies erforderlich ist. Es könnte auch bedeuten, die Kommunikationsstrategien zu überdenken, wenn es Anzeichen für anhaltenden Widerstand oder Missverständnisse bezüglich der Veränderung gibt.

Die Führungskräfte müssen während des gesamten Prozesses offen für Rückmeldungen bleiben und bereit sein, ihre Strategie als Reaktion auf neue Informationen anzupassen. Diese Anpassungsfähigkeit kann beinhalten, dass der Veränderungsprozess wiederholt wird, dass schrittweise Verbesserungen auf der Grundlage dessen vorgenommen werden, was funktioniert, und dass das, was nicht funktioniert, schrittweise eingestellt wird. Regelmäßige Besprechungen mit den Beteiligten und eine kontinuierliche Überwachung der Situation stellen sicher, dass die Veränderungsinitiative auf dem richtigen Weg bleibt und in Echtzeit an die Bedürfnisse der Organisation und ihrer Mitarbeiter angepasst werden kann.

Indem sie den Puls des Veränderungsprozesses genau im Auge behalten und bereit sind, strategische Anpassungen vorzunehmen, können Führungskräfte ihre Organisationen effektiver durch Übergangsphasen führen, Störungen minimieren und die Chancen auf eine erfolgreiche Umsetzung der Veränderungen maximieren.

Die Aufrechterhaltung des Wandels in einem Unternehmen ist von entscheidender Bedeutung, um sicherzustellen, dass die Anstrengungen, die in eine Veränderungsinitiative gesteckt werden, eine dauerhafte Wirkung haben. Um neue Praktiken in der Unternehmenskultur zu verankern, müssen die Führungskräfte darauf hinarbeiten, dass die Veränderung zu einem festen Bestandteil der organisatorischen Normen, Werte und täglichen Routinen wird.

Die Verankerung neuer Praktiken beginnt mit einer klaren Formulierung, wie diese Veränderungen mit dem allgemeinen Auftrag und den Werten des Unternehmens in Einklang stehen. Sie erfordert eine konsequente Verstärkung auf allen Ebenen des Unternehmens, von der Führungsebene bis zu den Mitarbeitern an der Front. Wenn die Veränderung tief in der Vision und den Werten des Unternehmens verwurzelt ist, wird sie Teil der Erzählung und der Identität des Unternehmens, was die Wahrscheinlichkeit erhöht, dass sie Bestand hat.

Den Führungskräften kommt eine zentrale Rolle zu, wenn es darum geht, die Verhaltensweisen vorzuleben, die die neuen Praktiken unterstützen. Indem sie ihr Engagement für den Wandel demonstrieren, können sie ihre Teams dazu bewegen, diesem Beispiel zu folgen. Dazu gehört auch die Anerkennung und Belohnung von Verhaltensweisen, die mit der neuen Arbeitsweise übereinstimmen, und das Ansprechen von Verhaltensweisen, die dies nicht tun.

Schulung und Entwicklung sind ebenfalls von entscheidender Bedeutung, um sicherzustellen, dass alle Mitarbeiter über die erforderlichen Fähigkeiten und Kenntnisse verfügen, um die neuen Praktiken wirksam umzusetzen. Kontinuierliche Schulung und Verstärkung tragen dazu bei, den Wandel durch den Aufbau von Kompetenz und Vertrauen bei den Mitarbeitern zu unterstützen.

Um eine langfristige Übernahme sicherzustellen, müssen die neuen Verfahren regelmäßig überprüft und ihre Wirksamkeit bewertet werden. Bringen sie die erwarteten Vorteile? Gibt es unbeabsichtigte Folgen, die behoben werden müssen? Indem sie den Finger auf den Puls der Unternehmensleistung legen, können Führungskräfte Bereiche identifizieren, in denen die neuen Praktiken möglicherweise nicht vollständig integriert sind, und Maßnahmen ergreifen, um diese Lücken zu schließen.

Die Kommunikation ist nach wie vor ein wichtiges Instrument für die Aufrechterhaltung des Wandels. Ein ständiger Dialog über die Bedeutung der neuen Praktiken, über Erfolgsgeschichten und gelernte Lektionen fördert ein Umfeld der kontinuierlichen Verbesserung und trägt dazu bei, die Veränderung als festen Bestandteil der Organisation zu verankern.

Langfristiger Erfolg kann erfordern, dass die neuen Praktiken in formale Systeme und Prozesse integriert werden, z. B. in Leistungsmanagementsysteme, Einstellungskriterien und strategische Planungszyklen. Wenn der Wandel ein Teil der Systemstruktur der Organisation wird, ist es wahrscheinlicher, dass er auf Dauer Bestand hat.

Indem sie sich auf diese Strategien konzentrieren, können Führungskräfte sicherstellen, dass Veränderungsinitiativen nicht nur vorübergehende Veränderungen sind, sondern dauerhafte Entwicklungen, die zum langfristigen Erfolg und zur Anpassungsfähigkeit der Organisation beitragen.

Aus Veränderungen zu lernen ist ein wesentlicher Schritt für Organisationen, um sich kontinuierlich weiterzuentwickeln und zu verbessern. Die Reflexion des Veränderungsprozesses liefert wertvolle Erkenntnisse, die für künftige Initiativen genutzt werden können, um sicherzustellen, dass jede nachfolgende Veränderung effektiver und effizienter ist.

Um wirklich aus Veränderungen zu lernen, müssen Organisationen ein Umfeld schaffen, in dem Reflexion nicht nur gefördert, sondern auch strukturiert wird. Dazu gehört die Durchführung von Überprüfungen oder Nachbesprechungen nach der Umsetzung, um zu untersuchen, was gut funktioniert hat und was nicht. Solche Überprüfungen sollten ehrlich sein und Rückmeldungen von allen Ebenen der Organisation umfassen, von den Führungskräften bis hin zu den Mitarbeitern, die direkt von der Veränderung betroffen sind.

Das Sammeln von Erfahrungen beinhaltet die Analyse des Veränderungsprozesses, um die Erfolgsfaktoren und die Ursachen von Herausforderungen oder Misserfolgen zu verstehen. Es ist wichtig, sowohl die technischen als auch die menschlichen Elemente des Wandels zu betrachten, einschließlich Planung, Kommunikation, Einbeziehung der Interessengruppen, Schulung und Anpassungsfähigkeit des Teams.

Wirksame Führungskräfte ermutigen ihre Teams, sich auf diese Art der Reflexion einzulassen, und erleichtern die Sammlung von Erkenntnissen. Sie sorgen dafür, dass die gewonnenen Erkenntnisse dokumentiert und in der gesamten Organisation verbreitet werden. Auf diese Weise schaffen sie eine Wissensbasis, die für künftige Veränderungen genutzt werden kann.

Aus Veränderungen zu lernen bedeutet auch, Erfolge zu würdigen und die Beiträge derjenigen anzuerkennen, die zu den erfolgreichen Ergebnissen beigetragen haben. Das Feiern von Erfolgen stärkt positive Verhaltensweisen und Ergebnisse und trägt zu einer Kultur bei, die widerstandsfähig und offen für Veränderungen ist.

Die Führungskräfte können die gewonnenen Erkenntnisse nutzen, um ihre Rahmenbedingungen und Ansätze für das Veränderungsmanagement zu verfeinern. Dies könnte die Entwicklung neuer Strategien für den Umgang mit Widerständen, die Verbesserung von Kommunikationsplänen oder die

Investition in zusätzliche Schulungen und Unterstützung für ihre Teams beinhalten.

Die Einbeziehung der gewonnenen Erkenntnisse in Richtlinien, Verfahren und Schulungsmaterialien trägt dazu bei, das Wissen in die DNA des Unternehmens einzubetten. Künftige Veränderungsinitiativen können dann von einem besseren Grundverständnis und einer höheren Leistungsfähigkeit ausgehen, so dass jede Anstrengung mit größerer Wahrscheinlichkeit zum Erfolg führt als die vorherige.

Indem sie jede Veränderungsinitiative als Lernmöglichkeit betrachten, bauen Organisationen ihre Fähigkeit zum Wandel auf. Dies macht sie nicht nur beweglicher und reaktionsfähiger angesichts neuer Herausforderungen, sondern trägt auch zur kontinuierlichen Entwicklung und zum Wachstum der Organisation bei.

Kommen wir nun zu weiteren Fallbeispielen.

Fallstudie 1: IBMs Umwandlung in ein dienstleistungsorientiertes Unternehmen

IBM, einst vor allem für seine Hardware bekannt, vollzog einen bedeutenden Wandel, indem es seinen Schwerpunkt auf Dienstleistungen und Cloud Computing verlagerte. Unter der Führung von CEOs wie Louis V. Gerstner Jr. und später Ginni Rometty investierte IBM stark in Technologiedienstleistungen und baute ein globales Beratungsgeschäft auf. Das Unternehmen meisterte diesen Wandel, indem es eine Kultur des kontinuierlichen Lernens und der Anpassung förderte, Mitarbeiter umschulte und relevante Unternehmen erwarb. Durch diesen Wandel konnte IBM in der sich wandelnden Technologielandschaft relevant bleiben.

Fallstudie 2: Procter & Gamble konzentriert sich auf seine Kernkompetenzen

Procter & Gamble (P&G), das mit einem schleppenden Wachstum konfrontiert war, leitete ein Änderungsprogramm ein, um sich auf seine Kernmarken zu konzentrieren. Unter der Leitung von CEO A.G. Lafley trennte sich P&G von Dutzenden seiner Marken, um den Betrieb zu straffen und sich auf die profitabelsten zu konzentrieren. Lafleys Führungsqualitäten bei der klaren Vermittlung der strategischen Vision und der Gewinnung der Zustimmung der Interessengruppen waren entscheidend für die erfolgreiche Durchführung dieser Umstrukturierung. Der Wandel führte zu einem schlankeren, stärker fokussierten Unternehmen, das in der Lage war, innovativ zu sein und effektiver zu wachsen.

Fallstudie 3: Die globale Umstrukturierung von British Airways

British Airways vollzog in den 1980er Jahren unter CEO Colin Marshall einen bedeutenden Wandel, um den schlechten Ruf der Fluggesellschaft im Bereich Kundenservice zu verbessern. Die Fluggesellschaft initiierte ein "Putting People First"-Programm, um den Service zu verbessern, indem sie sich auf das Engagement der Mitarbeiter und die Kundenbeziehungen konzentrierte. Dieses Programm zur Veränderung der Unternehmenskultur umfasste Schulungen für alle Mitarbeiter, von den Piloten bis zum Bodenpersonal, und trug erfolgreich zur Verbesserung des Images und der Rentabilität der Fluggesellschaft bei.

Fallstudie 4: Der "Way Forward"-Plan der Ford Motor Company

Mitte der 2000er Jahre startete die Ford Motor Company den Umstrukturierungsplan "Way Forward", um ihre rückläufige Entwicklung umzukehren. Unter CEO Alan Mulally straffte Ford seine Produktpalette, konzentrierte sich auf die Qualität und verbesserte seine Fertigungsprozesse. Bemerkenswert ist, dass das Unternehmen dies ohne die staatlichen Rettungspakete erreichte, die seine Konkurrenten erhielten. Mulallys offener Kommunikationsstil und seine Konzentration auf die Verantwortlichkeit des Teams waren der Schlüssel, um das Unternehmen durch diesen erfolgreichen Turnaround zu führen.

Fallstudie 5: Nokias Umstellung von Mobiltelefonen auf Netzausrüstung

Nokias Schwenk vom führenden Mobiltelefonhersteller zur Konzentration auf Netzausrüstung ist ein Paradebeispiel für einen drastischen strategischen Wandel. Als klar wurde, dass der Wettbewerb auf dem Smartphone-Markt mit Giganten wie Apple und Samsung nicht mehr aufrechtzuerhalten war, verkaufte Nokia sein Telefongeschäft an Microsoft und konzentrierte sich auf sein Netzinfrastrukturgeschäft. Die Führung unter CEO Rajeev Suri bewältigte den Übergang durch Investitionen in Technologie, Forschung und Entwicklung sowie durch strategische Übernahmen und positionierte Nokia als führendes Unternehmen im Bereich der Telekommunikationsausrüstung.

Diese Fälle spiegeln den vielschichtigen Charakter des Veränderungsmanagements wider und unterstreichen die Bedeutung einer strategischen Vision, einer klaren Kommunikation und der Fähigkeit, die Unternehmenskultur auf die neue Richtung auszurichten. Diese Beispiele aus der Praxis bieten eine reichhaltige Quelle an Erkenntnissen für Führungskräfte, die vor der Herausforderung stehen, ihre Organisationen durch den Wandel zu führen.

Zum Abschluss der Untersuchung von Führung durch Wandel ist es von größter Wichtigkeit, noch einmal die entscheidende Rolle zu betonen, die Führungskräfte nicht nur bei der Einleitung, sondern auch bei der Aufrechterhaltung des Wandels spielen. Führungskräfte sind die Architekten und Hirten des Wandels. Ihre Vision gibt den Kurs vor, und ihre Beharrlichkeit sorgt dafür, dass die Reise zu Ende geht.

Führungskräfte müssen sowohl der Kompass als auch der Anker für ihre Teams sein und gleichzeitig für Orientierung und Stabilität sorgen. Die in diesem Kapitel enthaltenen Lektionen sind nicht nur Theorien, sondern Werkzeuge, die von Führungskräften auf allen Ebenen eingesetzt werden können, um sich einen Weg durch die oft beängstigende Landschaft des Wandels zu bahnen.

Am Ende des Kapitels werden die Führungskräfte daran erinnert, dass die Fähigkeit zum Wandel keine endliche Ressource ist, sondern ein Muskel, der mit der Zeit stärker wird. Mit jedem gemeisterten Übergang und jeder angenommenen Anpassung werden Führungskräfte geschickter darin, ihre Organisationen durch die unvermeidlichen Veränderungen der Zukunft zu führen.

Die Schlussfolgerungen für Führungskräfte liegen auf der Hand: Verankern Sie Anpassungsfähigkeit im Kern Ihrer Führungspraxis, pflegen Sie offene Kommunikationskanäle und fördern Sie eine Kultur, die Veränderungen nicht als Hindernis, sondern als Wachstumschance sieht. Diese Grundsätze sind die Eckpfeiler einer effektiven Veränderungsführung und werden den Führungskräften bei der Steuerung ihrer Organisationen durch das dynamische und sich ständig weiterentwickelnde Geschäftsumfeld gute Dienste leisten.

Kapitel 6: Dem Sturm trotzen - Führung in Zeiten der Turbulenzen

In Krisenzeiten wird die Belastbarkeit von Führungskräften nicht nur getestet, sondern auch definiert. Die Führung in Krisenzeiten erfordert eine Reihe besonderer Eigenschaften, die sich vom alltäglichen Führungsverhalten unterscheiden. In diesem Bereich ist die Fähigkeit einer Führungskraft, inmitten des Chaos die Ruhe zu bewahren, klar zu erkennen und sicher zu handeln, von zentraler Bedeutung. Die wesentlichen Attribute einer effektiven Krisenführung umfassen eine Mischung aus Belastbarkeit, emotionaler Intelligenz und strategischem Weitblick.

Führungskräfte, die Krisen erfolgreich bewältigen, sind diejenigen, die ihre Teams mit einer beruhigenden Präsenz unterstützen können. Dieses Gefühl der Stabilität inmitten von Turbulenzen kann transformativ sein. Es flößt Vertrauen ein und fördert ein Umfeld, in dem sich der kollektive Fokus von Panik auf Problemlösungen verlagert. Auch die Fähigkeit, Entscheidungen zu treffen, ist entscheidend. Wenn Ungewissheit das Urteilsvermögen vernebelt, ist Entschlusskraft das Mittel der Wahl. Sie gibt die Richtung vor und ermöglicht die rasche Mobilisierung von Ressourcen zur Bewältigung dringender Herausforderungen.

Präsenz und Entschlossenheit sind keine angeborenen Eigenschaften, sondern kultivierte Fähigkeiten. Sie sind das Ergebnis eines tiefen Verständnisses des eigenen Führungsstils, eines klaren Verständnisses der organisatorischen Dynamik und der Fähigkeit, potenzielle Bedrohungen vorauszusehen und sich darauf vorzubereiten. Eine Führungskraft, die im Krisenmanagement versiert ist, steht am Ruder, nicht in Erwartung von Auszeichnungen bei ruhiger See, sondern in

Vorbereitung darauf, das Schiff durch den Sturm zu steuern. In der Krise zeigt sich der wahre Wert und die Stärke der Präsenz und Entscheidungsfindung einer Führungskraft.

Eine wirksame Krisenführung hängt von einer gründlichen Risikobewertung und Bereitschaftsplanung ab. Die Führungskräfte müssen potenzielle Bedrohungen durch die Analyse interner und externer Faktoren bewerten, die verschiedenen Szenarien, die sich entwickeln könnten, verstehen und die potenziellen Auswirkungen der einzelnen Szenarien abschätzen.

Die Führungskräfte müssen umsetzbare, flexible Pläne mit klaren Protokollen und Kommunikationsstrategien entwickeln. Die Zuweisung von Rollen und Zuständigkeiten ist entscheidend für eine koordinierte Reaktion während einer Krise. Eine solche Vorbereitung gewährleistet, dass die Organisation schnell und effizient auf jede Krise reagieren kann.

Bei der Schaffung belastbarer Teams geht es um die Förderung von Anpassungsfähigkeit, kontinuierlichem Lernen und psychologischer Sicherheit innerhalb der Organisationskultur. Resiliente Teams sind besser in der Lage, Herausforderungen zu meistern, sich an Veränderungen anzupassen und sich von Rückschlägen zu erholen.

Zum Aufbau widerstandsfähiger Systeme gehört die Entwicklung flexibler Infrastrukturen mit Redundanzen zur Bewältigung von Belastungen. Diese Systeme zeichnen sich durch diversifizierte Ressourcen, robuste IT-Infrastrukturen und die Fähigkeit aus, kritische Vorgänge auch unter Belastung aufrechtzuerhalten.

Bei der Vorbereitung auf Krisen geht es weniger darum, jedes Ereignis vorherzusagen, sondern vielmehr darum, einen breit angelegten Ansatz zu entwickeln, der den Führungskräften und ihren Teams Vertrauen in die Bewältigung von Notfällen einflößt. Risikobewertung, Bereitschaftsplanung und die Stärkung der Widerstandsfähigkeit von Teams und Systemen können potenzielle Schwachstellen in nachhaltige Stärken verwandeln.

Die erste Reaktion auf eine Krise gibt den Ton für die nachfolgenden Maßnahmen an und kann das Ergebnis erheblich beeinflussen. Wenn eine Krise eintritt, müssen die Führungskräfte ihre Teams schnell mobilisieren und mit klaren, koordinierten Maßnahmen reagieren. Der erste Schritt besteht darin, so schnell wie möglich genaue Informationen zu sammeln, um die Situation zu beurteilen.

Zu den unmittelbaren Maßnahmen einer Führungskraft sollte es gehören, das Krisenmanagementteam zu aktivieren und den Reaktionsplan umzusetzen. Dieses Team übernimmt die operativen und strategischen Aufgaben und stellt sicher, dass die Ressourcen effektiv zugewiesen werden, um die dringendsten Probleme zu lösen.

Die Kommunikation während einer Krise ist entscheidend. Die Einrichtung klarer, offener Kanäle für die interne und externe Kommunikation ist unerlässlich. Intern wird dadurch sichergestellt, dass die Teammitglieder informiert sind, ihre Rollen verstehen und bereit sind, ihre Aufgaben unter den neuen Bedingungen zu erfüllen. Nach außen hin trägt eine transparente und rechtzeitige Kommunikation mit den Beteiligten, einschließlich Kunden, Partnern und Medien, dazu bei, die Erwartungen zu steuern und das Vertrauen zu erhalten.

Die Einrichtung eines zentralen Kommunikationszentrums, z. B. einer Notfalleinsatzzentrale, kann von Vorteil sein. Diese Zentrale wird zur Quelle der Wahrheit und liefert konsistente Nachrichten und Aktualisierungen. Ziel ist es, eine Darstellung zu schaffen, die sachlich, einfühlsam und reaktionsschnell ist.

Die Führungskräfte müssen Ruhe, Kontrolle und Mitgefühl zeigen. Ihr Verhalten und ihre Handlungen in den ersten 24 Stunden sind entscheidend dafür, Vertrauen zu schaffen und die Organisation durch die Anfangsphase der Krise zu führen. Durch die Konzentration auf schnelles Handeln, klare Kommunikation und eine starke Führung wird die Grundlage für ein effektives Krisenmanagement gelegt.

Die Führung in Krisensituationen stellt nicht nur den operativen Scharfsinn einer Führungskraft auf die Probe, sondern auch ihre emotionale Intelligenz (EI). Die Fähigkeit, die eigenen Emotionen und die Emotionen anderer zu beherrschen, ist bei der Bewältigung von Drucksituationen von größter Bedeutung.

In einer Krise ist die Fähigkeit einer Führungskraft, gelassen zu bleiben, von entscheidender Bedeutung. Es ist wichtig, den Stress und die Angst, die solche Situationen mit sich bringen, anzuerkennen, aber die Führungskräfte müssen ihre Reaktionen regulieren, um eine Eskalation der Spannungen zu vermeiden. Diese Selbstregulierung ermöglicht es ihnen, klar zu denken, rationalere Entscheidungen zu treffen und einen Ton der Standhaftigkeit und Zuversicht anzuschlagen.

Zur emotionalen Intelligenz gehört auch das Einfühlungsvermögen, d. h. das Verständnis für die Gefühle der Teammitglieder und das Einfühlungsvermögen in sie. Führungskräfte sollten die persönlichen und beruflichen Herausforderungen erkennen, mit denen ihr Team konfrontiert ist, und Unterstützung anbieten. Dies kann bedeuten, dass sie zusätzliche Ressourcen zur Bewältigung der Arbeitsbelastung bereitstellen, dafür sorgen, dass die Teammitglieder die Möglichkeit haben, ihre Sorgen zu äußern, oder wenn möglich flexible Arbeitsregelungen anbieten.

Die Aufrechterhaltung der Teammotivation ist ein wichtiger Aspekt der Führung mit EI. Ermutigende Worte, Anerkennung für harte Arbeit unter schwierigen Bedingungen und eine klare Vision für die Zukunft können helfen, die Moral hoch zu halten. Die Führungskräfte sollten die Bedeutung der Rolle jedes Einzelnen vermitteln und aufzeigen, wie jedes Teammitglied zur Bewältigung der Krise beiträgt.

Wenn Führungskräfte mit emotionaler Intelligenz führen, können sie nicht nur die unmittelbaren Herausforderungen einer Krise bewältigen, sondern auch eine widerstandsfähige Teamkultur fördern, die künftigen Turbulenzen standhält.

Die strategische Entscheidungsfindung inmitten einer Krise erfordert von den Führungskräften, dass sie sich in komplexen Situationen mit oft begrenzten und sich schnell entwickelnden Informationen zurechtfinden. Der Druck, schnell zu reagieren, kann immens sein, doch die getroffenen Entscheidungen können weitreichende Auswirkungen haben, die weit über die unmittelbare Krise hinausreichen.

Die Führungskräfte müssen zunächst die wichtigsten Probleme ermitteln, die sofortige Aufmerksamkeit erfordern. Die Priorisierung ist entscheidend, da die Ressourcen in der Regel begrenzt sind und die Maßnahmen die größtmögliche Wirkung haben müssen. Es ist wichtig, so schnell wie möglich so viele relevante Informationen wie möglich aus so vielen Quellen wie möglich zu sammeln, um diese Entscheidungen zu treffen. Diese Informationen müssen dann in umsetzbare Erkenntnisse umgewandelt werden, wobei zwischen Bekanntem, Unbekanntem und Vermutungen zu unterscheiden ist.

Sobald die unmittelbaren Probleme gelöst sind, müssen sich die Führungskräfte mit den längerfristigen Auswirkungen ihrer Entscheidungen befassen. Dies erfordert ein empfindliches Gleichgewicht zwischen reaktiven Maßnahmen, die schnelle Abhilfe schaffen, und proaktiven Strategien, die der Organisation langfristig dienen. Der Schwerpunkt sollte auf nachhaltigen Lösungen liegen und nicht auf schnellen Lösungen, die zu weiteren Problemen führen können.

Führungskräfte müssen bei ihrer Entscheidungsfindung auch die menschliche Komponente im Auge behalten. Entscheidungen, die während einer Krise getroffen werden, können sich auf das Wohlergehen von Mitarbeitern, Kunden und anderen Beteiligten auswirken. Daher müssen Empathie und ethische Überlegungen in den Entscheidungsprozess einfließen.

Letztlich geht es bei der strategischen Entscheidungsfindung in einer Krise ebenso sehr um eine überzeugende und flexible Führung wie um die Entscheidungen selbst. Dazu gehört die Bereitschaft, schwierige Entscheidungen zu treffen, die

Flexibilität, bei neuen Informationen umzuschwenken, und die Weitsicht, die künftigen Auswirkungen des heutigen Handelns zu verstehen.

Die Beherrschung der Kommunikation in turbulenten Zeiten ist eine entscheidende Fähigkeit für Führungskräfte. Die Fähigkeit, klare, prägnante und transparente Botschaften zu formulieren, kann in einer Krise den Unterschied zwischen Chaos und Ruhe ausmachen.

Führungspersönlichkeiten müssen mit einem Gefühl der Dringlichkeit kommunizieren, ohne Panik zu schüren. Die Botschaften sollten direkt sein und Jargon oder Fachsprache vermeiden, die das Publikum verwirren oder entfremden könnten. Transparenz ist von entscheidender Bedeutung, da sie Vertrauen schafft. Die Führungskräfte sollten zugeben, was bekannt ist, was nicht, und welche Schritte unternommen werden, um Lösungen zu finden.

Die Erwartungen der Interessengruppen müssen sorgfältig gesteuert werden. Zu große Versprechungen oder zu optimistische Zeitvorgaben können nach hinten losgehen, wenn die Entwicklungen nicht den geplanten Verlauf nehmen. Es ist wichtig, realistische Erwartungen festzulegen und sie zu aktualisieren, wenn sich die Situation weiterentwickelt.

Die Beziehungen zu den Medien sind ebenfalls ein wichtiger Aspekt der Kommunikationsbeherrschung in turbulenten Zeiten. Die Medien können ein mächtiger Verbündeter bei der Verbreitung von Informationen sein, aber sie erfordern ein sorgfältiges Engagement. Führungskräfte sollten sich bemühen, die Medien regelmäßig zu informieren, klare Fakten zu liefern und Spekulationen zu vermeiden.

Effektive Kommunikation während einer Krise bedeutet nicht nur, Informationen zu verbreiten, sondern auch, zuzuhören. Führungskräfte sollten Kanäle für Feedback einrichten und ein offenes Ohr für die Anliegen und Vorschläge der Beteiligten haben.

In turbulenten Zeiten können die Worte und der Ton einer Führungskraft entweder beruhigen und leiten oder zu den Unruhen beitragen. Die Beherrschung der Kommunikation kann eine Organisation durch einen Sturm lenken und sicherstellen, dass alle Interessengruppen informiert, engagiert und im Angesicht der Widrigkeiten ausgerichtet sind.

Anpassungsfähigkeit inmitten des Chaos ist ein entscheidendes Merkmal einer effektiven Krisenführung. Flexibilität und Kreativität sind nicht nur wertvoll, sondern auch notwendig, um die unvorhersehbare Natur von Krisen zu bewältigen. Führungskräfte müssen bereit sein, traditionelle Praktiken zugunsten innovativer Lösungen aufzugeben, die den einzigartigen Anforderungen einer Hochdrucksituation gerecht werden.

Fallstudien zur adaptiven Führung in Krisenzeiten zeigen häufig, dass die erfolgreichsten Führungskräfte diejenigen sind, die die Notwendigkeit eines dynamischen Ansatzes erkennen. Während der Finanzkrise 2008 zum Beispiel konnten Führungskräfte, die ihre Geschäftsmodelle schnell anpassten und nach kreativen Lösungen suchten, ihre Unternehmen mit größerer Wahrscheinlichkeit erfolgreich durch turbulente Zeiten führen. Auch während der COVID-19-Pandemie konnten Unternehmen, die sich schnell auf Telearbeit und veränderte Marktanforderungen einstellten, ihren Betrieb aufrechterhalten und in einigen Fällen sogar florieren.

Führungspersönlichkeiten, die Anpassungsfähigkeit zeigen, sind bereit, in Echtzeit zu lernen und sich anzupassen. Sie hören auf das Feedback aus der Praxis und sind bereit, ihre Strategien als Reaktion auf neue Informationen zu ändern. Diese Beweglichkeit ermöglicht es ihnen, Krisen effektiv zu lösen, indem sie ein breiteres Spektrum an Optionen und Ressourcen nutzen.

Darüber hinaus befähigen adaptive Führungskräfte ihre Teams häufig zu Flexibilität und Kreativität. Indem sie eine Kultur der Innovation und Widerstandsfähigkeit fördern, schaffen sie ein Umfeld, in dem die Teammitglieder mit größerer

Wahrscheinlichkeit wertvolle Erkenntnisse und neue Ansätze zur Problemlösung beitragen.

Die Beispiele aus der Praxis zeigen, dass Flexibilität und schnelles Denken in Krisensituationen entscheidend sind. Diese Fallstudien dienen als Wegweiser für derzeitige und künftige Führungskräfte, die sich dem Chaos stellen müssen, und zeigen, dass mit Anpassungsfähigkeit selbst die größten Herausforderungen bewältigt und überwunden werden können.

Aus Krisenereignissen zu lernen ist ein wichtiger Prozess, der es Organisationen ermöglicht, sich weiterzuentwickeln und ihre Widerstandsfähigkeit zu verbessern. In der Phase nach der Krise geht es nicht nur um die Wiederherstellung, sondern auch darum, die Ereignisse zu analysieren, die Wirksamkeit der Reaktion zu verstehen und diese Lehren in die Organisationsstruktur zu integrieren.

Die Analyse nach der Krise beinhaltet eine gründliche Überprüfung der Krisenbewältigung, einschließlich der Frage, was gut funktioniert hat und was nicht. Dies kann oft durch Nachbesprechungen, Berichterstattung über Vorfälle und durch die Schaffung einer Kultur erreicht werden, die einen offenen Dialog über Fehler und Erfolge ohne Angst vor Schuldzuweisungen fördert. Es geht darum, ein transparentes Umfeld zu schaffen, in dem alle Ebenen der Organisation zum Lernprozess beitragen können.

Die Stärkung des organisatorischen Lernens und Gedächtnisses bedeutet, dass die aus der Krise gewonnenen Erkenntnisse nicht in Vergessenheit geraten, sondern zum Aufbau eines robusteren Systems genutzt werden. Dies könnte die Aktualisierung von Richtlinien und Verfahren, das Überdenken von Risikobewertungen, die Verbesserung von Schulungsprogrammen und die Verbesserung der Kommunikationskanäle beinhalten. Das Ziel besteht darin, die schmerzhaften Punkte der Krise in Aktionspunkte für die Zukunft umzuwandeln.

Unternehmen, die aus Krisen besonders gut lernen, richten in der Regel strukturierte Prozesse ein, um Lehren zu ziehen und Änderungen umzusetzen. Sie erkennen, dass jede Krise eine Gelegenheit ist, ihre Abläufe und Strategien gegen künftige Bedrohungen zu verstärken. Indem sie die Erfahrungen dokumentieren und das gewonnene Wissen institutionalisieren, schaffen sie ein organisatorisches Gedächtnis, das sich nicht nur an das Ereignis erinnert, sondern es nutzt, um eine widerstandsfähigere und besser vorbereitete Einheit für die Zukunft aufzubauen.

Um nach einer Krise wieder auf die Beine zu kommen, muss man sich nicht nur erholen, sondern die Gelegenheit nutzen, um die Organisation zu stärken, zu verjüngen und zu erneuern. Bei diesem Ansatz für Wachstum nach einer Krise geht es darum, Widrigkeiten in Vorteile umzuwandeln und dafür zu sorgen, dass die Organisation nicht einfach zu ihrem vorherigen Zustand zurückkehrt, sondern stärker und widerstandsfähiger daraus hervorgeht.

Zu den Strategien für Erholung und Wachstum gehören eine umfassende Überprüfung der Ereignisse und die Umsetzung von Änderungen, die ähnliche Risiken in der Zukunft mindern werden. Es geht darum, aus dem Geschehenen zu lernen und strukturelle oder strategische Verbesserungen vorzunehmen. Wenn beispielsweise ein technisches Versagen zu einer Krise geführt hat, könnte eine Organisation in robustere IT-Systeme investieren oder neue Technologien einführen, die mehr Stabilität und Sicherheit bieten.

Eine Krise zu nutzen, um positive Veränderungen voranzutreiben, bedeutet, die Dynamik des Aufschwungs zu nutzen, um Veränderungen voranzutreiben, denen man sich zuvor vielleicht widersetzt hat. Während einer Krise sind die Beteiligten möglicherweise offener für bedeutende Veränderungen, was den Verantwortlichen eine einzigartige Gelegenheit bietet, notwendige, aber möglicherweise unpopuläre Reformen voranzutreiben.

Es geht auch darum, die Prioritäten und Werte der Organisation neu zu bewerten und möglicherweise neu zu definieren. Eine Krise kann ein starker Katalysator für einen kulturellen Wandel sein, der zu einer agileren und proaktiveren Denkweise im Unternehmen führt. Durch die Einnahme einer langfristigen Perspektive können Führungskräfte die Wiederherstellungsbemühungen mit breiteren Zielen wie Nachhaltigkeit, Innovation und sozialer Verantwortung in Einklang bringen.

Letztlich geht es beim Wiederaufbau darum, die Krise nicht zu verschwenden. Es bedarf eines zukunftsorientierten Ansatzes, der über die unmittelbare Wiederherstellung hinausgeht und eine Zukunft anvisiert, in der die Organisation nicht nur wiederhergestellt, sondern auch erneuert ist und über verbesserte Fähigkeiten verfügt, um die nächsten Herausforderungen zu meistern.

Bei der Förderung von Resilienz und Erneuerung geht es darum, die Fähigkeit von Einzelpersonen und Organisationen zu fördern, Widrigkeiten zu überstehen und gestärkt daraus hervorzugehen. Es ist ein proaktiver Prozess, der persönliche Entwicklung, strategische Planung und die Schaffung einer Kultur umfasst, die sich angesichts von Herausforderungen anpassen und gedeihen kann.

Zur persönlichen Resilienz gehören kontinuierliches Lernen, emotionale Intelligenz und Stressbewältigungstechniken. Der Einzelne wird ermutigt, sich ein persönliches Rüstzeug für die Resilienz zuzulegen, das Achtsamkeitspraktiken, ein starkes Unterstützungsnetz und gesunde Grenzen zwischen Beruf und Privatleben umfasst.

Die Widerstandsfähigkeit von Organisationen geht dagegen über die Vorbereitung auf bestimmte Szenarien hinaus. Es geht um den Aufbau eines flexiblen und robusten Rahmens, der einer Vielzahl von Krisen standhalten kann. Dazu gehören die Diversifizierung von Vermögenswerten, die Entwicklung von Notfallplänen und die Aufrechterhaltung eines gewissen Maßes an betrieblicher

Redundanz, um sicherzustellen, dass kritische Funktionen auch bei Unterbrechungen weiterlaufen können.

Um sich auf künftige Herausforderungen vorzubereiten, reicht es nicht aus, vergangene Krisen zu betrachten, sondern auch potenzielle künftige Risiken zu prognostizieren. Führungskräfte können Szenario-Planungsübungen durchführen, sich über Branchentrends informieren und in Forschung und Entwicklung investieren, um sich auf das vorzubereiten, was vor ihnen liegt.

Schließlich geht es bei Resilienz und Erneuerung auch um Erholung und Wachstum. Nach einer Krise bietet sich die Gelegenheit, neue Strategien, Technologien und Maßnahmen einzuführen, die unter normalen Umständen zu schwierig gewesen wären. Es geht darum, die gewonnenen Erkenntnisse zu nutzen, um die Vision und Strategie der Organisation für eine nachhaltige Zukunft zu stärken und neu zu beleben.

Beim Nachdenken über das Krisenmanagement können Führungskräfte die folgenden Einsichten und Erkenntnisse in Betracht ziehen:

Grenzen und Potenziale verstehen: Krisen bringen Führungskräfte oft an ihre Grenzen, zeigen aber auch bisher ungenutztes Potenzial auf. Bei der Reflexion geht es darum, das Gleichgewicht zwischen dem Ausreizen von Fähigkeiten und dem Erkennen, wann Unterstützung benötigt wird, zu prüfen.

Das Gewicht von Entscheidungen: Die Schwere von Entscheidungen wird in einer Krise am deutlichsten spürbar. Führungskräfte lernen, sich mit dem Gewicht ihrer Entscheidungen und der Unvollkommenheit der Informationen abzufinden und mit den ihnen zur Verfügung stehenden Daten und ihrer Intuition die bestmöglichen Entscheidungen zu treffen.

Die Bedeutung von Grundwerten: In Zeiten des Aufruhrs werden die Grundwerte einer Führungskraft zu ihrem Anker. Die Reflexion darüber, wie diese Werte Handlungen und

Entscheidungen beeinflusst haben, kann einen Fahrplan für künftige Verhaltensweisen und Strategien liefern.

Kommunikation ist der Schlüssel: Eine klare und einfühlsame Kommunikation ist in einer Krise entscheidend. Führungskräfte stellen oft fest, dass die Art und Weise, wie sie kommunizieren, genauso wichtig sein kann wie die Maßnahmen, die sie ergreifen, und sie lernen, ihre Botschaften so zu verfeinern, dass sie sowohl informativ als auch beruhigend sind.

Resilienz als Ressource: Führungskräfte entdecken, dass Resilienz nicht nur eine Eigenschaft ist, sondern eine erneuerbare Ressource, die bei ihnen selbst und anderen entwickelt und gefördert werden kann. Durch Reflexion können sie beurteilen, wie sie die Resilienz gefördert haben und wie sie sie in Zukunft besser kultivieren können.

Die Kraft der Teamarbeit: Krisen unterstreichen oft die Kraft kollektiver Anstrengungen. Führungskräfte reflektieren die Stärken und Schwächen ihrer Teams und lernen, wie sie ihre Mitarbeiter besser aufbauen, inspirieren und für künftige Herausforderungen einsetzen können.

Aus Misserfolgen lernen: Nicht jede Entscheidung wird die richtige sein, und Fehler sind unvermeidlich. Bei der Reflexion geht es darum, diese Misserfolge nicht als Niederlagen, sondern als kritische Lernmomente zu verstehen, die für das Wachstum unerlässlich sind.

Planung für das Ungeplante: Es ist zwar unmöglich, jedes Szenario vorherzusagen, aber eine Krise lehrt, wie wichtig es ist, sich auf das Unvorhersehbare vorzubereiten. Führungskräfte denken über die Systeme, Pläne und die Flexibilität nach, die sie haben, um mit unerwarteten Ereignissen umzugehen.

Die emotionale Reise: Die Führung in einer Krise ist ebenso eine emotionale Reise wie eine professionelle. Die Reflexion könnte beinhalten, dass die Führungskräfte den Stress und den emotionalen Tribut anerkennen und sich der Bedeutung der Selbstfürsorge bewusst werden.

Die Chance zur Erneuerung: Die Reflexion nach einer Krise zeigt oft Möglichkeiten zur Erneuerung auf. Führungskräfte können erkennen, wie eine Krise den Weg für Innovationen, neue Strategien und Reformen geebnet hat, die zuvor nicht möglich waren oder nicht in Betracht gezogen wurden.

Anderen zu dienen: Führungskräfte sehen ihre Rolle während einer Krise oft als eine des Dienens, da sich ihr Handeln direkt auf das Wohlergehen und den Lebensunterhalt anderer auswirkt. Diese Reflexion kann ihr Engagement für die Führung als eine Form des Dienstes erneuern.

Jede dieser Überlegungen kann zu einem tiefgreifenden Wandel in der Sichtweise einer Führungskraft auf sich selbst und ihre Rolle führen. Durch Selbstbeobachtung und Lernen aus dem Schmelztiegel der Krise können sich Führungskräfte mit größerer Weisheit und Widerstandsfähigkeit auf die nächste Herausforderung vorbereiten.

Satya Nadella - Microsoft: Als Nadella das Amt des CEO von Microsoft übernahm, machte er sich auf den Weg, die Kultur des Unternehmens zu verändern. Seine Führung während der Transformation und während Krisen wie der COVID-19-Pandemie betonte Empathie, klare Kommunikation und die Bedeutung der Förderung einer integrativen Arbeitsumgebung. Er gab Einblicke, wie eine wachstumsorientierte Denkweise dazu beigetragen hat, die Strategien und Abläufe des Unternehmens so auszurichten, dass es nicht nur die Krise überstehen, sondern auch gestärkt daraus hervorgehen konnte.

Jacinda Ardern - Neuseeländische Premierministerin: Arderns Führungsstil während mehrerer Krisen, darunter die Schießerei in der Christchurch Moschee und die COVID-19-Pandemie, wurde international gelobt. Sie hat ihre Fähigkeit unter Beweis gestellt, mitfühlend und klar zu kommunizieren und gleichzeitig entschlossen zu handeln. Ardern hat über die Bedeutung von

Vertrauen und proaktiven Maßnahmen im Krisenmanagement gesprochen und gezeigt, wie diese Grundsätze zu einer effektiven Regierungsführung führen können.

Howard Schultz - Starbucks: Als er in den schwierigen Zeiten von Starbucks als CEO zurückkehrte, konzentrierte sich Schultz darauf, das Unternehmen durch strategische Schließungen umzukrempeln und die Marke wiederzubeleben. Er betonte die Notwendigkeit für Führungskräfte, schwierige Entscheidungen zu treffen und gleichzeitig Transparenz gegenüber Mitarbeitern und Kunden zu wahren. Schultz' Erkenntnisse über die Wiederbelebung einer Marke und die Bewältigung wirtschaftlicher Abschwünge sind in seinen Büchern und Interviews gut dokumentiert.

Sheryl Sandberg - Facebook: Nach dem plötzlichen Tod ihres Mannes schrieb Sandberg über den Umgang mit Widrigkeiten und den Aufbau von Widerstandsfähigkeit. Obwohl ihre Erfahrungen sehr persönlich sind, lassen sich die Lektionen auch auf Führungskräfte übertragen. Sie spricht darüber, wie wichtig es ist, sich auf andere zu stützen, offen mit Herausforderungen umzugehen und die Rolle der Resilienz im privaten und beruflichen Leben zu verstehen.

Elon Musk - Tesla und SpaceX: Musk ist dafür bekannt, dass er große Risiken eingeht und zahlreiche Krisen bewältigt, von Produktionsengpässen bei Tesla bis hin zu gescheiterten Raketenstarts bei SpaceX. Er hat seine Erfahrungen über die Bedeutung von Beharrlichkeit, das Lernen aus Misserfolgen und kontinuierliche Innovation, auch unter Druck, geteilt.

Anne Mulcahy - Xerox: Als Mulcahy das Amt des CEO übernahm, stand Xerox vor dem Konkurs. Ihre Führung rettete das Unternehmen, indem sie sich auf Kundenbeziehungen, das Engagement der Mitarbeiter und die Umstrukturierung der Schulden konzentrierte. Sie hat ihre Erkenntnisse über die Bedeutung von Transparenz und die Einbindung der Mitarbeiter auf allen Ebenen geteilt, um eine Kultur des Engagements und der Leistung zu fördern.

Eric Yuan - Zoom: Yuans Unternehmen, Zoom, wurde während der COVID-19-Pandemie zu einem Begriff. Er musste den Betrieb schnell aufstocken und gleichzeitig Sicherheit und Zuverlässigkeit gewährleisten, da die Nutzung stark anstieg. Yuan spricht über die Herausforderungen, die ein schnelles Wachstum mit sich bringt, und über die Notwendigkeit, sich auf das Kundenerlebnis und das Vertrauen der Kunden zu konzentrieren.

Indra Nooyi - PepsiCo: Als CEO von PepsiCo führte Nooyi das Unternehmen durch einen bedeutenden Wandel und verlagerte seinen Schwerpunkt auf gesündere Produkte. Sie hat ihren Glauben an die Kraft langfristiger Planung und Investitionen in Forschung und Entwicklung geteilt, um Veränderungen in der Branche zu bewältigen, sowie an die Notwendigkeit für Führungskräfte, strategische, zielgerichtete Innovationen voranzutreiben.

Die Erfahrungen dieser Führungskräfte veranschaulichen die Vielschichtigkeit von Führung in Krisen und bei Veränderungen. Sie verdeutlichen, dass zwar jeder Weg einer Führungskraft einzigartig ist, dass es jedoch Gemeinsamkeiten in Bezug auf Widerstandsfähigkeit, Anpassungsfähigkeit, Kommunikation und die Kraft einer starken Vision gibt, die Führungskräfte durch turbulente Zeiten führen können.

In diesem Teil unseres Buches wurde hervorgehoben, dass es bei der Führung in turbulenten Zeiten nicht nur darum geht, den Sturm zu bewältigen, sondern auch darum, einen Kurs zu setzen, dem andere mit Zuversicht folgen können, selbst wenn der Weg, der vor ihnen liegt, durch Unvorhersehbares und Unerwartetes verstellt ist.

Die Rolle von Führungskräften in einer von Störungen geprägten Welt wird voraussichtlich noch wichtiger werden. Führungskräfte werden nicht nur als Navigatoren oder Krisenmanager gesehen, sondern als Visionäre, die den Wandel vorhersehen und eine Kultur einführen können, die sowohl proaktiv als auch reaktiv ist. Sie haben den Kompass in der Hand, der das Unternehmen nicht dorthin führt, wo es jetzt ist, sondern dorthin, wo es sein soll.

Das Wesen einer entschlossenen Führung ist eine Mischung aus Mut und Weitsicht - Mut, schwierige Entscheidungen zu treffen, und Weitsicht, sich auf zukünftige Herausforderungen vorzubereiten. Entschlossene Führungskräfte sind diejenigen, die auf den Lehren jeder Krise aufbauen und sie als Chance für Wachstum, Lernen und letztlich als Katalysator für Innovation und Wandel in ihren Organisationen nutzen.

Führungskräfte sollten die Lehren aus vergangenen Krisen verinnerlichen, um Resilienz zu verkörpern und jede neue Herausforderung als Chance zur Stärkung der persönlichen Führungsfähigkeiten und der Robustheit der Organisation zu sehen. Das Buch gibt den Lesern eine zukunftsorientierte Perspektive an die Hand und ermutigt die Führungskräfte, sich ständig weiterzuentwickeln, angesichts von Widrigkeiten standhaft zu bleiben und die Menschen, die sie führen, durch ein Beispiel an unerschütterlichem Engagement und Anpassungsfähigkeit zu inspirieren.

Kapitel 7: Der unerforschte Weg - Nicht-hierarchische Führung

Das Konzept der Führung hat sich im Laufe der Jahre erheblich weiterentwickelt, parallel zu den Veränderungen in den Organisationsstrukturen, der kulturellen Dynamik und den technologischen Fortschritten. Die klassische Sichtweise von Führung in einem starren hierarchischen Rahmen wandelt sich, da Organisationen zunehmend die Grenzen dieses Modells in der heutigen schnelllebigen, komplexen und dynamischen Umgebung erkennen. Dieser Wandel markiert einen grundlegenden Wandel in unserem Verständnis von Macht, Entscheidungsfindung und dem Wesen des Einflusses innerhalb einer Gruppe oder Organisation.

Die hierarchiefreie Führung bedeutet eine Abkehr von den pyramidenförmigen Befehlsstrukturen von oben nach unten, die im letzten Jahrhundert am Arbeitsplatz vorherrschten. Dieser moderne Ansatz zeichnet sich durch fließende Rollen, geteilte Verantwortlichkeiten und eine Demokratisierung des Entscheidungsprozesses aus. Ihm liegt eine Philosophie zugrunde, die Führung als eine kollektive Tätigkeit betrachtet, die auf verschiedene Ebenen der Organisation verteilt ist, und nicht als eine Reihe von Aufgaben, die von einer einzelnen Person oder einem kleinen Führungskader wahrgenommen werden.

Die Bedeutung einer nicht-hierarchischen Führung liegt in ihrem Potenzial, Kreativität freizusetzen, Innovationen zu beschleunigen und die Agilität in Organisationen zu verbessern. Sie fördert ein Umfeld, in dem Ideen frei ausgetauscht werden können und in dem der Einzelne befähigt wird, Initiative zu ergreifen. Dieses Modell erkennt an, dass die Führung von überall im Unternehmen ausgehen kann und sollte, und zwar auf der Grundlage von

Fachwissen, Initiative oder den aktuellen Erfordernissen und nicht auf der Grundlage von Titel oder Rang.

Mit der Einführung einer nicht-hierarchischen Führung ändern die Organisationen nicht nur die Verantwortlichkeiten für die Führung, sondern definieren auch neu, was Führung bedeutet. Der Schwerpunkt verlagert sich von Befehl und Kontrolle auf Erleichterung und Unterstützung und betont die Rolle der Führungskräfte als Ermöglicher, die anderen helfen, ihre beste Arbeit zu leisten, und nicht als alleinige Entscheidungsträger.

In dieser Einführung in die nicht-hierarchische Führung werden die theoretischen Grundlagen, die praktischen Anwendungen und die tiefgreifenden Auswirkungen auf die Zukunft der Arbeit erörtert. Da Unternehmen weiterhin die unbekannten Pfade der modernen Unternehmenslandschaft beschreiten, kann das Verständnis und die effektive Umsetzung nicht-hierarchischer Führungspraktiken sehr wohl zu einem entscheidenden Faktor für den Erfolg werden.

Die Landschaft der Organisationsstrukturen hat sich stark verändert, von den starren Hierarchien der Vergangenheit zu den dynamischeren und flexibleren Modellen, die wir heute sehen. In der Vergangenheit waren hierarchische Führungsmodelle gleichbedeutend mit einer Organisationsstruktur. Diese Hierarchien basierten auf den Grundsätzen der Industrialisierung, in der eine klare Befehlskette als wesentlich für Effizienz und Kontrolle angesehen wurde. Die archetypische pyramidenförmige Struktur erleichterte eine klare Abgrenzung von Rollen, Verantwortlichkeiten und Befugnissen, wobei die Entscheidungsgewalt auf die obersten Ebenen konzentriert war.

Als die Organisationen expandierten und immer komplexer wurden, zeigten sich die Grenzen der hierarchischen Modelle. Sie führten häufig zu bürokratischer Starrheit, erstickten die Kreativität und reagierten nur langsam auf die raschen Veränderungen auf dem Markt. Als Reaktion darauf entstanden in der zweiten Hälfte des 20. Jahrhunderts flache Organisationsmodelle, die sich durch weniger

Managementebenen und eine größere Kontrollspanne für jeden Manager auszeichnen. Diese Modelle sollten die Nachteile von Hierarchien ausgleichen, indem sie eine schnellere Entscheidungsfindung, mehr Flexibilität und eine Kultur der Zusammenarbeit förderten.

Die digitale Revolution und der Aufstieg der Wissensarbeit haben den Wandel hin zu fließenden Organisationsmodellen beschleunigt. Diese Strukturen zeichnen sich durch ihre Anpassungsfähigkeit aus, wobei sich Teams je nach Bedarf für Projekte oder Initiativen bilden und wieder auflösen. Die Führung in diesen Modellen ist oft situationsabhängig, wobei der Einzelne aufgrund seines Fachwissens oder der Erfordernisse der jeweiligen Aufgabe eine Führungsrolle übernimmt und nicht aufgrund seiner Position in einer Hierarchie.

Diese Entwicklung spiegelt einen breiteren Trend zur Demokratisierung und Befähigung am Arbeitsplatz wider. Die Abkehr von hierarchischen Strukturen wird durch die Erkenntnis vorangetrieben, dass Organisationen in einer sich schnell verändernden Welt die kollektive Intelligenz und die Fähigkeiten aller ihrer Mitglieder nutzen müssen, nicht nur derjenigen an der Spitze. Nicht-hierarchische Modelle erleichtern dies, indem sie Barrieren für Kommunikation und Zusammenarbeit abbauen und eine Kultur des kontinuierlichen Lernens und der Innovation fördern.

Wenn wir uns weiter mit der Dynamik nicht-hierarchischer Führung befassen, wird deutlich, dass die Entwicklung von Organisationsstrukturen nicht nur eine Veränderung des Designs, sondern eine Veränderung des Wesens der Arbeitsweise von Organisationen ist. Dieser Wandel ist Ausdruck eines tiefgreifenden kulturellen Wandels in der Geschäftswelt und spiegelt die Erkenntnis wider, dass die Zukunft denjenigen gehört, die sich anpassen, innovativ sein und das gesamte Spektrum ihrer Humanressourcen mobilisieren können.

Verteilte Führung ist ein konzeptioneller Rahmen, der vom traditionellen Top-Down-Ansatz abweicht und eine eher kollektive Form der Führung befürwortet. Im Kern beruht die verteilte Führung auf der Überzeugung, dass die Führungsverantwortung und -befugnis in der gesamten Organisation verteilt sein sollte, anstatt in einer einzigen Rolle oder Ebene zentralisiert zu sein.

Kernkonzepte nicht-hierarchischer Führung

Geteilte Autorität: Führung ist nicht auf Personen mit formalen Titeln beschränkt, sondern ist eine Rolle, die verschiedene Teammitglieder je nach Kontext und Fachwissen übernehmen können.

Zusammenarbeit: Entscheidungen werden in Zusammenarbeit mit verschiedenen Interessengruppen getroffen, was zu sachkundigeren und kollektiv getragenen Ergebnissen führt.
Befähigung: Einzelpersonen auf allen Ebenen werden ermächtigt, in Bereichen, in denen sie über Kenntnisse und Fähigkeiten verfügen, die Initiative zu ergreifen und die Führung zu übernehmen, wodurch ein Gefühl der Eigenverantwortung und des Engagements gefördert wird.

Kontextabhängigkeit: Führungsrollen sind fließend und können je nach Aufgabe, Projekt oder Situation wechseln, so dass die am besten geeigneten und qualifizierten Personen die Führung übernehmen können.

Vorteile

Gesteigerte Innovation: Durch die Nutzung der unterschiedlichen Perspektiven und Talente einer größeren Gruppe von Personen kann eine verteilte Führung zu kreativeren Problemlösungen und Innovationen führen.

Erhöhte Agilität: Unternehmen können schneller auf Veränderungen und Herausforderungen reagieren, da die Entscheidungsfindung reaktionsschneller und näher an der vordersten Front erfolgt.

Widerstandsfähigkeit: Eine verteilte Führung schafft ein widerstandsfähigeres System, da die Organisation nicht übermäßig von einer einzelnen Person abhängig ist.

Engagement der Mitarbeiter: Wenn Mitarbeiter die Möglichkeit haben, zu führen und bei Entscheidungen mitzubestimmen, sind sie in der Regel engagierter und setzen sich stärker für den Erfolg des Unternehmens ein.

Herausforderungen

Komplexe Koordinierung: Wenn viele Personen Führungsaufgaben übernehmen, kann die Koordinierung komplex werden und erfordert robuste Kommunikationskanäle und klare Protokolle.

Risiko von Konflikten: Mehr Führungspersönlichkeiten bedeuten mehr Meinungen und Ansätze, was zu Konflikten oder einer Lähmung der Entscheidungsfindung führen kann, wenn es nicht effektiv gehandhabt wird.

Entwicklung von Führungsqualitäten: Eine breitere Streuung von Führungsaufgaben erfordert eine größere Investition in die Entwicklung von Führungskräften, um sicherzustellen, dass die Personen, die diese Aufgaben übernehmen, für diese Aufgaben gerüstet sind.
Leistungsbewertung: Herkömmliche Leistungskennzahlen lassen sich in einem verteilten Führungsmodell nicht ohne weiteres anwenden, so dass neue Wege zur Bewertung der Beiträge des Einzelnen und der Gruppe erforderlich sind.

Verteilte Führungsmodelle erfordern einen Kulturwandel, bei dem Führung als eine Tätigkeit oder ein Verhalten und nicht als eine Position verstanden wird. Damit solche Modelle erfolgreich sind, muss ein klarer Rahmen vorhanden sein, der eine verteilte Entscheidungsfindung unterstützt und ein Gleichgewicht zwischen Autonomie und Verantwortlichkeit schafft. Unternehmen, die eine verteilte Führung erfolgreich umsetzen, stellen häufig fest, dass sie nicht nur die Ergebnisse verbessert, sondern auch das gesamte Unternehmen stärkt, indem sie die Fähigkeiten ihrer Mitarbeiter in vollem Umfang einbezieht und nutzt.

Fallstudien aus dem wirklichen Leben geben einen Einblick in die praktische Dynamik von Modellen der verteilten Führung. Hier finden Sie Zusammenfassungen darüber, wie verschiedene Organisationen bei der Umsetzung solcher Modelle vorgegangen sind, wobei ihre Erfolge und die gewonnenen Erkenntnisse hervorgehoben werden.

Gore & Associates

W.L. Gore & Associates, bekannt für Gore-Tex, zeichnet sich durch seine gitterförmige Organisationsstruktur aus. Ohne traditionelle Titel entstehen Führungskräfte durch Fachwissen und Vertrauen unter den Kollegen. Die Innovationskraft des Unternehmens und die Zufriedenheit der Mitarbeiter sprechen für die Effektivität dieser Struktur und unterstreichen, wie wichtig Vertrauen und Geduld sind, damit sich Führung auf natürliche Weise entwickeln kann.

Ventil Gesellschaft

Bei Valve, einem Entwickler von Videospielen, führt das Fehlen formeller Vorgesetzter zu einer einzigartigen Dynamik, bei der die Mitarbeiter ihre Projekte selbst auswählen und von Gleichgesinnten überprüft werden. Dies hat zu bedeutenden Erfolgen in der Spieleindustrie und zu technologischen Innovationen geführt, was zeigt, dass kreative Freiheit den Erfolg fördern kann. Dieses Modell erfordert einen sorgfältigen Einstellungsprozess und Teammitglieder, die in der Lage sind, sich selbst zu managen und fortgeschrittene zwischenmenschliche Fähigkeiten zu besitzen.
Morgenstern

Der Selbstmanagement-Ansatz von Morning Star ermöglicht es den Mitarbeitern, ihre Rollen zu definieren und Verpflichtungen gegenüber ihren Kollegen einzugehen. Dies hat zu einer verstärkten Innovation und einem spürbaren Gefühl der Eigenverantwortung unter den Mitarbeitern geführt. Entscheidend für den Erfolg dieses Modells sind wirksame Kommunikations- und Konfliktlösungsmethoden, gepaart mit der Bereitschaft, die mit der Autonomie einhergehende Verantwortung zu übernehmen.

Buurtzorg

In den Niederlanden arbeiten die Krankenschwestern und -pfleger von Buurtzorg in dezentralen Teams, die ihr eigenes Arbeitspensum und ihre eigenen Zeitpläne für die Patienten verwalten. Die Ergebnisse sind sowohl hinsichtlich der Patientenzufriedenheit als auch der Kostenreduzierung bemerkenswert. Eine feste Grundphilosophie und eine umfassende Schulung sind für die Führung unabhängiger Teams von zentraler Bedeutung und zeigen, wie kleinere, autonome Gruppen Effizienz und Personalisierung in der Gesundheitsversorgung neu definieren können.

Zappos

Zappos führte Holacracy ein, um die Entscheidungsfindung auf sich überschneidende Kreise von selbstverwaltenden Teams zu verteilen. Dies führte zu einer schnelleren Entscheidungsfindung und einem starken Fokus auf persönliches und berufliches Wachstum. Die Erfahrung hat gezeigt, dass die Umstellung auf eine flache Struktur zwar störend sein kann, dass aber klare Rollen und Prozesse unerlässlich sind, um Verwirrung zu vermeiden und Erfolg zu gewährleisten.

Diese Beispiele zeigen, dass eine nicht-hierarchische Führung in einer Kultur gedeiht, die Autonomie, Verantwortlichkeit und Kommunikation fördert. Sie dienen als Leitfaden für andere Organisationen, die ähnliche strukturelle Veränderungen in Erwägung ziehen, und zeigen, dass der Übergang zu einer dezentralen Führung, wenn er richtig vollzogen wird, den Einzelnen stärken und die Leistung der Organisation verbessern kann.

Bei der Analyse von Organisationen, die erfolgreich nicht-hierarchische Führungsstrukturen eingeführt haben, lassen sich mehrere Erkenntnisse und Schlussfolgerungen aus ihren Erfahrungen ziehen. Die folgende Analyse fasst diese Erkenntnisse zusammen:

Anpassungsfähigkeit ist der Schlüssel

Organisationen, die mit einer nicht-hierarchischen Führung erfolgreich sind, sind äußerst anpassungsfähig. Sie verfügen über Strukturen, die ein schnelles Umschwenken und Anpassen bei Bedarf ermöglichen, was in einer Landschaft, in der der Wandel die einzige Konstante ist, von entscheidender Bedeutung ist.

Kultur der Ermächtigung

Diese Organisationen kultivieren eine Kultur, in der die Eigenverantwortung der Mitarbeiter an erster Stelle steht. Die Mitarbeiter werden ermutigt, die Initiative zu ergreifen und Entscheidungen zu treffen, was nicht nur die Innovation beschleunigt, sondern auch das Engagement und die Arbeitszufriedenheit erhöht.

Transparente Kommunikation

Klare und offene Kommunikationskanäle sind in nicht-hierarchischen Organisationen von grundlegender Bedeutung. Dadurch wird sichergestellt, dass alle Teammitglieder informiert sind und sich abstimmen können, was für die Koordinierung ohne die herkömmliche Aufsicht durch eine Führungskraft unerlässlich ist.

Peer-Rechenschaftspflicht

Ohne die herkömmliche Hierarchie ist die gegenseitige Rechenschaftspflicht der Mitarbeiter von entscheidender Bedeutung. Organisationen, die mit diesem Modell erfolgreich sind, haben Wege gefunden, ein Umfeld zu schaffen, in dem die Teammitglieder sich gegenseitig zur Verantwortung ziehen,

Standards einhalten und das Kollektiv auf gemeinsame Ziele vorantreiben.

Führung als Erleichterung

Wenn es keine starren Hierarchien gibt, nimmt die Führung oft die Form der Moderation an. Führungskräfte in diesen Organisationen sind diejenigen, die anleiten, beraten und bei der Bewältigung von Herausforderungen helfen können, anstatt zu lenken und zu kontrollieren.

Robuste Konfliktlösungsmechanismen

Diese Organisationen verfügen über solide Konfliktlösungsmechanismen. Ohne die traditionelle Hierarchie zur Schlichtung von Streitigkeiten ist es entscheidend, klare Verfahren zur Konfliktlösung zu haben.

Betonung auf individuellem Wachstum

Auffallend ist die Betonung des individuellen Wachstums und der Entwicklung. In einer nicht hierarchischen Struktur wird der persönliche Aufstieg nicht als Erklimmen der traditionellen Karriereleiter gesehen, sondern als Erweiterung der Fähigkeiten und Fertigkeiten.

Konsensbildung

Eine nicht-hierarchische Führung erfordert einen Schwerpunkt auf der Konsensbildung. Organisationen, die dies gut machen, verfügen über Mechanismen, die sicherstellen, dass Entscheidungen durch kollektives Einvernehmen getroffen werden, was zeitaufwändig sein kann, aber oft zu nachhaltigeren Ergebnissen führt.

Maßgeschneiderte Trainingsprogramme

Solche Unternehmen investieren in maßgeschneiderte Schulungsprogramme, die auf ihre einzigartige Arbeitsweise abgestimmt sind. Die Mitarbeiter werden nicht nur in ihren spezifischen Arbeitsaufgaben geschult, sondern auch in Fähigkeiten wie Verhandlung, Kommunikation und Führung.

Technologie als Ermöglicher

Die Technologie spielt oft eine entscheidende Rolle, da sie die Werkzeuge und Plattformen bereitstellt, die die dezentrale Entscheidungsfindung, die Zusammenarbeit und den Informationsaustausch innerhalb des Unternehmens unterstützen.

Aus diesen Erkenntnissen wird deutlich, dass eine hierarchiefreie Führung keine Einheitslösung ist, sondern einen bewussten Ansatz erfordert, der auf die Werte und Ziele des Unternehmens abgestimmt ist. Die Unternehmen, die diesen Ansatz erfolgreich umgesetzt haben, weisen gemeinsame Merkmale auf, passen sie jedoch an ihren spezifischen Kontext an und stellen sicher, dass ihre Strukturen ihre strategischen Ziele unterstützen und nicht behindern.

Die kollaborative Entscheidungsfindung steht im Mittelpunkt der nicht-hierarchischen Führung und betont die Bedeutung des kollektiven Inputs und der gemeinsamen Verantwortung für die Ergebnisse. Die Abkehr von Top-down-Mandaten erfordert einen durchdachten Ansatz zur Einbeziehung verschiedener Perspektiven und Fachkenntnisse in den Entscheidungsprozess. Eine erfolgreiche kollaborative Entscheidungsfindung hängt in hohem Maße von der Schaffung von Räumen ab, in denen sich der Dialog entfalten kann und in denen jede Stimme gehört wird.

Die Techniken, die zur Erleichterung dieser Art von Entscheidungsfindung eingesetzt werden, umfassen häufig strukturierte Diskussionsforen wie runde Tische oder Workshops, bei denen alle Teilnehmer eingeladen sind, ihre Gedanken mitzuteilen. Ziel ist es, ein Umfeld zu schaffen, in dem sich die Teammitglieder sicher fühlen, ihre Ideen und Bedenken zu äußern, ohne Angst vor Entlassung oder Vergeltung haben zu müssen. Dies wird oft durch eine Kultur unterstützt, die die

Vielfalt der Gedanken schätzt und anerkennt, dass die besten Ideen von überall im Unternehmen kommen können.

Um einen fairen Entscheidungsprozess zu gewährleisten, ist es wichtig, klare Richtlinien für die Entscheidungsfindung aufzustellen. Dazu könnte ein Rahmen gehören, der festlegt, wie viel Gewicht den verschiedenen Arten von Beiträgen beigemessen wird, oder ein System, bei dem die Entscheidungsbefugnis zwischen den Mitgliedern der Gruppe rotiert. Auf diese Weise wird sichergestellt, dass keine einzelne Stimme dominiert und dass Entscheidungen auf der Grundlage eines umfassenden Verständnisses der jeweiligen Angelegenheit getroffen werden.

Ein weiterer Aspekt ist die Förderung der Akzeptanz durch die Teammitglieder. Dies wird erreicht, indem transparent kommuniziert wird, wie Entscheidungen getroffen werden, und indem sichergestellt wird, dass die Gründe für die Entscheidungen für alle klar verständlich sind. Es ist wichtig, dass die Teammitglieder den direkten Zusammenhang zwischen ihrem Beitrag und der endgültigen Entscheidung erkennen können, auch wenn das Ergebnis nicht dem entspricht, wofür sie individuell eingetreten sind. Diese Transparenz trägt dazu bei, Vertrauen in den Entscheidungsprozess zu schaffen.

Manchmal wird die gemeinschaftliche Entscheidungsfindung durch einen Konsens erleichtert, der ein gewisses Maß an Kompromissen und Verhandlungen erfordert. Dies ist ein heikles Gleichgewicht, denn der Prozess muss effizient genug sein, um die Organisation beweglich zu halten, und gleichzeitig gründlich genug, um sicherzustellen, dass alle Beteiligten an Bord sind. Dieses Gleichgewicht zu finden, ist eine ständige Herausforderung und erfordert von den Führungskräften oft die Fähigkeit, zu vermitteln.

Bei der kollaborativen Entscheidungsfindung in einem nicht-hierarchischen Umfeld geht es darum, die kollektive Intelligenz des Teams zu nutzen. Es ist ein Prozess, der den Beitrag jedes Mitglieds wertschätzt und darauf abzielt, diese unterschiedlichen Beiträge zu einer kohärenten und umsetzbaren Entscheidung zusammenzuführen. Wenn dies effektiv geschieht, führt es nicht nur zu besseren Ergebnissen, sondern fördert auch ein starkes Gemeinschaftsgefühl und einen gemeinsamen Zweck innerhalb der Organisation.

Die Ermächtigung von Teams und Einzelpersonen in einem nicht-hierarchischen Rahmen ist eine wesentliche Strategie, um ein Umfeld zu schaffen, in dem Autonomie und Initiative gedeihen können. Dazu gehört die Übertragung von Befugnissen, das Vertrauen in die Fähigkeiten der Teammitglieder und die Förderung einer Kultur, in der sich jeder traut, aktiv zu werden.

Eine Schlüsselstrategie zur Ermöglichung von Autonomie besteht darin, klare Erwartungen und Ressourcen bereitzustellen und dem Einzelnen die Freiheit zu lassen, den besten Ansatz zur Erreichung seiner Ziele zu wählen. Die Führungskräfte spielen eine entscheidende Rolle, indem sie die Vision und die Endziele vorgeben, aber der Weg zur Erreichung dieser Ziele wird der Kreativität und Innovation der Teammitglieder überlassen. Auf diese Weise sind die Mitarbeiter nicht nur Ausführende von Aufgaben, sondern werden zu Problemlösern und tragen aktiv zum Erfolg des Unternehmens bei.

Der Aufbau einer Vertrauenskultur ist eine weitere Säule der Befähigung. Vertrauen entsteht durch eine konsequente und transparente Kommunikation, die Anerkennung von Leistungen und die Einsicht, dass Fehler Teil des Lern- und Entwicklungsprozesses sind. In einer solchen Kultur fühlen sich die Teammitglieder sicher, kalkulierte Risiken einzugehen, neue Ideen zu erkunden und über ihre traditionellen Rollen hinauszugehen.

Empowerment entsteht auch durch kontinuierliche Lernmöglichkeiten. Wenn Einzelpersonen und Teams die Möglichkeit haben, ihre Fähigkeiten und ihr Wissen zu erweitern, sind sie eher bereit, neue Herausforderungen und Aufgaben mit Zuversicht anzunehmen. Berufliche Weiterbildung kann viele Formen annehmen, z. B. Cross-Training, Mentorenprogramme und Zugang zu Lernressourcen. Das Empowerment wird durch die

Bereitstellung der notwendigen Instrumente und Systeme verstärkt, die eine effektive Arbeit der Teams ermöglichen. Dazu gehören Technologien, die die Zusammenarbeit erleichtern, sowie Prozesse, die eine schnelle Entscheidungsfindung und eine schnelle Reaktion auf Veränderungen ermöglichen.

Führungskräfte in einem ermächtigenden Umfeld sind eher Coaches als Manager. Sie geben bei Bedarf Hilfestellung, fungieren aber hauptsächlich als Ermöglicher und Unterstützer. Sie erkennen die einzigartigen Stärken eines jeden Teammitglieds und positionieren sie so, dass sie ihren Beitrag auf die wirkungsvollste Weise leisten können.

Eine echte Kultur der Eigenverantwortung zeigt sich, wenn sie alle Ebenen einer Organisation durchdringt. Sie beschränkt sich nicht auf bestimmte Teams oder Einzelpersonen, sondern ist Teil der organisatorischen DNA. Jeder fühlt sich für die Leistungen der Gruppe verantwortlich und weiß, wie seine Arbeit zu einem größeren Ganzen beiträgt. Dieses Gefühl der Eigenverantwortung ist ein starker Motivator und treibt den kollektiven Erfolg der Organisation voran.

Führung als geteilte Funktion ist ein dynamischer und umfassender Ansatz, bei dem die Rollen und Verantwortlichkeiten rotieren können und die Führung von jeder Ebene innerhalb der Organisation ausgehen kann, je nach Situation, Fähigkeiten und Fachwissen, die zum jeweiligen Zeitpunkt erforderlich sind.

Rollenrotation ist eine Praxis, bei der Teammitglieder abwechselnd Projekte oder Initiativen leiten. Auf diese Weise lernt jeder Einzelne verschiedene Aspekte des Unternehmens kennen und kann eine Reihe von Fähigkeiten entwickeln. Durch die Rollenrotation lernen die Mitglieder voneinander und schätzen verschiedene Perspektiven, was Empathie und Teamarbeit fördern kann. Außerdem werden die Mitarbeiter auf Führungsaufgaben vorbereitet, indem sie Erfahrungen in verschiedenen Situationen sammeln, bevor sie eine dauerhafte Führungsrolle übernehmen.

Situative Führungspraktiken sind auch für die Aufteilung von Führungsaufgaben von zentraler Bedeutung. Bei diesem Ansatz wird anerkannt, dass kein einzelner Führungsstil in allen Situationen der beste ist. Stattdessen passen die Führungskräfte ihren Stil an die Reife und Kompetenz des Einzelnen oder des Teams sowie an die spezifischen Anforderungen des Umfelds und der jeweiligen Aufgabe an. Indem sie flexibel und reaktionsschnell sind, können die Führungskräfte die Führung übernehmen, die für den jeweiligen Kontext am besten geeignet ist, was effektiver sein kann als ein starrer Führungsstil.

Durch die Förderung von Führungskompetenzen auf allen Organisationsebenen wird sichergestellt, dass eine breite Basis von Personen vorhanden ist, die bei Bedarf eine Führungsrolle übernehmen können. Dazu gehören Schulungsprogramme, Mentorenschaft und Gelegenheiten zum Üben von Führungsqualitäten in einem sicheren Umfeld. Wenn Führungsqualitäten weit verbreitet sind, profitiert die Organisation von einem Pool fähiger Personen, die bereit sind, andere anzuleiten und Entscheidungen zu treffen, die mit den Zielen und Werten der Organisation übereinstimmen.

Geteilte Führung hilft auch bei der Nachfolgeplanung, da sie eine robuste Pipeline von Personen schafft, die bereit sind, Aufgaben auf höherer Ebene zu übernehmen. Sie kann dazu beitragen, die Auswirkungen der Führungsfluktuation zu verringern, da es immer mehrere Personen gibt, die die notwendigen Führungsaufgaben verstehen und ausführen können.

In einer solchen gemeinsamen Führungskultur wird die traditionelle "Führungskraft" eher zu einem Vermittler, der dafür verantwortlich ist, dass in der gesamten Organisation Führungskompetenz aufgebaut wird. Sie müssen auch daran arbeiten, die Bedingungen zu schaffen, unter denen andere effektiv führen können, einschließlich der Schaffung eines starken Sinns für Ziele, der Ausrichtung der Organisationssysteme und der Kultivierung eines Umfelds von Vertrauen und Respekt.

Wenn Führung als eine gemeinsame Aufgabe betrachtet wird, entsteht eine flexible und reaktionsfähige Organisation, die sich an die sich ändernden Anforderungen ihres Umfelds anpassen kann. Sie nutzt die kollektiven Fähigkeiten und Erfahrungen der Mitarbeiter, fördert das Gefühl der Eigenverantwortung und des Engagements und kann letztlich zu nachhaltigeren und widerstandsfähigeren Organisationen führen.

In nicht-hierarchischen Führungsstrukturen ist die Technologie ein entscheidender Faktor, der die Zusammenarbeit, die Kommunikation und den Informationsaustausch auf allen Ebenen eines Unternehmens erleichtert. Digitale Tools und Plattformen haben den traditionellen Arbeitsplatz verändert und ermöglichen einen dezentraleren Ansatz für Führung und Teammanagement. Sie ermöglichen den nahtlosen Austausch von Ideen, rationalisieren Prozesse und können geografisch verstreute Teams miteinander verbinden.

Digitale Tools wie Projektmanagement-Software, Plattformen für die Zusammenarbeit in Echtzeit und Kommunikations-Apps bieten die Infrastruktur, die eine nicht-hierarchische Organisation benötigt, um effektiv zu funktionieren. Diese Tools ermöglichen einen gemeinsamen Arbeitsbereich, in dem Dokumente gemeinsam verfasst und bearbeitet, Fortschritte verfolgt und Entscheidungen auf transparente Weise getroffen werden können. Soziale Intranet-Plattformen können ein Gefühl der Gemeinschaft und Zugehörigkeit fördern, das für den Zusammenhalt eines Teams ohne die räumliche Nähe eines herkömmlichen Büros entscheidend ist.

Die Verwaltung von dezentralen und verteilten Teams ist ein weiterer Bereich, in dem die Technologie eine zentrale Rolle spielt. Da die Teammitglieder in verschiedenen Zeitzonen und an unterschiedlichen Orten arbeiten, helfen synchrone und asynchrone Kommunikationsmittel dabei, einen stetigen Informationsfluss aufrechtzuerhalten und alle auf dem gleichen Stand zu halten. Videokonferenz-Tools replizieren die Interaktion von Angesicht zu Angesicht, was für den Aufbau von Beziehungen und Vertrauen innerhalb des Teams wichtig ist.

Die Technologie trägt dazu bei, die traditionellen Machtstrukturen abzuflachen, indem sie den Zugang zu Informationen demokratisiert. Cloud-Speicherdienste ermöglichen den Zugriff auf Daten und Ressourcen durch jeden im Unternehmen, unabhängig von seiner Position, und fördern so eine Kultur der Offenheit und des gemeinsamen Wissens.

Der Einsatz von Technologie bringt auch Herausforderungen mit sich, die effektiv gemeistert werden müssen. Bei der Fülle der verfügbaren Tools für die Zusammenarbeit ist es zum Beispiel entscheidend, diejenigen auszuwählen, die den Bedürfnissen des Unternehmens am besten entsprechen, und sicherzustellen, dass sie konsequent genutzt werden. Oft sind Schulungen und Unterstützung erforderlich, damit alle Teammitglieder mit den neuen Tools zurechtkommen.

Führungspersönlichkeiten müssen sich der digitalen Kluft und dem Potenzial der Technologie für neue Formen der Ausgrenzung bewusst sein. Nicht jeder hat das gleiche Maß an Zugang oder Sicherheit im Umgang mit digitalen Werkzeugen, daher müssen Anstrengungen unternommen werden, um Inklusion zu gewährleisten und bei Bedarf die notwendige Unterstützung zu bieten.

In diesem Zusammenhang geht es bei der Führung ebenso sehr um die Gestaltung der digitalen Umgebung wie um die Führung der menschlichen Elemente des Unternehmens. Führungskräfte müssen in der Lage sein, Technologien auszuwählen und zu implementieren, die mit den Werten und Zielen des Unternehmens übereinstimmen, und sie müssen in der Lage sein, eine Kultur zu fördern, in der Technologien eingesetzt werden, um die kollektiven Fähigkeiten des Teams zu verbessern, anstatt sie zu behindern.

Bei der Technologie in der nicht-hierarchischen Führung geht es nicht nur um die Werkzeuge selbst, sondern auch darum, wie sie in die täglichen Arbeitsabläufe integriert werden, damit die Teams effektiver und kohärenter an ihren gemeinsamen Zielen arbeiten können.

Die Skalierung einer Organisation bei gleichzeitiger Beibehaltung einer flachen Struktur stellt eine besondere Herausforderung dar. Wenn Unternehmen wachsen, können die informellen, engmaschigen Kommunikationskanäle und Entscheidungsprozesse, die in kleineren Unternehmen gut funktionieren, unter Druck geraten. Um effektiv skalieren zu können, müssen Unternehmen neue Praktiken entwickeln, die die Kernelemente einer nicht-hierarchischen Kultur bewahren und gleichzeitig der zunehmenden Komplexität Rechnung tragen.

Ein Ansatz besteht darin, kleinere, autonome Teams oder Einheiten innerhalb der Organisation zu schaffen, die mit eigener Entscheidungsbefugnis arbeiten. Diese modulare Struktur kann das Gefühl einer kleineren Organisation beibehalten, während die größere Einheit von Größenvorteilen profitieren kann. Jede Einheit fungiert als eigener Knotenpunkt innerhalb des größeren Netzwerks und ist befugt, Entscheidungen zu treffen, die für ihr Geschäftssegment am besten geeignet sind.

Um ein Gleichgewicht zwischen Skalierbarkeit und der Beibehaltung einer nicht-hierarchischen Kultur zu schaffen, stützen sich Organisationen oft auf eine Reihe von Grundwerten und einen klaren Auftrag, der als Prüfstein für die Entscheidungsfindung auf allen Ebenen dient. Diese kulturellen Anker tragen dazu bei, dass alle Teammitglieder die übergeordneten Ziele und die Grundsätze, nach denen Entscheidungen getroffen werden, verstehen, auch wenn die Organisation wächst.

Die Entwicklung von Führungskräften innerhalb der Organisation ist ebenfalls von entscheidender Bedeutung. Mit zunehmender Größe des Unternehmens nimmt der Bedarf an Führungskräften nicht ab, aber die Form, in der sie eingesetzt werden, kann sich ändern. Anstatt sich auf einige wenige Personen an der Spitze zu verlassen, wird die Führung im gesamten Unternehmen kultiviert, wobei viele Teammitglieder in der Lage sind, bei Bedarf Führungsaufgaben zu übernehmen.

Ein weiteres Schlüsselelement ist die Einführung von Systemen und Prozessen, die die Zusammenarbeit und den

Informationsfluss erleichtern, ohne Bürokratie zu schaffen. Dazu kann die Nutzung von Technologieplattformen gehören, die eine verteilte Entscheidungsfindung unterstützen, sowie die Einführung von Normen und Ritualen, die die Kommunikationskanäle offen und transparent halten.

Feedback-Mechanismen, die sowohl horizontal als auch vertikal funktionieren, können zur Aufrechterhaltung eines nicht-hierarchischen Ethos beitragen. Diese Mechanismen stellen sicher, dass Erkenntnisse und Kritik ungehindert durch die Organisation fließen können, was eine kontinuierliche Verbesserung und Anpassung ermöglicht.

In einer skalierenden, nicht-hierarchischen Organisation ist Agilität das A und O. Die Organisation muss in der Lage sein, schnell zu reagieren und sich anzupassen, was ein hohes Maß an Koordination und Vertrauen zwischen den Teammitgliedern erfordert. Anstatt sich auf Weisungen von oben zu verlassen, muss die Organisation in der Lage sein, neue Initiativen und Strategien durch ein gemeinsames Verständnis und die Ausrichtung auf den Unternehmenszweck zu mobilisieren.

Eine nicht-hierarchische Skalierung ist zwar komplex, kann aber zu einer widerstandsfähigen und anpassungsfähigen Organisation führen, die in der Lage ist, in einem sich schnell verändernden Geschäftsumfeld erfolgreich zu sein. Der Schlüssel liegt im Aufbau einer starken Kultur, in der Entwicklung interner Führungskompetenzen, in der Implementierung effektiver Kommunikations- und Kooperationssysteme und in der Aufrechterhaltung der Agilität, um sich an neue Herausforderungen und Chancen anzupassen.

In einer nicht-hierarchischen Organisation wird die Entwicklung von Führungskräften zu einem Eckpfeiler des Erfolgs. Traditionelle Schulungsprogramme, die den Einzelnen auf Rollen innerhalb einer klar definierten Unternehmensleiter vorbereiten, reichen nicht aus. Stattdessen verlagert sich der Schwerpunkt auf die Entwicklung einer breiten Basis von Mitarbeitern, die in der Lage sind, Initiativen zu leiten, Veränderungen voranzutreiben und Projekte zu managen, unabhängig von ihrer Position innerhalb des Unternehmens.

Die Schulungsprogramme sind so konzipiert, dass sie alle einbeziehen und auf jeder Ebene Möglichkeiten zum Lernen und Wachsen bieten. Diese Initiativen betonen Fähigkeiten wie kritisches Denken, emotionale Intelligenz und die Fähigkeit zur Zusammenarbeit. Sie unterstreichen auch die Bedeutung eines starken Verständnisses des Auftrags und der Werte der Organisation, die die Entscheidungsfindung in Abwesenheit starrer hierarchischer Weisungen leiten.

Anpassungsfähigkeit ist ein weiterer Schwerpunkt der Führungskräfteentwicklung in diesen Bereichen. Führungskräfte werden darin geschult, mit Veränderungen effektiv umzugehen, mit Unklarheiten umzugehen und schnell auf neue Informationen oder veränderte Umstände zu reagieren. Diese Anpassungsfähigkeit erstreckt sich auch darauf, zu lernen, wie man Innovation in Teams fördert und eine Kultur des Experimentierens und der Risikobereitschaft unterstützt.

Kontinuierliches Lernen ist in die Struktur des Unternehmens eingebettet. Lernmöglichkeiten sind keine einmaligen Ereignisse, sondern fortlaufende Prozesse, die durch Aktivitäten wie Peer-Coaching, Mentorenprogramme und gemeinschaftliche Problemlösungsaufgaben in den Arbeitsalltag integriert werden. Auch hier spielt die Technologie eine Rolle: Digitale Plattformen bieten personalisierte Lernpfade und Zugang zu einer breiten Palette von Ressourcen und Schulungsmodulen.

Durch die Entwicklung von Führungskompetenzen in der gesamten Organisation kann eine nicht-hierarchische Struktur ein breites Spektrum von Talenten und Perspektiven nutzen. Dieser Ansatz fördert ein dynamisches Umfeld, in dem die Mitarbeiter befähigt werden, von jedem Ort aus zu führen, und stellt sicher, dass Führung eine Funktion der Fähigkeiten und des situativen Bedarfs und nicht der Position ist.
Die Entwicklungsinitiativen legen den Schwerpunkt auf erfahrungsbasiertes Lernen, bei dem den Führungskräften nicht

nur theoretische Konzepte vermittelt werden, sondern sie auch die Möglichkeit erhalten, diese Konzepte in der Praxis anzuwenden. Simulationen, projektbasiertes Lernen und rotierende Aufgaben ermöglichen es den angehenden Führungskräften, ihre Fähigkeiten in realen Szenarien zu entwickeln und zu verfeinern.

Führung in einer nicht-hierarchischen Zukunft erfordert auch ein Verständnis dafür, wie man vielfältige Teams führt und wie man die Stärken einer generationsübergreifenden Belegschaft nutzen kann. Entwicklungsprogramme beinhalten daher Komponenten zu kultureller Kompetenz und Vielfalt, Gleichberechtigung und Integration, um sicherzustellen, dass Führungskräfte in einem globalen und vielfältigen Geschäftsumfeld erfolgreich sein können.

Die Förderung einer Kultur der Führungskräfteentwicklung, die sich an nicht-hierarchischen Werten orientiert, stellt sicher, dass die Führungskräfte bei Wachstum und Entwicklung des Unternehmens darauf vorbereitet sind, es mit Visionen, Flexibilität und einem tiefen Engagement für den kollektiven Erfolg des Teams zu führen.

Die abschließende Betrachtung der nicht-hierarchischen Führung macht deutlich, dass dieser Ansatz die Zukunft der Arbeit maßgeblich beeinflussen wird. Die nicht-hierarchische Führung mit ihrem Schwerpunkt auf fließenden Rollen, geteilter Verantwortung und kollektiver Entscheidungsfindung stellt eine Abkehr von herkömmlichen Managementmodellen dar und bietet einen Entwurf für agilere und reaktionsfähigere Organisationen.

Die Auswirkungen einer nicht-hierarchischen Führung gehen über die internen Prozesse hinaus und prägen die breitere Organisationsidentität. Sie kann zu innovativeren Ergebnissen führen, da verschiedenen Ideen und Perspektiven der Raum gegeben wird, sich ohne die Barrieren des Ranges zu befruchten. Darüber hinaus steht dieser Ansatz in engem Einklang mit den Werten und Erwartungen der jüngeren Generationen, die in das Berufsleben eintreten und die Wert auf sinnvolle Arbeit, Autonomie und eine Kultur der Zusammenarbeit legen.

Der Übergang zu einem solchen Modell ist nicht ohne Herausforderungen. Traditionelle Strukturen und Denkweisen können sich dem Übergang zu einer verteilten Führung widersetzen. Es kann eine Lernkurve geben, während sich Mitglieder auf allen Ebenen an die Übernahme von Führungsaufgaben gewöhnen und die Organisation das richtige Gleichgewicht zwischen Anleitung und Autonomie findet.

Während sich die Unternehmen auf diese Herausforderungen vorbereiten, müssen sie auch die Chancen nutzen, die eine nicht-hierarchische Führung bietet. Der Schlüssel zum Erfolg wird darin liegen, ein Umfeld zu schaffen, das ständiges Lernen und Flexibilität fördert. Die Unternehmen müssen in umfassende Schulungs- und Weiterbildungsmaßnahmen investieren, die die Mitarbeiter dazu befähigen, unabhängig von ihrem offiziellen Titel die Initiative zu ergreifen und zu führen.

Die Führungsdynamik wird sich weiter entwickeln, und Anpassungsfähigkeit wird unerlässlich sein. Das nicht-hierarchische Modell muss belastbar genug sein, um neue Erkenntnisse zu integrieren und seine Praktiken im Laufe der Zeit zu verfeinern. Dazu gehört auch die Offenheit für hybride Modelle, die Elemente der Hierarchie mit der Flexibilität flacherer Strukturen kombinieren können.

Die Zukunft der Führung in nicht-hierarchischen Organisationen verspricht einen demokratischeren und dynamischeren Arbeitsplatz. Wenn sich dieser Ansatz durchsetzt, hat er das Potenzial, nicht nur die Art und Weise, wie Organisationen geführt werden, sondern auch wie sie in einer zunehmend komplexen und vernetzten Welt erfolgreich sind, neu zu definieren. Die abschließende Botschaft dieses Kapitels ist optimistisch und ein Aufruf zum Handeln: Führungskräfte sollten sich die Prinzipien der Nicht-Hierarchie zu eigen machen und an vorderster Front eine Zukunft gestalten, in der Führung zugänglich, integrativ und wirkungsvoll ist.

Kapitel 8: Visionen von morgen - Führen für die Zukunft

Die Führungslandschaft befindet sich in einem tiefgreifenden Wandel, der durch das unerbittliche Tempo des Wandels, das die heutige Zeit kennzeichnet, vorangetrieben wird. Fortschritte in der Technologie, Verschiebungen in der globalen Wirtschaftsmacht, sich entwickelnde soziale Normen und die sich beschleunigende Innovationsrate sind nur einige Faktoren, die zu einer Dynamik beitragen, die zunehmend komplex und unvorhersehbar ist.

In diesem Umfeld stellen die Führungskräfte fest, dass das traditionelle Modell von Befehl und Kontrolle weniger effektiv ist. Die Zukunft verlangt nach einer Generation von Führungskräften, die mit Unsicherheiten umgehen können und in der Lage sind, selbstständig zu denken. Sie müssen mit Mehrdeutigkeit umgehen können und in der Lage sein, verschiedene Informationsströme zusammenzufassen, um schnell fundierte Entscheidungen zu treffen.

Um die Fähigkeiten und Denkweisen für künftige Herausforderungen zu antizipieren, ist eine vorausschauende Perspektive erforderlich. Führungskräfte müssen ein robustes Bündel von Kompetenzen kultivieren, das die Hard Skills Geschäftssinn und technologische Kompetenz mit den Soft Skills Anpassungsfähigkeit, kulturelle Sensibilität und emotionale Intelligenz verbindet. Die Führungskraft der Zukunft ist nicht nur ein Entscheidungsträger, sondern auch ein Visionär, der sein Unternehmen durch unbekannte Gebiete führen kann.

Die Führungskräfte müssen sich auch zu kontinuierlichem Lernen verpflichten. Die Schnelligkeit des Wandels sorgt dafür, dass die Haltbarkeit von Fertigkeiten immer kürzer wird. Daher sind eine wachstumsorientierte Denkweise und eine Leidenschaft für lebenslanges Lernen von größter Bedeutung. Führungskräfte, die in ihre persönliche Entwicklung investieren und sich über Trends auf dem Laufenden halten, sind in der Lage, sich selbst und ihr Unternehmen so zu positionieren, dass sie die Chancen nutzen und die Komplexität der Zukunft meistern können.

Um in diesem sich wandelnden Kontext effektiv zu führen, ist es entscheidend, nicht nur die Trends in Technologie und Wirtschaft zu antizipieren, sondern auch die Veränderungen der gesellschaftlichen Werte und Erwartungen. Künftige Herausforderungen werden durch den Bedarf an Transparenz, Nachhaltigkeit und Inklusivität gekennzeichnet sein. Von Führungskräften wird erwartet, dass sie ein Umfeld fördern, in dem Innovation gedeiht, Vielfalt gefeiert wird und ethische Praktiken die Norm sind.

Die Einführung in die zukünftige Führung schafft die Voraussetzungen für eine Erkundung der neuen Kompetenzen und Perspektiven, die eine effektive Führung in den kommenden Jahren ausmachen werden. Sie erfordert ein erweitertes Instrumentarium - eine Kombination aus Weitsicht, Flexibilität und einem unerschütterlichen Engagement, andere mit einer klaren Vision und einer ruhigen Hand durch die Wellen des Wandels zu führen.

Führungspersönlichkeiten, die sich im Laufe der Zeit bewährt haben, zeichnen sich durch eine ganz wesentliche Eigenschaft aus: Anpassungsfähigkeit. Eine anpassungsfähige Führungskraft zeichnet sich dadurch aus, dass sie den Wandel nicht als gelegentliche Störung, sondern als ständige Kraft akzeptiert. Bei dieser Sichtweise auf den Wandel geht es nicht ums bloße Überleben, sondern darum, den Wandel als Katalysator für Wachstum und Innovation zu nutzen.

Agilität in der Führung bedeutet mehr als die Fähigkeit, schnell zu reagieren. Es geht darum, proaktiv eine Kultur zu fördern, in der Veränderungen antizipiert werden und Strategien fließend sind. Anpassungsfähige Führungskräfte zeichnen sich durch die

Bereitschaft aus, alte Paradigmen aufzugeben und neue Ideen anzunehmen, da sie wissen, dass das, was in der Vergangenheit funktioniert hat, für die Zukunft möglicherweise nicht mehr ausreicht.

Lernen spielt eine entscheidende Rolle bei der Entwicklung einer lernfähigen Führungskraft. Diese Führungskräfte betrachten den Lernprozess als fortlaufend und mehrdimensional, der über die formale Ausbildung hinausgeht und auch Erfahrungslernen, reflektierende Praktiken und den Wissensaustausch innerhalb ihrer Netzwerke umfasst. Sie lernen nicht nur schnell, sondern verlernen auch schnell veraltete Praktiken und erlernen neue Methoden, die ihre Teams und Organisationen voranbringen können.

Adaptive Leadership basiert auf Resilienz und der Fähigkeit, Rückschlägen mit einer konstruktiven Einstellung zu begegnen. Adaptive Führungskräfte nutzen Herausforderungen als Sprungbrett für Verbesserungen und sind geschickt darin, ihre Teams durch die Höhen und Tiefen der organisatorischen Reise zu führen.

Anpassungsfähigkeit bedeutet auch, anzuerkennen, dass die Führung selbst von vielen Ebenen innerhalb einer Organisation ausgehen kann. Anpassungsfähige Führungskräfte ermutigen alle Mitglieder ihrer Teams zu Eigeninitiative und Führungsstärke und sind sich bewusst, dass die nächste bahnbrechende Idee von jeder Ebene des Unternehmens kommen kann. Sie investieren in die Entwicklung des Führungspotenzials ihrer Mitarbeiter und fördern ein Umfeld, in dem sich jeder befähigt fühlt, aktiv zu werden und zum Erfolg des Unternehmens beizutragen.

Die adaptive Führungskraft ist ein lebenslang Lernender, ein Verfechter der Flexibilität und ein Kultivator der Widerstandsfähigkeit. Ihre Führung zeichnet sich durch einen vorausschauenden Ansatz aus, der sich nicht nur an die Zukunft anpasst, sondern diese auch vorwegnimmt und gestaltet.

Von Führungskräften in der heutigen Zeit wird erwartet, dass sie ein solides Verständnis für aufkommende Technologien und ihre potenziellen Auswirkungen auf die Branche und die organisatorischen Prozesse haben. Diese technologischen Kenntnisse ermöglichen es den Führungskräften, fundierte Entscheidungen über die Integration digitaler Tools zu treffen und ihre Organisationen effektiv durch die digitale Transformation zu steuern.

Zu den Aufgaben einer Führungskraft gehört es, nicht nur die funktionalen Aspekte der Technologie zu verstehen, sondern auch den strategischen Wert zu erkennen, den sie bringen kann. Führungskräfte müssen mit den neuesten Technologietrends wie künstlicher Intelligenz, Blockchain und dem Internet der Dinge (IoT) vertraut sein und überlegen, wie diese Innovationen vorantreiben, die Effizienz verbessern und neue Geschäftsmodelle schaffen können.

Bei der Integration digitaler Tools in die Führungspraxis geht es nicht nur um die Einführung von Technologie um ihrer selbst willen, sondern auch um die Nutzung dieser Tools zur Verbesserung der Entscheidungsfindung, zur Rationalisierung von Abläufen und zur Erleichterung einer besseren Kommunikation und Zusammenarbeit im gesamten Unternehmen. Dies könnte die Verwendung von Datenanalysen zur Gewinnung von Erkenntnissen für strategische Entscheidungen, den Einsatz von Projektmanagement-Software für eine bessere Teamkoordination oder die Nutzung von Social-Media-Plattformen für die Kommunikation mit Mitarbeitern, Kunden und Interessengruppen beinhalten.

Zur technologischen Kompetenz einer Führungskraft gehört auch das Bewusstsein für die Cybersicherheitslandschaft, das Erkennen von Bedrohungen und das Verständnis für die Maßnahmen, die zum Schutz der digitalen Vermögenswerte des Unternehmens erforderlich sind. Da die Technologie immer stärker in die Unternehmensstruktur integriert wird, müssen Führungskräfte der Sicherheit ihrer digitalen Infrastruktur Priorität einräumen.

Die technologische Kompetenz von Führungskräften erstreckt sich auch auf die Fähigkeit, eine Kultur zu fördern, die technologischen Veränderungen gegenüber aufgeschlossen ist. Führungskräfte müssen in der Lage sein, Teams durch den Einführungsprozess zu führen, was auch den Umgang mit dem Widerstand gegen Veränderungen beinhalten kann, der häufig mit der Einführung neuer Technologien einhergeht.

Die Führungskräfte der Zukunft müssen über eine globale Denkweise verfügen, die ein Verständnis und eine Wertschätzung unterschiedlicher kultureller Normen, Praktiken und Erwartungen voraussetzt. Diese Denkweise ist entscheidend für die Bewältigung der komplexen Probleme, die sich bei der Arbeit über Grenzen hinweg und bei der Führung unterschiedlicher Teams ergeben.

Eine globale Denkweise ermöglicht es Führungskräften, geografisch verstreute Teams effektiv zu managen und zu führen. Dazu gehört es, auf die Zeitzonenunterschiede, Kommunikationsstile und Arbeits- und Lebensnormen zu achten, die von Land zu Land unterschiedlich sind. Führungskräfte müssen die Technologie geschickt einsetzen, um die geografische Kluft zu überbrücken, und sicherstellen, dass die Tools für die Zusammenarbeit im Team und die digitalen Kommunikationsplattformen effektiv genutzt werden, um die Teams in Verbindung zu halten.

Die Bewältigung kulturübergreifender Komplexitäten erfordert auch ein tiefes Verständnis der kulturellen Dimensionen, die Geschäftspraktiken und Interaktionen am Arbeitsplatz beeinflussen. Führungskräfte müssen sich auf die Nuancen von indirekter und direkter Kommunikation, von hierarchischen und egalitären Arbeitsbeziehungen und von verschiedenen Ansätzen für Unsicherheit und Risikobereitschaft einstellen.

Bei der Führung vielfältiger Teams geht es nicht nur um die Bewältigung logistischer Herausforderungen, sondern auch um die Wertschätzung der unterschiedlichen Perspektiven, die ein vielfältiges Team in die Problemlösung und

Entscheidungsfindung einbringt. Führungskräfte müssen in der Lage sein, ein integratives Umfeld zu schaffen, in dem sich alle Teammitglieder respektiert fühlen und in dem ihre Beiträge wertgeschätzt werden.

Zu einer globalen Denkweise gehört auch ein Verständnis für globale Wirtschaftstrends, internationale Gesetze und Vorschriften sowie die soziopolitischen Faktoren, die die Wirtschaft beeinflussen. Führungskräfte mit einer globalen Perspektive können die möglichen Auswirkungen globaler Ereignisse und Veränderungen auf ihr Unternehmen vorhersehen und darauf reagieren.

Bei der Entwicklung einer globalen Denkweise profitieren Führungskräfte oft von internationalen Erfahrungen, wie z. B. der Arbeit im Ausland, der Teilnahme an globalen Projekten und der Zusammenarbeit mit multinationalen Teams. Diese Erfahrungen können Führungskräften dabei helfen, die interkulturellen Kompetenzen aufzubauen, die für eine erfolgreiche Führung in einer vernetzten Welt erforderlich sind.

Ethische Führung und soziale Verantwortung werden in der modernen Unternehmenslandschaft immer wichtiger. Dieser Trend wird durch die wachsende Erwartung von Verbrauchern, Mitarbeitern und der Gesellschaft im Allgemeinen gefördert, dass Unternehmen auf eine Art und Weise arbeiten, die Nachhaltigkeit, ethische Praktiken und soziale Auswirkungen in den Vordergrund stellt. Es geht darum, Entscheidungen zu treffen, die nicht nur dem Unternehmensergebnis zugute kommen, sondern auch die weiteren Auswirkungen auf die Stakeholder und die Umwelt mit einbeziehen. Das bedeutet, dass Führungskräfte die ethischen Auswirkungen ihres Handelns und des Handelns ihrer Organisation berücksichtigen müssen. Sie müssen sich für Praktiken einsetzen, die Fairness, Integrität und Respekt gegenüber den Menschen und dem Planeten fördern.

Nachhaltigkeit ist eine Schlüsselkomponente dieses Ansatzes, wobei die Führungskräfte sicherstellen müssen, dass ihre Geschäftspraktiken umweltverträglich sind und zu einem langfristigen ökologischen Gleichgewicht beitragen. Dies kann die Nutzung erneuerbarer Energiequellen, die Reduzierung von Abfällen und die Einführung nachhaltiger Praktiken in der Lieferkette beinhalten.

Der Aufbau von Vertrauen ist ebenfalls von entscheidender Bedeutung, insbesondere in einer Zeit, in der Transparenz erwartet wird und Informationen leicht verfügbar sind. Die Stakeholder haben heute mehr Zugang zu Informationen über Unternehmen als je zuvor, und sie machen die Unternehmen für ihr Handeln verantwortlich. Führungskräfte müssen daher in ihrer Tätigkeit und Kommunikation transparent sein und Ehrlichkeit und Verantwortlichkeit zeigen.

Die soziale Verantwortung geht über Umweltaspekte hinaus und umfasst auch die Auswirkungen der Unternehmenstätigkeit auf die Gesellschaft. Dies könnte Engagement in der Gemeinschaft, philanthropische Bemühungen oder Initiativen umfassen, die sich mit sozialen Fragen wie Ungleichheit oder Bildung befassen.

Innovation und Kreativität sind für Unternehmen von entscheidender Bedeutung, um auch in Zukunft wettbewerbsfähig und relevant zu bleiben. Führungskräfte spielen eine entscheidende Rolle bei der Förderung eines Umfelds, das neue Ideen und unkonventionelle Problemlösungsansätze begünstigt.

Um eine innovative Kultur zu fördern, müssen die Führungskräfte eine Atmosphäre schaffen, in der sich die Teammitglieder sicher fühlen, ihre Ideen zu äußern, ohne Angst vor Spott oder Bestrafung. Dazu gehört, dass sie einen offenen Dialog anregen, die Vielfalt des Denkens fördern und offen für neue Ideen sind.

Risikobereitschaft ist ein wesentlicher Bestandteil der Innovation. Führungskräfte sollten ihre Teams ermutigen, Neuland zu betreten und kühne Lösungen in Betracht zu ziehen. Dies könnte bedeuten, in neue Technologien zu investieren, mit neuen Geschäftsmodellen zu experimentieren oder unerprobte Produkte oder Dienstleistungen zu entwickeln.

In einer innovativen Kultur ist das Lernen aus Misserfolgen ebenso wichtig wie das Feiern von Erfolgen. Nicht jede Idee wird erfolgreich sein, aber aus jedem Versuch lassen sich wertvolle Lehren ziehen. Wenn ein Unternehmen analysiert, was schief gelaufen ist und warum, kann es Erkenntnisse gewinnen, die zu besseren Strategien und Innovationen in der Zukunft führen.

Damit sich die Kreativität wirklich entfalten kann, sollten die Führungskräfte ihren Teams auch die Ressourcen und die Zeit zur Verfügung stellen, die sie für die Entwicklung ihrer Ideen benötigen. Dies könnte bedeuten, dass sie Zeit für Brainstorming-Sitzungen vorsehen, Mittel für die Entwicklung von Prototypen bereitstellen oder Schulungen zu kreativen Denkmethoden anbieten.

Emotionale Intelligenz ist zu einem Eckpfeiler effektiver Führung geworden, insbesondere da sich die Arbeitswelt ständig weiterentwickelt. Führungskräfte mit hoher emotionaler Intelligenz sind in der Lage, ihre eigenen Emotionen sowie die anderer zu verstehen und zu steuern, was eine bessere Kommunikation, Konfliktlösung und Teamdynamik ermöglicht.

Zur Vertiefung der emotionalen Intelligenz gehören die Entwicklung des Selbstbewusstseins, das Erlernen der Emotionsregulierung und die Verbesserung der Fähigkeit, sich in andere einzufühlen. Führungskräfte müssen in der Lage sein, emotionale Signale zu erkennen und angemessen zu reagieren, was zu stärkeren Beziehungen und einem kohärenteren Teamumfeld führen kann.

Vor dem Hintergrund zunehmender Automatisierung und digitaler Interaktion ist es von entscheidender Bedeutung, den Menschen in den Mittelpunkt zu stellen. Die Führungskräfte müssen sicherstellen, dass die Technologie die menschlichen Elemente der Arbeit nicht ersetzt, sondern verbessert. Das Gleichgewicht zwischen Technologie und Menschlichkeit kann darin bestehen, dass digitale Werkzeuge eingesetzt werden, um Teammitgliedern Zeit für kreativere und zwischenmenschlichere Aktivitäten zu geben, bei denen der menschliche Kontakt unersetzlich ist.

Führungskräfte, die auf emotionale Intelligenz und menschliche Zuwendung Wert legen, können ihren Unternehmen helfen, die Komplexität einer technologiegesteuerten Welt zu bewältigen und gleichzeitig dafür sorgen, dass die Mitarbeiter engagiert, geschätzt und verstanden werden. Dieses Gleichgewicht ist entscheidend für die Schaffung eines Arbeitsplatzes, an dem Innovation gedeiht und die Mitarbeiter ihr volles Potenzial entfalten können.

Inklusivität und kooperative Führung spielen eine zentrale Rolle für den Erfolg moderner Unternehmen. Führungskräfte, die Vielfalt und Integration fördern, schaffen ein Umfeld, in dem eine Vielzahl von Perspektiven, Erfahrungen und Fähigkeiten anerkannt und geschätzt wird. Dieser Ansatz fördert die Kreativität, treibt Innovationen voran und führt zu einer effektiveren Problemlösung.

Integrative Führungskräfte arbeiten aktiv daran, eine Kultur zu schaffen, in der jeder das Gefühl hat, etwas beitragen zu können und dazuzugehören. Sie bemühen sich, unbewusste Vorurteile zu verstehen und abzuschwächen, sorgen für gerechte Wachstums- und Aufstiegschancen und würdigen Unterschiede als eine Quelle der Stärke.

Die kollaborative Führung geht über die traditionellen Top-down-Entscheidungsmodelle hinaus und bezieht Teammitglieder auf allen Ebenen in den Entscheidungsprozess ein. Durch die Nutzung der kollektiven Intelligenz können Führungskräfte das gesamte Spektrum an Talenten und Erkenntnissen innerhalb ihrer Organisation nutzen. Das bedeutet, dass Systeme und Praktiken geschaffen werden müssen, die die Beteiligung fördern und denjenigen eine Stimme geben, die sonst vielleicht übersehen würden.

Führungskräfte, die Inklusion und Zusammenarbeit in den Vordergrund stellen, fördern nicht nur ein positives und produktives Arbeitsumfeld, sondern sorgen auch für bessere Geschäftsergebnisse. Wenn Teams sich mehr befähigt und wertgeschätzt fühlen, ist es wahrscheinlicher, dass sie sich bei ihrer Arbeit engagieren und sich für den Erfolg des Unternehmens einsetzen. Diese Führungskräfte bereiten ihre Organisationen darauf vor, in einer vielfältigen und vernetzten Welt zu gedeihen.

Die Entwicklung künftiger Führungskräfte ist eine wesentliche Strategie, um den langfristigen Erfolg und die Nachhaltigkeit eines Unternehmens zu sichern. Vorausschauende Führungskräfte investieren Zeit und Ressourcen in die Erkennung und Förderung des Potenzials in ihren Teams.

Mentoring und Coaching sind zwei wichtige Methoden zur Förderung von Führungskompetenzen. Erfahrene Führungskräfte übernehmen eine Mentorenrolle, indem sie weniger erfahrenen Kollegen Ratschläge erteilen, ihr Wissen weitergeben und ihnen Feedback geben. Diese Beziehung hilft aufstrebenden Führungskräften, die Nuancen der Führung im Kontext ihrer Organisation zu verstehen.

Coaching ist oft strukturierter und zielgerichteter als Mentoring und konzentriert sich auf die Entwicklung spezifischer Kompetenzen und Leistungsverbesserungen. Es ist auf die Bedürfnisse des Einzelnen zugeschnitten, wobei der Schwerpunkt eindeutig auf der Entwicklung seiner Fähigkeit liegt, effektiv zu führen.

Die Schaffung von Führungswegen bedeutet, dass klare und zugängliche Wege für die Entwicklung und den Aufstieg des Einzelnen geschaffen werden. Dazu können Schulungsprogramme für Führungskräfte, funktionsübergreifende Projektmöglichkeiten oder Hospitationen und Rotationseinsätze gehören, die es angehenden Führungskräften ermöglichen, ein breites Spektrum an Erfahrungen zu sammeln.

Durch die aktive Entwicklung künftiger Führungskräfte stellt eine Organisation sicher, dass sie über eine Pipeline talentierter, gut vorbereiteter Personen verfügt, die bereit sind, bei Bedarf eine Führungsrolle zu übernehmen. Diese Strategie kommt nicht nur den Personen zugute, die die Möglichkeit erhalten, sich weiterzuentwickeln, sondern stärkt auch die Anpassungs- und

Innovationsfähigkeit der Organisation angesichts künftiger Herausforderungen.

Die Führungskraft als Visionär ist von zentraler Bedeutung, wenn es darum geht, eine Organisation in eine erfolgreiche Zukunft zu führen. Eine solche Führungspersönlichkeit entwirft und kommuniziert eine überzeugende Vision, die als Nordstern für die Organisation fungiert, die Entscheidungsfindung lenkt und den täglichen Bemühungen der Mitglieder einen Sinn gibt.

Bei der Entwicklung einer Vision geht es darum, sich einen wünschenswerten zukünftigen Zustand vorzustellen, der sowohl erstrebenswert als auch realisierbar ist. Sie erfordert ein tiefes Verständnis der Fähigkeiten der Organisation, der Bedürfnisse und Wünsche ihrer Stakeholder und der Dynamik des Umfelds, in dem sie tätig ist.

Sobald die Vision feststeht, besteht die Herausforderung für die Führungskraft darin, zum Handeln und zum Engagement zu inspirieren. Dazu muss sie die Vision in nachvollziehbare und umsetzbare Begriffe übersetzen, die beim Team Anklang finden. Es bedeutet, eine Geschichte zu erzählen, die mit den Werten und Bestrebungen der Mitarbeiter übereinstimmt und sicherstellt, dass sie ihre eigene Rolle im Kontext des größeren Ganzen sehen.

Um die Dynamik in Richtung langfristiger Ziele aufrechtzuerhalten, bekräftigen visionäre Führungskräfte ihre Vision kontinuierlich. Sie feiern Meilensteine, die auf Fortschritte hinweisen, und bleiben flexibel, indem sie die Vision bei Bedarf an veränderte Umstände anpassen, ohne dabei die Endziele aus den Augen zu verlieren.

Visionäre Führung erfordert ständige Energie und Leidenschaft, denn die Führungskraft muss der wichtigste Fürsprecher für die Vision sein und jede Kommunikation und Entscheidung mit einem Sinn für das Ziel versehen. Wenn sie erfolgreich ist, schafft sie ein gemeinsames Gefühl der Bestimmung innerhalb der Organisation und motiviert die Mitarbeiter, gemeinsam auf eine gemeinsame Zukunft hinzuarbeiten.

Resilienz und Wohlbefinden sind entscheidende Komponenten einer effektiven Führung, vor allem in einer Zeit, in der Führungskräfte mit einem immer schnelleren Wandel und einer Landschaft voller Ungewissheiten konfrontiert sind.

Bei der Bewältigung von Stress und Ungewissheit geht es nicht nur um die Bewältigung, sondern auch um das Gedeihen inmitten von Herausforderungen. Führungskräfte geben den Ton für Resilienz an, indem sie ein gesundes Stressmanagement-Verhalten vorleben. Sie erkennen ihre Schwachstellen an und zeigen, dass es nicht nur akzeptabel, sondern sogar notwendig ist, sich Zeit für Erholung und Reflexion zu nehmen, um eine nachhaltige Leistung zu erzielen.

Zur Entwicklung der persönlichen Resilienz gehören Selbsterkenntnis, emotionale Regulierung und die Fähigkeit, sich von Rückschlägen zu erholen. Sie erfordert ein Engagement für das persönliche Wohlbefinden durch ausreichende Ruhe, Ernährung, Bewegung und Achtsamkeitsübungen. Wenn Führungskräfte diesen Elementen Priorität einräumen, können sie ihre geistige Klarheit und emotionale Stabilität bewahren.

Organisatorische Resilienz geht über die einzelne Führungskraft hinaus und ist in die Kultur des Arbeitsplatzes eingebettet. Es geht darum, ein Umfeld zu schaffen, das die Anpassungsfähigkeit, das Lernen und die psychologische Sicherheit fördert, in dem sich die Teammitglieder sicher fühlen, wenn es darum geht, Risiken zu bewältigen und Bedenken zu äußern. Unterstützt wird dies durch Maßnahmen, die die Vereinbarkeit von Beruf und Privatleben, kontinuierliches Lernen und offene Kommunikation fördern.

Führungskräfte spielen eine Schlüsselrolle bei der Förderung einer resilienten Kultur, indem sie kollaborative Bemühungen, Einfallsreichtum und Innovation fördern und anerkennen. Indem sie diese Verhaltensweisen wertschätzen, fördern sie eine resiliente Denkweise in der gesamten Organisation, die es sowohl dem Einzelnen als auch dem Kollektiv ermöglicht, sich von Widrigkeiten zu erholen und aus den gewonnenen Erkenntnissen

Kapital zu schlagen, um stärker und fähiger für künftige Herausforderungen zu werden.

Erzählungen von Führungskräften sind mächtige Werkzeuge für die Gestaltung der Zukunft und die Ausarbeitung von Geschichten, die Menschen inspirieren und mobilisieren können, um positive Veränderungen zu bewirken.

Die Stärke des Geschichtenerzählens in der Führung liegt in seiner Fähigkeit, Menschen auf einer emotionalen Ebene anzusprechen. Eine fesselnde Erzählung kann Zweck, Werte und Visionen auf eine Art und Weise vermitteln, die sich tief einprägt und abstrakte Konzepte greifbar und nachvollziehbar macht. Gute Geschichten haben die Fähigkeit, sich im Gedächtnis zu verankern und das Denken und Handeln noch lange nach dem Erzählen zu beeinflussen.

Führungskräfte nutzen Narrative, um;

- Identität definieren: Geschichten tragen dazu bei, unsere Identität als Organisation oder Gemeinschaft zu festigen und unsere kollektive Identität und unseren Zweck zu verdeutlichen.

- Visionen schaffen: Führungskräfte nutzen Geschichten, um ein Bild von der Zukunft zu zeichnen, die sie sich vorstellen, um sie lebendiger und erstrebenswerter zu machen.

- Werte kommunizieren: Geschichten sind ein ansprechender Weg, um die Werte, die dem Leiter und der Gruppe wichtig sind, zu stärken.

- Den Wandel vorantreiben: Indem sie eine Geschichte rund um den Wandel entwerfen, können Führungskräfte Widerstände abbauen und die Vorteile neuer Vorgehensweisen verdeutlichen.

- Sinn stiften: In Zeiten der Krise oder Verwirrung können Geschichten Sinn stiften und den Menschen helfen, ihre Rolle im Gesamtbild zu verstehen.

- Förderung der Verbindung: Das Erzählen persönlicher Geschichten kann Vertrauen und eine Verbindung zwischen Führungskräften und Anhängern aufbauen, Barrieren abbauen und den Führungsprozess menschlicher gestalten.

Die Gestaltung von Erzählungen, die einen positiven Wandel vorantreiben, umfasst einige wichtige der folgenden Elemente;

- Authentizität: Die Geschichte muss echt sein und die wahren Werte und Erfahrungen der Führungskraft und der Organisation widerspiegeln.

- Klarheit: Eine klare und konzentrierte Erzählung ist wirksamer als eine zu komplexe oder zweideutige.

- Nachvollziehbarkeit: Die Geschichten sollten so gestaltet sein, dass sich das Publikum in ihnen wiederfindet, so dass sie für seine Erfahrungen und Wünsche relevant sind.

- Inspirierend: Die Erzählung sollte zum Handeln anregen und das Potenzial für ein positives Ergebnis aufzeigen, auch wenn der Weg dorthin schwierig ist.

- Einprägsam: Eine gute Geschichte ist leicht zu merken und nachzuerzählen, so dass die Kernbotschaft weithin verbreitet wird.

Eine gut ausgearbeitete Führungserzählung dient als Katalysator für Veränderungen, indem sie eine gemeinsame Sprache und einen Rahmen für kollektives Handeln im Hinblick auf eine gemeinsame Vision bietet. Es geht nicht nur darum, vergangene Ereignisse zu schildern, sondern einen Weg in die Zukunft aufzuzeigen, dem andere gerne folgen möchten.

Strategische Vorausschau ist eine Disziplin, bei der es darum geht, mögliche Zukünfte zu antizipieren, um Führungskräfte in die Lage zu versetzen, sich vorzubereiten und Ergebnisse proaktiv statt reaktiv zu gestalten. Dazu gehört das Verständnis von Trends, Unsicherheiten und möglichen bedeutenden Veränderungen, die sich auf Organisationen und Gesellschaften auswirken könnten.

Führungspersönlichkeiten mit strategischer Weitsicht konzentrieren sich nicht nur auf die wahrscheinliche Zukunft, sondern berücksichtigen eine Reihe möglicher Zukünfte. Diese breite Perspektive hilft dabei, Chancen und Risiken zu erkennen, die sonst vielleicht übersehen würden. Sie befassen sich mit der Szenarienplanung, d. h. sie entwerfen detaillierte Erzählungen über die Zukunft, die auf verschiedenen Annahmen darüber beruhen, wie sich die aktuellen Trends entwickeln könnten. Diese Szenarien sind keine Vorhersagen, sondern dienen dazu, das Denken und die Planung auf ein breiteres Spektrum von Möglichkeiten auszudehnen.

Zukunftssicherungsstrategien sind ebenfalls ein wichtiger Aspekt der strategischen Vorausschau. Bei diesen Strategien geht es darum, Maßnahmen zu ergreifen, die sicherstellen, dass ein Unternehmen künftigen Herausforderungen gewachsen ist und in einem sich rasch verändernden Umfeld erfolgreich bestehen kann. Dazu können Investitionen in neue Technologien, die Diversifizierung von Produktlinien, die Entwicklung neuer Fähigkeiten innerhalb der Belegschaft oder die Änderung von Organisationsstrukturen gehören.

Die Einbeziehung der strategischen Vorausschau in die Führungspraxis erfordert eine Verlagerung von der Konzentration auf kurzfristige Ergebnisse hin zu einem längerfristigen, flexibleren Ansatz. Dazu müssen Führungskräfte neugierig und aufgeschlossen sein und mit Komplexität und Mehrdeutigkeit umgehen können. Außerdem müssen sie ausgezeichnete Kommunikatoren sein, die in der Lage sind, eine Vision für die Zukunft zu formulieren, die für die Beteiligten auf allen Ebenen überzeugend und motivierend ist.

Bei der strategischen Vorausschau geht es um die Schaffung einer zukunftsorientierten Denkweise innerhalb einer Organisation. Sie fördert eine Kultur, in der das Vorausdenken Teil der täglichen Entscheidungsprozesse ist und in der ständig nach Innovation und strategischer Erneuerung gestrebt wird. Diese proaktive Haltung ermöglicht es Führungskräften und Organisationen, nicht nur zu überleben, sondern die Zukunft zu gestalten und erfolgreich zu sein.

Lebenslanges Lernen ist ein unverzichtbarer Bestandteil von Führungsqualitäten, insbesondere in einer Welt, die sich in einem noch nie dagewesenen Tempo weiterentwickelt. Es bezieht sich auf das kontinuierliche Streben nach Wissen und Fähigkeiten während des gesamten Lebens einer Person, oft über die traditionelle Schulbildung hinaus. Für Führungskräfte ist diese Verpflichtung zur ständigen Weiterbildung und Selbstverbesserung von entscheidender Bedeutung, um sich an neue Herausforderungen, Technologien und gesellschaftliche Veränderungen anpassen zu können.

Lebenslanges Lernen bedeutet, dass man sich ein hohes Maß an Neugierde und den Eifer bewahrt, neue Ideen, Methoden und Kulturen zu erforschen. Das bedeutet, dass Führungskräfte niemals statisch sind, sondern immer danach streben, ihren Horizont zu erweitern und ihr Fachwissen zu verfeinern. Diese Einstellung ermutigt sie, viel zu lesen, sich mit verschiedenen Wissensgebieten zu beschäftigen und im weitesten Sinne des Wortes Studenten zu bleiben.

Kontinuierliches Lernen ermöglicht es Führungskräften, Branchentrends voraus zu sein, Chancen zu erkennen und potenziellen Bedrohungen vorzubeugen. Es fördert Kreativität und Innovation, denn gut informierte Führungskräfte können bei der Lösung von Problemen auf ein breites Spektrum von Ressourcen und Erkenntnissen zurückgreifen.

Zur Nutzung der Kraft des lebenslangen Lernens gehört auch die Bereitschaft, Zeit in die persönliche Entwicklung zu investieren, Workshops und Seminare zu besuchen, an beruflichen

Netzwerken teilzunehmen und sich über die neuesten Entwicklungen in ihrem Bereich auf dem Laufenden zu halten. Darüber hinaus geht es darum, ein Umfeld zu schaffen, in dem auch die Teammitglieder ermutigt werden, sich weiterzuentwickeln und zu lernen, und so eine Unternehmenskultur zu schaffen, in der Wissen und Verbesserung geschätzt werden.

Führungskräfte, die dem lebenslangen Lernen Priorität einräumen, sind besser in der Lage, die Komplexität ihrer Aufgaben zu bewältigen und ihre Teams zu inspirieren. Sie leben das Verhalten eines Lernenden vor und zeigen, dass Kompetenz nicht nur aus der Anhäufung von Wissen besteht, sondern aus der kontinuierlichen Anwendung des Gelernten in praktischer, wirkungsvoller Weise. Indem sie sich auf diesen Weg begeben, können Führungskräfte die Beweglichkeit und Intelligenz kultivieren, die ihnen in einer unsicheren Zukunft von Nutzen sein werden.

Die Schlussfolgerung von "Leadership Reimagined" beschreibt die transformative Reise der Führung, die sich an die Unwägbarkeiten der Zukunft anpasst. Wir haben den dynamischen Charakter der Führung hervorgehoben, die niemals konstant bleibt, sondern sich unter dem Einfluss sozialer, technologischer und wirtschaftlicher Kräfte ständig neu formt.

Sie betonte auch, dass das Wesen der Führung - andere zu inspirieren und zu einem gemeinsamen Ziel zu führen - zwar unverändert bleibt, die Methoden und Ansätze sich jedoch weiterentwickeln müssen. Führungskräfte müssen agil sein, Veränderungen vorhersehen und sich an sie anpassen können, neue Technologien und Methoden nutzen und gleichzeitig die zeitlosen Grundsätze ethischen Verhaltens und sozialer Verantwortung aufrechterhalten.

In Anbetracht der Tatsache, dass die Lernkurve von Führungskräften nie ein Plateau erreicht, wird in der Schlussfolgerung darauf hingewiesen, dass die Zukunft unbekannte Herausforderungen und Chancen bieten wird. Das

Engagement für lebenslanges Lernen, Anpassungsfähigkeit und Inklusivität werden die Markenzeichen einer effektiven zukünftigen Führung sein.

Das Kapitel schließt mit einem proaktiven Aufruf zum Handeln für derzeitige und aufstrebende Führungskräfte, ihre Rollen neu zu definieren, mit Empathie und Weitsicht zu führen und sich und ihre Organisationen auf die Zukunft vorzubereiten. Indem sie sich für Innovation, ethisches Verhalten und Widerstandsfähigkeit einsetzen, werden Führungskräfte die Zukunft steuern und gestalten und sicherstellen, dass ihre Organisationen mehr als nur überleben - sie werden in den sich entwickelnden Landschaften von morgen gedeihen.

Kapitel 9: Die befähigte Führungskraft - sich selbst und andere kultivieren

Empowerment ist ein Eckpfeiler der modernen Führung, der sowohl für das persönliche Wachstum als auch für die Entwicklung des Teams entscheidend ist. Sie geht über das Delegieren von Aufgaben hinaus und fördert ein Umfeld, in dem Führungskräfte und Mitarbeiter gleichermaßen ermutigt werden, die Verantwortung zu übernehmen, Entscheidungen zu treffen und selbstbewusst zu innovieren.

In der Einleitung zu diesem Kapitel geht es um das Wesentliche der befähigten Führung. Wir entschlüsseln die verschiedenen Ebenen der Befähigung und legen einen Plan für Maßnahmen und eine Denkweise fest, die einer proaktiven Führung förderlich sind. Die Befähigung manifestiert sich auf zweierlei Weise: Sie beginnt mit der Selbstbefähigung, bei der die Führungskräfte das nötige Selbstvertrauen und die Fähigkeit entwickeln, fundierte Entscheidungen zu treffen und Eigenverantwortung zu zeigen. Gleichzeitig geht es darum, andere zu ermächtigen und Teammitglieder in die Lage zu versetzen, eigenständig zu arbeiten, ihr Bestes beizutragen und gleichzeitig ihre Führungsfähigkeiten zu entwickeln.

Wir werden die Mechanismen untersuchen, mit denen Führungskräfte Vertrauen und Unabhängigkeit einflößen und die organisatorische Dynamik verändern können, um Kreativität zu entfachen, Innovation voranzutreiben und ein echtes Gefühl der Investition in Ergebnisse zu fördern. Empowered Leadership geht über die traditionellen Grenzen der hierarchischen Führung hinaus und positioniert die Führungskraft als Vermittler, der Potenziale freisetzt und sinnvolle Veränderungen vorantreibt.

Dieses Eröffnungssegment verspricht, die zentrale Rolle zu verdeutlichen, die Empowerment in der heutigen Führung spielt, und den Ton für eine tiefere Untersuchung darüber anzugeben, wie man aktiv eine Kultur des Empowerments in jeder Organisation aufbauen und aufrechterhalten kann.

Empowered Leadership bezieht sich auf einen Führungsstil, der darauf abzielt, ein Umfeld zu schaffen, in dem Teammitglieder über die Autonomie, die Ressourcen, die Fähigkeiten und die Unterstützung verfügen, die sie benötigen, um Entscheidungen zu treffen und effektiv zur Ausrichtung und zum Erfolg des Unternehmens beizutragen. Es handelt sich dabei um eine Form der Führung, bei der die Verteilung von Macht und Entscheidungsbefugnissen innerhalb der Organisation im Vordergrund steht.

Dieser Führungsansatz beinhaltet:

- Eigenständigkeit: Ermächtigung der Teammitglieder, in ihrem Zuständigkeitsbereich eigene Entscheidungen zu treffen.

- Entwicklung von Fertigkeiten: Bereitstellung der erforderlichen Schulungs- und Entwicklungsmöglichkeiten für Teammitglieder, damit sie effektiv und unabhängig arbeiten können.

- Zugang zu Ressourcen: Sicherstellen, dass Einzelpersonen und Teams Zugang zu den notwendigen Ressourcen - einschließlich Informationen, Zeit und Budget - haben, um befähigte Entscheidungen zu treffen.

- Unterstützendes Umfeld: Schaffung einer Kultur, die zur Risikobereitschaft ermutigt und die Teammitglieder bei ihren Entscheidungen unterstützt, ohne Angst vor Schuldzuweisungen oder Vergeltung für ehrliche Fehler.

- Anerkennung: Anerkennung und Belohnung von Beiträgen, die Einzelpersonen leisten, wenn sie Initiative ergreifen und Führungsqualitäten zeigen.

Bei einer kompetenten Führung geht es nicht darum, die Kontrolle abzugeben, sondern vielmehr darum, andere anzuleiten und zu befähigen, mit Vertrauen und Intelligenz zu handeln. Es geht darum, in der gesamten Organisation ein Gefühl der Eigenverantwortung und des Engagements zu fördern, bei dem sich jedes Mitglied für den gemeinsamen Erfolg des Teams verantwortlich fühlt.

Der Weg zur Selbstbeherrschung bildet die Grundlage für eine kompetente Führung. Sie ermöglicht es den Führungskräften, ihre eigenen Fähigkeiten voll auszuschöpfen, und ermutigt andere, das Gleiche zu tun. Bei kompetenter Führung geht es nicht nur um die Bereitschaft, Macht zu teilen, sondern auch darum, die Fähigkeit zur Führung in anderen zu fördern. Führungskräfte, die sich selbst beherrschen, sind besser in der Lage, Autorität zu delegieren und eine Atmosphäre zu schaffen, in der Vertrauen und Autonomie gedeihen.

Ein hohes Maß an Selbstbewusstsein bei Führungskräften ermöglicht es ihnen, ihren Einfluss auf andere zu verstehen und positiv zu nutzen. Sie befähigen ihre Teams, indem sie die einzigartigen Stärken der einzelnen Mitglieder erkennen und ihnen die Möglichkeit geben, sich zu entfalten. Dieses Selbstbewusstsein ermöglicht es den Führungskräften auch, sich selbst zu regulieren, indem sie Gelassenheit und Urteilsvermögen bei ihren Handlungen und Entscheidungen an den Tag legen und damit den Ton für die Unternehmenskultur angeben.

Führungskräfte, die intrinsisch motiviert sind, sind ein Leuchtfeuer der Inspiration für ihre Teams. Ihr Engagement für persönliche und organisatorische Ziele motiviert andere dazu, die Initiative zu ergreifen und mit ähnlichem Elan nach Erfolg zu streben.

Empathie ist ein weiterer entscheidender Aspekt der Selbstbeherrschung, bei dem das Verständnis für die Bedürfnisse und Bestrebungen der Teammitglieder zum zentralen Bestandteil einer unterstützenden Führung wird. Einfühlsame Führungskräfte sind geschickter darin, das Wachstum anderer zu fördern, ein Kernprinzip des Empowerment.

Soziale Kompetenzen ebnen den Weg für den Aufbau starker, kooperativer Beziehungen. Führungskräfte, die sich in zwischenmenschlichen Interaktionen auszeichnen, sind in der Lage, Verbindungen zu knüpfen, die gemeinsame Führung und kollektive Entscheidungsfindung ermöglichen.

In einer Kultur der Befähigung wird jedes Teammitglied ermutigt, in seinem Fachgebiet eine Führungsrolle zu übernehmen, was die individuelle Leistung steigert und dem Unternehmen insgesamt zugute kommt, indem es eine Belegschaft fördert, die bereit ist, Herausforderungen anzunehmen und Innovationen voranzutreiben.

Wenn man andere befähigt, hat das einen Dominoeffekt, der weit über die unmittelbaren Aufgaben und Projekte hinausgeht. Wenn Führungskräfte sich auf die Befähigung ihrer Teams konzentrieren, vervielfachen sie im Wesentlichen ihren eigenen Einfluss und fördern ein Umfeld, in dem sich jeder Einzelne in der Lage und motiviert fühlt, sein Bestes zu geben.
Dieser Dominoeffekt beginnt mit Vertrauen. Führungskräfte zeigen ihr Vertrauen in die Teammitglieder, indem sie ihnen sinnvolle Aufgaben übertragen und ihnen Autonomie bei der Bewältigung ihrer Aufgaben gewähren. Dieses Vertrauen beruht auf Gegenseitigkeit: Teammitglieder, denen man vertraut, vertrauen im Gegenzug auch ihren Führungskräften und fühlen sich stärker in ihre Arbeit investiert und mit dem Auftrag ihres Unternehmens verbunden.

Wenn man sich auf eine Reise der Selbstermächtigung begibt, muss man sich mit den eigenen Fähigkeiten und Wachstumsbereichen auseinandersetzen. Ein wichtiger Schritt in diesem Prozess ist die Ermittlung der persönlichen Stärken und

Schwächen. Diese reflexive Praxis schärft nicht nur das Selbstbewusstsein einer Führungskraft, sondern gibt ihr auch das Wissen an die Hand, ihre angeborenen Talente zu nutzen und zu erkennen, wo sie sich verbessern oder Aufgaben an andere mit ergänzenden Fähigkeiten delegieren kann.

Parallel zur Selbstreflexion wirkt die Festlegung persönlicher und beruflicher Ziele wie ein Kompass, der die Führungskräfte durch ihre berufliche und persönliche Entwicklung leitet. Diese Ziele, die mit einem pragmatischen Blickwinkel betrachtet werden, können motivieren und eine Richtung vorgeben. Wenn Führungskräfte formulieren, was sie erreichen wollen, legen sie effektiv die Schritte fest, die erforderlich sind, um dieses Ziel zu erreichen, und verwandeln ihre Wünsche in umsetzbare Ergebnisse.

Das Rückgrat der Selbstbefähigung sind Selbstmotivation und Disziplin. Diese inneren Ressourcen treiben eine Führungskraft dazu an, ihre Ziele mit Nachdruck und Entschlossenheit zu verfolgen, insbesondere wenn sie mit Rückschlägen oder Herausforderungen konfrontiert wird. Die Selbstmotivation sorgt für die Leidenschaft und den Enthusiasmus, mit dem man vorankommt, während die Disziplin für Beständigkeit und Widerstandsfähigkeit sorgt. Indem sie sich beides zunutze machen, können Führungspersönlichkeiten einen stetigen Kurs in Richtung ihrer Ziele halten und ein Umfeld schaffen, in dem nicht nur sie selbst, sondern auch die von ihnen geführten Personen ihre Fähigkeiten entfalten können.

Der Aufbau von Vertrauen ist ein Eckpfeiler einer kompetenten Führung. Vertrauen ermöglicht es den Führungskräften, ihren Instinkten zu vertrauen, Entscheidungen mit Überzeugung zu treffen und das Vertrauen anderer zu wecken. Auf diesem Weg muss man sich jedoch oft mit dem Hochstaplersyndrom auseinandersetzen und es überwinden - ein psychologisches Muster, bei dem eine Person an ihren Leistungen zweifelt und eine anhaltende Angst hat, als Betrüger entlarvt zu werden.

Die Überwindung des Hochstaplersyndroms beginnt damit, dass man seine Erscheinungsformen erkennt und versteht, dass solche Zweifel nicht die wahren Fähigkeiten widerspiegeln. Führungskräfte können diese Gefühle bekämpfen, indem sie ihre Leistungen und das positive Feedback, das sie erhalten haben, dokumentieren und so ihren rechtmäßigen Platz in ihrer Rolle bekräftigen.

Entscheidungen aus Überzeugung zu treffen ist ein weiterer wichtiger Aspekt der Vertrauensbildung. Führungskräfte müssen ihre Entscheidungen auf der Grundlage ihres Wissens, ihrer Werte und ihrer Vision treffen, selbst wenn sie mit Unsicherheiten konfrontiert sind. Indem sie gut informierte Entscheidungen treffen und zu ihnen stehen, stärken sie nicht nur ihr eigenes Vertrauen, sondern gewinnen auch das Vertrauen und den Respekt ihrer Teams.

Die Entwicklung eines positiven Selbstbildes ist ein wesentlicher Bestandteil dieses Prozesses. Das Selbstbild einer Führungskraft hat erheblichen Einfluss darauf, wie sie mit anderen interagiert und mit Widrigkeiten umgeht. Indem sie sich auf ihre Stärken und Erfolge konzentrieren und Misserfolge als Lernchance und nicht als Reflexion ihres Selbstwerts betrachten, können Führungskräfte ein positives Selbstbild entwickeln. Dieses positive Selbstwertgefühl treibt sie dazu an, neue Herausforderungen anzunehmen und aus ihrer Komfortzone herauszutreten, was ihr Selbstvertrauen weiter stärkt.

Wenn Führungskräfte an diesen Bereichen arbeiten, stärken sie nicht nur sich selbst, sondern geben auch ein starkes Beispiel für ihre Teams ab. Eine selbstbewusste Führungskraft, die die Kunst beherrscht, Zweifel zu überwinden und mutige Entscheidungen zu treffen, ist in einer hervorragenden Position, um andere zu befähigen, dasselbe zu tun.

Die Förderung der Autonomie innerhalb eines Teams ist ein grundlegender Aspekt der eigenverantwortlichen Führung. Dazu gehört, den Teammitgliedern die Freiheit einzuräumen, in ihrem Verantwortungsbereich Entscheidungen zu treffen und

Maßnahmen zu ergreifen, was ein Gefühl der Eigenverantwortung und des Engagements fördert.

Effektives Delegieren ist der erste Schritt zur Förderung der Autonomie. Das bedeutet, dass Aufgaben auf der Grundlage der Stärken und Fähigkeiten der einzelnen Teammitglieder zugewiesen werden und ihnen die notwendigen Ressourcen und Befugnisse zur Verfügung gestellt werden, um diese Aufgaben zu erledigen. Beim effektiven Delegieren geht es nicht nur darum, die Zeit der Führungskraft freizugeben, sondern auch darum, anderen die Möglichkeit zu geben, ihre Fähigkeiten auszubauen und zu entwickeln.

Die Ermutigung der Teammitglieder zur Eigeninitiative geht Hand in Hand mit der Delegation von Aufgaben. Die Führungskräfte sollten ein Umfeld schaffen, in dem sich die Teammitglieder trauen, neue Ideen vorzuschlagen und die Führung bei Projekten zu übernehmen. Dies kann erreicht werden, indem Initiative anerkannt und belohnt wird, konstruktives Feedback gegeben wird und Mikromanagement vermieden wird.

Anderen die Führung zuzutrauen, ist vielleicht der wichtigste Aspekt der Förderung von Autonomie. Führungskräfte zeigen Vertrauen, indem sie sich zurückhalten und den Teammitgliedern die Möglichkeit geben, Entscheidungen zu treffen, auch wenn das bedeutet, dass sie akzeptieren müssen, dass Fehler gemacht werden könnten. Dieses Vertrauen ist von entscheidender Bedeutung für die Kultivierung einer Führungsmentalität im gesamten Unternehmen. Wenn die Teammitglieder das Gefühl haben, dass man ihnen vertraut, sind sie eher bereit, sich für ihre Arbeit zu engagieren und mehr zu tun, um den Erfolg sicherzustellen.

Indem sie sich auf diese Bereiche konzentrieren, können Führungskräfte eine Kultur schaffen, in der Autonomie geschätzt wird und jedes Teammitglied sich befähigt fühlt, auf höherer Ebene zum Erfolg des Unternehmens beizutragen.

Die Förderung einer Kultur der Eigenverantwortung innerhalb einer Organisation erfordert bewusste Anstrengungen, um ein Umfeld zu schaffen, das es dem Einzelnen nicht nur erlaubt, sondern ihn aktiv ermutigt, seinen Beitrag zu leisten, innovativ zu sein und eine Führungsrolle zu übernehmen. Eine solche Kultur ist durch ein gemeinsames Zielbewusstsein und ein kollektives Engagement für den Erfolg des Unternehmens gekennzeichnet.

Die Schaffung eines Umfelds, das den Beitrag der Mitarbeiter wertschätzt, ist eine wesentliche Voraussetzung für einen selbstbestimmten Arbeitsplatz. Führungskräfte können dies erreichen, indem sie die Teammitglieder auf allen Ebenen um Beiträge bitten und dafür sorgen, dass die Meinung aller gehört und berücksichtigt wird. Regelmäßige Brainstorming-Sitzungen, offene Foren und Vorschlagskästen können wirksame Mittel sein, um Beiträge zu sammeln. Darüber hinaus müssen die Führungskräfte vermitteln, dass die Arbeit jedes einzelnen Teammitglieds für die Gesamtziele des Unternehmens von entscheidender Bedeutung ist, und sicherstellen, dass jeder Einzelne seine Rolle und deren Bedeutung versteht.

Die Anerkennung und Würdigung von Leistungen ist entscheidend für die Aufrechterhaltung einer hohen Arbeitsmoral und Motivation. Wenn Führungskräfte die Bemühungen und Ergebnisse ihrer Teams anerkennen und belohnen, verstärkt dies nicht nur positives Verhalten, sondern zeigt auch, dass die Organisation harte Arbeit und Erfolg zu schätzen weiß. Anerkennung kann viele Formen annehmen, von der öffentlichen Würdigung in Meetings bis hin zu formellen Auszeichnungen oder informellen Gesten der Wertschätzung.

Ein weiteres wichtiges Element bei der Förderung einer Kultur der Selbstbestimmung ist das Angebot von Entwicklungsmöglichkeiten. Dazu gehört nicht nur der traditionelle berufliche Aufstieg, sondern auch Möglichkeiten zum Lernen und zur persönlichen Entwicklung. Durch das Angebot von Schulungsprogrammen, Mentoring und die Möglichkeit, an verschiedenen Projekten mitzuarbeiten, können Unternehmen den Einzelnen dabei unterstützen, neue Fähigkeiten und Erfahrungen zu erwerben. Führungskräfte spielen eine entscheidende Rolle bei der Erkennung und Förderung von Potenzialen, indem sie Teammitgliedern Wege aufzeigen, die ihren Stärken und Karrierewünschen entsprechen.

Wenn eine Kultur der Eigenverantwortung in einer Organisation Fuß fasst, kann dies zu mehr Innovation, besserer Leistung und einem erfüllteren Arbeitsplatz für alle führen. Führungskräfte müssen sich konsequent um die Förderung dieses Umfelds bemühen, denn es ist die Summe der täglichen Handlungen, Entscheidungen und Interaktionen, die die Kultur im Laufe der Zeit prägen.

Coaching und Mentoring sind integrale Bestandteile einer kompetenten Führung. Sie sind Instrumente, die Führungskräfte einsetzen, um ihre Mitarbeiter zu fördern und sie in die Lage zu versetzen, ihr Potenzial voll auszuschöpfen. Die Rolle einer Führungskraft als Coach besteht darin, ein Ratgeber, ein Resonanzboden und manchmal auch ein Herausforderer zu sein, um Teammitgliedern zu helfen, ihre Leistung zu verbessern und neue Kompetenzen zu entwickeln.

Die Entwicklung von Mentorenprogrammen beginnt oft mit dem Verständnis der Ziele der Organisation und ihrer Mitarbeiter. Indem sie weniger erfahrene Personen mit erfahrenen Fachleuten zusammenbringen, können Organisationen den Wissenstransfer erleichtern, die Entwicklung von Fähigkeiten verbessern und berufliche Beziehungen fördern, die zu einer robusten Unternehmenskultur beitragen.

Die Förderung künftiger Führungskräfte ist ein weiterer entscheidender Aspekt von "Empowered Leadership". Dabei geht es nicht nur um die Entwicklung von Fähigkeiten, sondern auch darum, die für Führungsaufgaben erforderliche Denkweise und das strategische Denken zu fördern. Indem sie aufstrebenden Führungskräften die Möglichkeit geben, Projekte zu leiten, an Entscheidungsprozessen teilzunehmen und Führungsaufgaben zu übernehmen, können Organisationen eine Pipeline von fähigen Personen schaffen, die bereit sind, Führungsaufgaben zu übernehmen, sobald sie verfügbar werden.

Bei all diesen Bemühungen geht es darum, ein Umfeld zu schaffen, in dem kontinuierliches Lernen geschätzt wird und in dem der Einzelne auf seinem Weg unterstützt wird, die beste Version seiner selbst zu werden, sowohl beruflich als auch persönlich. Durch Coaching und Mentoring können Führungskräfte die Saat für eine Zukunft legen, die reich an fähigen Führungskräften auf allen Ebenen des Unternehmens ist.

Die Macht der Beeinflussung ist ein zentrales Element einer kompetenten Führung. Führungskräfte, die die Macht des Einflusses verstehen und nutzen, können die Richtung ihrer Teams und Organisationen effektiv lenken und gestalten.

Mit gutem Beispiel voranzugehen ist eine der wirkungsvollsten Methoden, mit denen eine Führungskraft Einfluss ausüben kann. Wenn Führungskräfte die Verhaltensweisen, die Ethik und die Werte vorleben, die sie in ihrer Organisation sehen wollen, setzen sie einen greifbaren Standard, an dem sich andere orientieren können. Diese Art der Vorbildwirkung kann Vertrauen schaffen und andere dazu ermutigen, diese Verhaltensweisen nachzuahmen, wodurch eine Kultur der Integrität und Verantwortlichkeit entsteht.

Bei der Ausweitung des Einflusses über die formale Autorität hinaus geht es um die Fähigkeit, Entscheidungen und Handlungen zu beeinflussen, auch wenn man sich nicht in einer Position der direkten Kontrolle befindet. Es geht darum, sich durch Fachwissen, Vertrauenswürdigkeit und das konsequente Eintreten für die Werte und Ziele des Unternehmens Respekt zu verschaffen. Führungskräfte, die effektiv Einfluss nehmen können, sind in der Lage, nicht nur ihre direkten Mitarbeiter, sondern auch ihre Kollegen und Vorgesetzten zu inspirieren und zu motivieren.

Die Vernetzung und der Aufbau von Kooperationspartnerschaften sind ebenfalls von entscheidender Bedeutung für Führungskräfte, die ihren Einfluss ausweiten wollen. Durch den Aufbau eines breiten Netzwerks von Verbindungen innerhalb und außerhalb des Unternehmens können Führungskräfte Zugang zu neuen Ideen,

Informationen und Ressourcen erhalten. Gemeinsame Partnerschaften, sei es mit Kollegen in anderen Abteilungen oder mit externen Organisationen, können zu innovativen Lösungen führen und Synergien schaffen, von denen alle Beteiligten profitieren.

Bei Einfluss geht es nicht nur um die Macht, das Handeln anderer zu verändern, sondern auch um die Fähigkeit, sie zu inspirieren und zu befähigen, gemeinsame Ziele zu erreichen. Es geht um den Aufbau von Beziehungen und Netzwerken, die es Führungskräften ermöglichen, ihre Wirkung zu verstärken und einen sinnvollen Beitrag zum Erfolg ihrer Organisation zu leisten.

Die Ermächtigung zur Entscheidungsfindung ist eine Schlüsselkomponente der Führung, die Autorität verteilt und die individuelle Verantwortlichkeit innerhalb eines Teams fördert. Zur Erleichterung kollaborativer Entscheidungsfindungsprozesse gehört die Schaffung von Strukturen und Systemen, die die Teammitglieder dazu ermutigen, ihre Perspektiven und ihr Fachwissen einzubringen. Durch diesen kollektiven Ansatz werden nicht nur die unterschiedlichen Fähigkeiten innerhalb des Teams genutzt, sondern auch die Akzeptanz und das Engagement für die getroffenen Entscheidungen erhöht.

Bei der Vermittlung von Entscheidungsfähigkeiten geht es darum, die notwendigen Schulungs- und Entwicklungsmöglichkeiten zu bieten, um kritisches Denken und Urteilsvermögen zu fördern. Wenn Teammitglieder Vertrauen in ihre Entscheidungsfähigkeit haben, ergreifen sie eher die Initiative und treffen fundierte Entscheidungen, die mit den Zielen und Werten des Unternehmens übereinstimmen.

Verantwortlichkeit ist in Teams mit Entscheidungsbefugnis von entscheidender Bedeutung. Es geht darum, dass die Teammitglieder die Verantwortung für ihre Entscheidungen und die daraus resultierenden Ergebnisse übernehmen. Dazu gehört es, klare Erwartungen zu formulieren, Feedback zu geben und ein Umfeld zu schaffen, in dem sich die Teammitglieder sicher fühlen, um kalkulierte Risiken einzugehen. Konsequent angewandte Verantwortungsmaßnahmen tragen zur Aufrechterhaltung einer Hochleistungskultur bei, in der jeder seine Rolle für den Erfolg des Teams versteht.

Resilienz im Rahmen von Empowerment spielt eine entscheidende Rolle in der Führungs- und Teamdynamik. Es geht darum, Rückschläge und Misserfolge nicht als unüberwindbare Hindernisse zu betrachten, sondern als Chancen für Wachstum und Lernen. Wenn Führungskräfte Resilienz vorleben, indem sie Herausforderungen frontal angehen und eine positive Einstellung beibehalten, geben sie ein starkes Beispiel für ihre Teams ab.

Die Fähigkeit, sich von Rückschlägen zu erholen, ist ein Schlüsselelement einer leistungsfähigen Organisation. Dies erfordert von den Führungskräften eine Einstellung, die Ausdauer und die Fähigkeit, sich angesichts von Widrigkeiten anzupassen, schätzt. Indem sie diese Denkweise fördern, bauen sie Teams auf, die innovativer und kreativer sind und bereit, über ihre Grenzen hinauszugehen.

Bei der Vermittlung von Resilienz an Teams geht es nicht nur darum, mit gutem Beispiel voranzugehen, sondern auch darum, die Ressourcen und die Unterstützung bereitzustellen, die die Teammitglieder benötigen, um ihre eigene Resilienz zu entwickeln. Dazu können Schulungen, Workshops oder regelmäßige Teambuilding-Übungen gehören, die sich auf Problemlösung und adaptives Denken konzentrieren. Wenn die Teammitglieder mit den Instrumenten und Strategien ausgestattet sind, die sie benötigen, um Stress zu bewältigen, sich von Rückschlägen zu erholen und sich an Veränderungen anzupassen, profitiert das gesamte Unternehmen von einer erhöhten Widerstandsfähigkeit und Flexibilität.

Bei der Förderung der Resilienz geht es darum, ein Umfeld zu kultivieren, in dem Eigenverantwortung die Norm ist, in dem Misserfolge als Sprungbrett gesehen werden und in dem sich das gesamte Team verpflichtet, aus jeder Erfahrung zu lernen und gestärkt daraus hervorzugehen.

Die Förderung der Handlungskompetenz innerhalb eines Unternehmens erfordert ein Engagement für kontinuierliches Lernen und Anpassung. Die Führungskräfte müssen ein Umfeld fördern, in dem ständige Weiterbildung und die Flexibilität, sich weiterzuentwickeln, tief in der Unternehmenskultur verwurzelt sind. So wird sichergestellt, dass sich das Unternehmen und seine Mitarbeiter mit dem Wandel der Geschäftslandschaft mitbewegen können.

Die Ausweitung der Befähigung im gesamten Unternehmen ist ein strategisches Unterfangen. Es beginnt mit kleinen Teams und breitet sich wie ein Netzwerk durch die Organisation aus, das Einzelpersonen und Gruppen in einem Netz gemeinsamer Verantwortung und Autorität verbindet. Wenn Empowerment zur Norm wird, baut jede Ebene der Organisation auf der anderen auf und schafft eine robuste Struktur, in der die Entscheidungsfindung verteilt ist und jeder sich für seine Arbeit verantwortlich fühlt.

Damit eine befähigte Belegschaft langfristig gedeihen kann, müssen die Führungskräfte eine klare Vision formulieren, die von allen Mitgliedern des Unternehmens mitgetragen wird. Diese Vision sollte nicht nur die Ziele des Unternehmens umreißen, sondern auch die Rolle der Befähigung bei der Erreichung dieser Ziele. Wenn die Teammitglieder das Gesamtbild verstehen und wissen, wie ihr Beitrag in dieses Bild passt, sind sie motivierter, engagierter und bereit, die Initiative zu ergreifen.

Führungskräfte spielen in diesem Prozess eine entscheidende Rolle, indem sie mit gutem Beispiel vorangehen, die notwendigen Ressourcen bereitstellen und die Werte, die dem Empowerment zugrunde liegen, immer wieder bekräftigen. Sie müssen auch bereit sein, zurückzutreten und anderen die Führung zu überlassen, indem sie sie dabei unterstützen, kalkulierte Risiken einzugehen und aus den Ergebnissen zu lernen. Auf diese Weise schaffen sie eine nachhaltige, befähigte Belegschaft, die in der Lage ist, aktuelle Herausforderungen zu bewältigen und sich an künftige Veränderungen anzupassen.

Zum Abschluss eines Kapitels über "Empowered Leadership" ist es von entscheidender Bedeutung, sich auf den greifbaren Einfluss zu konzentrieren, den Empowerment sowohl auf Einzelpersonen als auch auf Organisationen hat. In diesem Abschnitt des Buches soll deutlich werden, wie Führungskräfte, die andere befähigen, ein solides Erbe hinterlassen, das durch die Fähigkeit eines Teams zur Selbstständigkeit und eine Kultur gekennzeichnet ist, in der die Beiträge des Einzelnen hoch geschätzt werden.

Eine wirksame, befähigte Führungspersönlichkeit hat sichtbare Auswirkungen auf das Wachstum ihrer Teammitglieder und die Erfolge, die sich aus einem gemeinsamen Gefühl der Verantwortung ergeben. Dieses Vermächtnis entsteht durch das aktive Vertrauen der Führungskraft in ihr Team und die Autonomie, die sie fördert.

Bei der Reflexion des Weges zum Empowerment würde die Schlussfolgerung die transformativen Erfahrungen aufzeigen, die Führungskräfte machen, wenn sie Führungsaufgaben delegieren, Autonomie fördern und ein tiefes Gefühl der Eigenverantwortung in ihrer Organisation vermitteln.

Mit Blick auf die Zukunft strebt eine Führungskraft mit Empowerment-Mentalität ständig nach Lernen, Wachstum und Anpassungsfähigkeit. Sie sind offen für Innovationen und schätzen die Fähigkeit jedes Teammitglieds, die gemeinsame Vision voranzubringen.

Kapitel 10: Die entscheidende Divergenz - Führungskräfte gegenüber Managern

In der Einleitung zu "The Crucial Divergence - Leaders versus Managers" (Die entscheidende Divergenz - Führungspersönlichkeiten versus Manager) befassen wir uns mit dem komplizierten Spektrum, das die Rollen von Führung und Management voneinander trennt und sich manchmal überschneidet. Diese Untersuchung beginnt mit einem Verständnis des Spektrums von Führung und Management, wobei anerkannt wird, dass sich diese Rollen nicht gegenseitig ausschließen, sondern vielmehr komplementäre Ansätze zur Führung einer Organisation bieten.

Um das heutige Verständnis dieser Rollen zu kontextualisieren, gehen wir einen Schritt zurück in die Geschichte. Wir untersuchen, wie historische Perspektiven die Definitionen und Erwartungen an Führungskräfte und Manager geprägt haben. Dieser historische Rückblick zeigt die Entwicklung beider Konzepte auf und verfolgt, wie sie sich im Laufe der Zeit aufgrund kultureller, wirtschaftlicher und technologischer Veränderungen auseinanderentwickelt und angenähert haben.

Von den Anfängen, als Führung oft mit Herrschaft und Management mit Verwaltung gleichgesetzt wurde, bis hin zur modernen Ära, in der diese Rollen durch ihren Einfluss auf die Unternehmensdynamik und den Erfolg definiert werden, versuchen wir zu klären, was es bedeutet, in der heutigen komplexen Unternehmensumgebung zu führen und zu verwalten.

Die Definition von Führung und Management ist entscheidend, um zu verstehen, wie sie zum Erfolg einer Organisation beitragen. Führungskräfte werden oft als Visionäre und Change Agents gesehen, als Personen, die inspirieren und motivieren, die das Potenzial für das, was sein könnte, erkennen und andere dazu inspirieren, dieser Vision zu folgen. Sie zeichnen sich durch ihre Fähigkeit aus, innovativ zu sein, den Status quo in Frage zu stellen und Beziehungen aufzubauen, die ein starkes Gemeinschaftsgefühl und einen starken Orientierungssinn innerhalb ihrer Teams fördern.

Im Gegensatz dazu geht es beim Management eher darum, Ordnung und Konsistenz herzustellen. Manager haben die Aufgabe, zu planen, zu organisieren und die Ressourcen effektiv zu steuern, um die von der Leitung festgelegten Ziele zu erreichen. Sie konzentrieren sich darauf, Ziele zu setzen, den Fortschritt zu messen und sicherzustellen, dass das Tagesgeschäft mit der strategischen Ausrichtung der Organisation übereinstimmt.

Das Zusammenspiel zwischen Führung und Management ist der Ort, an dem die Magie in einer Organisation stattfindet. Während die Führung die Vision schafft und das Management sie umsetzt, kann keine der beiden Funktionen isoliert effektiv arbeiten. Führungskräfte brauchen Manager, um ihre Vision in umsetzbare Pläne zu übersetzen, während Manager Führungskräfte brauchen, um die Richtung vorzugeben und die Inspiration zu geben, die ihren Aufgaben Sinn verleiht. Wenn Organisationen diese Schlüsselmerkmale und Kernfunktionen verstehen, können sie Führung und Management besser aufeinander abstimmen, um den Erfolg voranzutreiben und sich an veränderte Umstände anzupassen.

Die Gegensätze in den Ansätzen von Führung und Management werden deutlich, wenn man die unterschiedlichen Schwerpunkte und Methoden untersucht, die sie innerhalb einer Organisation anwenden.

Visionäre Führung steht im Gegensatz zum operativen Management. Führungspersönlichkeiten mit einem visionären Ansatz konzentrieren sich auf das "Was" und "Warum" der Ziele einer Organisation. Sie haben das große Ganze im Blick und legen strategische Richtungen fest, die innovativ und mutig sind.

Visionäre sind zukunftsorientiert, sie denken in Möglichkeiten und in dem, was langfristig erreicht werden könnte. Ihre Aufgabe ist es, die Organisation auf den Horizont auszurichten und die Mitarbeiter zu inspirieren, sich auf den Weg dorthin zu machen.

Das operative Management hingegen befasst sich mit dem "Wie" und "Wann". Manager sind maßgeblich an der Schaffung und Optimierung von Prozessen beteiligt, die die Stabilität und Effizienz einer Organisation gewährleisten. Sie sind praktisch und detailorientiert und stellen sicher, dass das Tagesgeschäft mit der von den Führungskräften festgelegten Gesamtstrategie in Einklang steht. Ihr Schwerpunkt liegt auf der Ausführung von Plänen und der Erreichung von Zielen durch eine sorgfältige Verwaltung von Ressourcen und Prozessen.

Betrachtet man die inspirierenden und die funktionalen Aspekte, so gehen Führung und Management wieder auseinander. Bei der Führung geht es darum, die Emotionen der Menschen zu wecken, ein Gefühl von Sinn und Leidenschaft zu kultivieren, das sie motiviert, auf gemeinsame Ziele hinzuarbeiten. Es sind die Energie und der Antrieb, die eine Organisation vorantreiben.

Die funktionalen Aspekte des Managements sind auf die Schaffung von Struktur und Ordnung ausgerichtet. Manager stellen die Systeme und Rahmenbedingungen bereit, die erforderlich sind, damit die Mitarbeiter ihre Aufgaben effektiv erfüllen können. Dies beinhaltet eine Menge an Problemlösung, Planung und Leistungsüberwachung.

Ein personenzentrierter Führungsansatz konzentriert sich auf die Entwicklung von Beziehungen, die Befähigung von Mitarbeitern und die Förderung von Wachstum und Entwicklung. Führungskräfte neigen dazu, in Menschen zu investieren, da sie erkennen, dass der Erfolg eines Unternehmens in hohem Maße von den Talenten und dem Engagement seiner Mitarbeiter abhängt. Im Gegensatz dazu konzentriert sich das prozessorientierte Management auf die Mechanik der Aufgabenerfüllung. Es geht darum sicherzustellen, dass die Arbeitsabläufe so effizient wie möglich sind und die Abläufe reibungslos funktionieren. Manager entwickeln Richtlinien,

Verfahren und Kontrollen, die die Arbeit leiten, und verwenden oft Messgrößen und Daten, um Fortschritt und Leistung zu überwachen.

Das Verständnis dieser Gegensätze trägt dazu bei, den komplementären Charakter von Führung und Management zu verdeutlichen. Eine Organisation benötigt sowohl den von der Führung erzeugten Vorwärtsdrang als auch die ruhige Hand des Managements, um das Gleichgewicht zu halten und ihre Ziele zu erreichen.

Die Synergie zwischen Führungskräften und Managern ist ein entscheidendes Element, das über den Erfolg oder Misserfolg einer Organisation entscheiden kann. Führungskräfte und Manager ergänzen sich gegenseitig, indem sie ein Gleichgewicht zwischen Vision und Ausführung, Inspiration und Betrieb, Innovation und Routine herstellen.

Führungspersönlichkeiten geben die Richtung vor, entwickeln eine Vision für die Zukunft und inspirieren ihre Mitarbeiter und bringen Dynamik in ein Unternehmen. Sie sind diejenigen, die den Status quo in Frage stellen, Veränderungen fördern und ihre Teams motivieren, höhere Ziele zu erreichen. Führungspersönlichkeiten sind in der Lage, Chancen zu erkennen, die andere nicht sehen, und sie tragen entscheidend dazu bei, das Unternehmen voranzubringen.

Manager zeichnen sich in ihrer Funktion durch die Abwicklung des Tagesgeschäfts aus und stellen sicher, dass die Systeme und Prozesse der Organisation effektiv funktionieren. Sie sind detailorientiert, können die Leistung gut verfolgen und sind hervorragend in der Lage, die Vision der Führungskraft in umsetzbare Pläne zu übersetzen. Manager sind diejenigen, die dafür sorgen, dass die großen Strategien in Aufgaben, Meilensteine und Messgrößen heruntergebrochen werden, um sicherzustellen, dass die Ziele der Organisation effizient erreicht werden.

Fallstudien aus verschiedenen Branchen zeigen häufig, wie wichtig sowohl eine starke Führung als auch ein solides Management sind. Ein Technologieunternehmen kann zum Beispiel visionäre Führungskräfte haben, die bei der Produktentwicklung neue Wege gehen, aber es sind die Manager, die dafür sorgen, dass die Projekte die Fristen einhalten, die Budgets eingehalten werden und das Produkt den Qualitätsstandards entspricht. Das Gleiche gilt für das Gesundheitswesen, wo visionäre Führungspersönlichkeiten die Patientenversorgung umgestalten wollen, aber es sind die Manager, die sicherstellen, dass der tägliche Betrieb des Krankenhauses diese Vision unterstützt, ohne die unmittelbare Gesundheitsversorgung und die Verwaltungseffizienz zu beeinträchtigen.

Das Gleichgewicht zwischen Führung und Management innerhalb verschiedener Organisationsstrukturen kann eine Herausforderung sein, insbesondere in traditionelleren Modellen, die auf Hierarchie und klare Rollenverteilung Wert legen. Moderne Organisationen, vor allem in schnelllebigen Sektoren, streben jedoch häufig einen stärker integrierten Ansatz an, bei dem Führungskräfte und Manager ermutigt werden, ihre Fähigkeiten zu überlappen. In diesen Szenarien können sich die Führungskräfte an Managementprozessen beteiligen, während die Manager ermutigt werden, Führungsqualitäten zu entwickeln und strategisch zu denken.

Die Integration von Führungs- und Managementfunktionen ist auch in weniger hierarchischen Strukturen zu beobachten, z. B. in flachen Organisationen oder vernetzten Teams, in denen die Rollen fließender sein können und von Einzelpersonen erwartet werden kann, dass sie in einigen Fällen führen und in anderen managen. Diese Flexibilität kann zu einer agileren und reaktionsfreudigeren Organisation führen, erfordert jedoch ein klares Verständnis dafür, wann Führungsaufgaben wahrgenommen und wann Managementprinzipien angewandt werden sollen.

Die Gesundheit und das Wachstum eines Unternehmens hängen von der Synergie zwischen Führung und Management ab. Organisationen, die es verstehen, die Stärken beider zu fördern und zu nutzen, können eine starke Dynamik schaffen, die in einer sich ständig verändernden Unternehmenslandschaft zu nachhaltigem Erfolg und Anpassungsfähigkeit führt.

Das Navigieren in der komplexen Dynamik zwischen Führung und Management erfordert eine scharfsinnige Situationsanalyse, umfassende Fähigkeiten in beiden Disziplinen und ein Verständnis für die Auswirkungen der Unternehmenskultur auf diese Rollen.

Eine Situationsanalyse ist unerlässlich, um festzustellen, wann man eine Führungsrolle übernehmen und wann man sich auf das Management konzentrieren sollte. Dazu müssen die Bedürfnisse des Teams, die Anforderungen der jeweiligen Aufgabe und die langfristigen Ziele der Organisation bewertet werden. In Krisenzeiten oder wenn eine neue strategische Ausrichtung erforderlich ist, hat die Führung Vorrang, um die Organisation durch unbekannte Gewässer zu lenken. In Phasen der Konsolidierung oder bei der Feinabstimmung von Prozessen hingegen sind Managementfähigkeiten von größter Bedeutung, um Stabilität und Effizienz zu gewährleisten.

Die Entwicklung von Führungs- und Managementfähigkeiten ist kein Luxus mehr, sondern eine Notwendigkeit für Fachleute, die in beiden Rollen erfolgreich sein wollen. Für Personen in Führungspositionen ist es wichtig, Managementprozesse zu verstehen, da sie dadurch in der Lage sind, erreichbare Ziele zu setzen und die Herausforderungen zu verstehen, denen ihre Teams bei der Erreichung dieser Ziele gegenüberstehen. Umgekehrt können Manager mit Führungsqualitäten ihre Teams inspirieren und Innovationen vorantreiben, selbst im Rahmen ihrer täglichen Aufgaben.

Die Organisationskultur spielt eine wichtige Rolle bei der Ausgestaltung der Führungs- und Managementrollen. In einer Kultur, die Innovation und Risikobereitschaft schätzt, werden häufig Führungsqualitäten betont, die den Einzelnen ermutigen, die Initiative zu ergreifen und als Change Agent zu agieren. In einem Umfeld, in dem Zuverlässigkeit und Präzision geschätzt werden, werden dagegen Managementfähigkeiten stärker betont, wobei der Schwerpunkt auf Prozessoptimierung und Risikomanagement liegt.

Die Kultur einer Organisation kann entweder einen reibungslosen Übergang zwischen Führung und Management erleichtern oder eine Kluft schaffen, in der die beiden Bereiche als getrennt und nicht überlappend betrachtet werden. In Kulturen, in denen beides geschätzt und gefördert wird, ist häufig ein integrierter Ansatz zur Bewältigung organisatorischer Herausforderungen zu beobachten. Mitarbeiter auf allen Ebenen werden ermutigt, hybride Fähigkeiten zu entwickeln, die es ihnen ermöglichen, flexibel zwischen Führung und Management zu wechseln, wenn es die Situation erfordert.

Zu wissen, wann man führen und wann man managen muss, ist ein heikles Gleichgewicht, das sich tiefgreifend auf den Erfolg eines Unternehmens auswirken kann. Durch die Entwicklung von Fähigkeiten in beiden Bereichen und die Förderung einer Kultur, die sowohl die Führung als auch das Management unterstützt, sind Organisationen in der Lage, die Komplexität des modernen Geschäftsumfelds mit Flexibilität und Widerstandsfähigkeit zu bewältigen.

Der Übergang vom Manager zur Führungskraft ist ein entscheidender Wendepunkt in der beruflichen Laufbahn, der mit Herausforderungen, Lernkurven und Möglichkeiten für ein bedeutendes persönliches Wachstum verbunden ist. Wenn Manager in Führungspositionen aufsteigen, müssen sie oft ihre Perspektive von der operativen zur strategischen Sichtweise, von der kurzfristigen Effizienz zur langfristigen Vision erweitern.

Eine der größten Herausforderungen beim Wechsel von einer Management- zu einer Führungsrolle ist die erforderliche Änderung der Denkweise. Manager konzentrieren sich in der Regel auf das "Wie" und "Wann" der Erledigung von Aufgaben und legen dabei oft Wert auf Effizienz, Details und die Einhaltung von Prozessen. Führungskräfte hingegen müssen sich auf das "Was" und "Warum" konzentrieren, Richtungen vorgeben, Menschen inspirieren und über die Zukunft der Organisation und ihre Einordnung in einen größeren Kontext nachdenken. Der Übergang beinhaltet eine Verlagerung vom Tun zum Ermöglichen, vom Kontrollieren zum Befähigen und vom Lösen von Problemen zum Setzen von Visionen.

Um diesen Wechsel zu erleichtern, gibt es verschiedene Schulungs- und Entwicklungsmöglichkeiten für angehende Führungskräfte. Dazu gehören formale Ausbildungen wie MBA- oder auf Führung ausgerichtete Programme, interne Schulungen, Mentoren- und Coaching-Möglichkeiten sowie Erfahrungslernen durch anspruchsvolle Aufgaben, die Führungskräfte aus ihrer Komfortzone herausführen. Auf diese Weise sollen nicht nur die erforderlichen Fähigkeiten entwickelt werden, sondern auch das Selbstvertrauen und die Vision, die für eine effektive Führung notwendig sind.

Persönliche Wachstumsgeschichten von Managern, die zu inspirierenden Führungspersönlichkeiten geworden sind, sind ein eindrucksvolles Zeugnis für das Potenzial zur Veränderung. Solche Erzählungen heben oft die Bedeutung der Selbsterkenntnis, der Risikobereitschaft und der Fähigkeit hervor, sowohl aus Erfolgen als auch aus Misserfolgen zu lernen. Sie unterstreichen auch die Bedeutung der emotionalen Intelligenz, die Fähigkeit zu adaptivem Denken und die Bedeutung des Aufbaus starker Beziehungen.

Diese Führungskräfte berichten von Erfahrungen, bei denen sie sich von ihrem praktischen Ansatz, mit dem sie als Manager gut zurechtkamen, lösen mussten und stattdessen lernten, ihren Teams zu vertrauen, Leistung durch Visionen und Werte zu inspirieren und Innovation durch die Förderung von Kreativität und Experimentierfreude voranzutreiben. Auf dem Weg vom Manager zur Führungskraft geht es ebenso sehr um persönliche Entwicklung wie um den Erwerb neuer Fähigkeiten, und es ist diese persönliche Entwicklung, die oft die wirkungsvollsten Führungskräfte auszeichnet.

Das Gleichgewicht zwischen Führung und Management ist eine Kunst, die ein Verständnis für die Nuancen beider Disziplinen erfordert. Für die Verantwortlichen ist es entscheidend zu wissen, wann sie mit einem Managerhut eingreifen müssen, um Prozesse zu systematisieren, und wann sie mit Vision und Inspiration führen müssen. Zu den Strategien, um dieses Gleichgewicht herzustellen, gehören die Priorisierung von Aufgaben auf der Grundlage ihrer strategischen Bedeutung, das Verständnis der Stärken und Schwächen des Teams und das effektive Delegieren.

Eine Schlüsselstrategie ist die bewusste Zuweisung von Zeit für Führungs- und Managementaufgaben. Dies kann bedeuten, dass bestimmte Zeiten für die strategische Planung und Visionsfindung eingeplant werden, die sich von den Zeiten unterscheiden, die für Managementaufgaben wie Projektaufsicht und Leistungsüberprüfung vorgesehen sind.

Führungskräfte können ihre Führungsqualitäten kultivieren, indem sie sich kontinuierlich weiterbilden, Feedback einholen und offen für Mentoren sind. Workshops und Schulungen zum Thema Führung können das theoretische Wissen und die praktischen Werkzeuge vermitteln, die für die Entwicklung von Führungsqualitäten erforderlich sind. Darüber hinaus können sie durch die Möglichkeit, funktionsübergreifende Teams oder Projekte zu leiten, wertvolle Erfahrungen in Führungspositionen sammeln.

Die Schaffung einer Kultur, in der sowohl Führung als auch Management geschätzt werden, beinhaltet die Festlegung klarer Erwartungen und das Vorleben des gewünschten Gleichgewichts. Dies könnte bedeuten, dass die erfolgreiche Integration beider Rollen durch Einzelpersonen in der Organisation öffentlich anerkannt wird und Beispiele hervorgehoben werden, in denen die effektive Kombination von Führung und Management zum Erfolg geführt hat.

Der Einsatz von Instrumenten wie 360-Grad-Feedback-Mechanismen kann Managern Aufschluss darüber geben, wie ihre Führung wahrgenommen wird und in welchen Bereichen sie sich verbessern können. Bewertungen und Schulungen zur emotionalen Intelligenz können helfen, die zwischenmenschlichen Aspekte der Führung zu verstehen und zu entwickeln, die entscheidend sind, wenn es darum geht, Teams zu inspirieren und zu motivieren.

Investitionen in Technologien, die routinemäßige Managementaufgaben automatisieren, können den Führungskräften Zeit verschaffen, sich auf strategische Initiativen zu konzentrieren. Leistungsmanagementsysteme können den Fortschritt verfolgen, ohne dass eine ständige Überwachung durch den Vorgesetzten erforderlich ist, so dass die Führungskräfte mehr Zeit haben, sich auf das Wachstum ihrer Führungskräfte zu konzentrieren.

Eine Organisation gedeiht, wenn sie versteht, dass sich Führung und Management nicht gegenseitig ausschließen, sondern vielmehr komplementäre Kräfte sind. Die Förderung eines fließenden Ansatzes, bei dem der Einzelne von jeder Ebene aus führen und bei Bedarf managen kann, schafft ein dynamisches und bewegliches Umfeld. Ziel ist es, eine Belegschaft zu kultivieren, in der sich jeder ermächtigt fühlt, die Initiative zu ergreifen, und gleichzeitig die Bedeutung von Struktur und Disziplin für das Erreichen der Unternehmensziele versteht.

Künftige Trends in den Bereichen Führung und Management werden durch den raschen technologischen Wandel, die Globalisierung und die sich verändernden Erwartungen der Arbeitnehmer geprägt. Mit Blick auf die Zukunft erweitern sich die Definitionen von Führung und Management um neue Kompetenzen und Ansätze, die mit dem digitalen Zeitalter in Einklang stehen.

Die digitale Transformation der Arbeitswelt verlangt nach Führungskräften, die in der Lage sind, Remote-Teams zu managen, digitale Tools zur Verbesserung der Zusammenarbeit einzusetzen und die Komplexität von Cybersicherheit und Datenmanagement zu bewältigen. Die Führungskräfte von morgen müssen technisch versiert sein, Analysen für die Entscheidungsfindung nutzen können und den Wandel in einer sich ständig weiterentwickelnden Technologielandschaft beherrschen.

Die Globalisierung hat das Arbeitsumfeld vielfältiger und vernetzter gemacht. Künftige Führungskräfte und Manager müssen kulturell kompetent sein, in der Lage sein, auf verschiedenen Märkten zu agieren, und ein Gespür für ein breites Spektrum kultureller Normen haben. Sie werden Teams leiten müssen, die oft geografisch verstreut sind, was Fähigkeiten im Management virtueller Teams und in der interkulturellen Kommunikation erfordert.

Die Zukunft der Arbeit wird auch durch Veränderungen in der Organisationsstruktur geprägt, wobei flachere Hierarchien und projektbasierte Arbeit immer häufiger werden. Dies erfordert Führungs- und Managementfähigkeiten, die flexibel, anpassungsfähig und kooperativ sind. Führungskräfte müssen in der Lage sein, Teams zu inspirieren und durch den Wandel zu führen, während Manager ein ausgeprägtes Verständnis für Projektmanagement und die Fähigkeit benötigen, Teams auch ohne die traditionellen Hebel der hierarchischen Autorität auf Kurs zu halten und zu motivieren.

Um sich auf diese Veränderungen vorzubereiten, müssen sowohl aktuelle als auch angehende Führungskräfte und Manager in ihr eigenes kontinuierliches Lernen investieren. Sie müssen eine Mischung aus technischen Fähigkeiten, wie das Verständnis von KI und Automatisierung, und Soft Skills wie emotionale Intelligenz und kreative Problemlösung entwickeln. Vernetzung, lebenslanges Lernen und persönliche Anpassungsfähigkeit werden zu grundlegenden Komponenten einer effektiven Führung und eines effektiven Managements, wenn sich die Landschaft weiter verändert.

Mit Blick auf die Zukunft werden diejenigen Führungskräfte und Manager erfolgreich sein, die eine klare Vision für den Wandel mit dem operativen Fachwissen kombinieren können, um die Komplexität eines digitalen, globalisierten Geschäftsumfelds zu bewältigen. Sie werden sich durch ihre Innovationsbereitschaft, ihr Engagement für ethische Führung und ihre Fähigkeit auszeichnen, eine integrative und agile Organisationskultur zu fördern.

Das Verständnis und die Integration der unterschiedlichen Rollen von Führung und Management sind für hervorragende organisatorische Leistungen unerlässlich. Führungskräfte entwerfen Visionen und inspirieren Menschen, während Manager die Rahmenbedingungen und Prozesse schaffen, die notwendig sind, um diese Visionen in die Realität umzusetzen. Diese Synergie ist es, die Organisationen voranbringt und sicherstellt, dass sie in einem komplexen Umfeld nicht nur überleben, sondern auch gedeihen.

Der Weg zur Integration von Führung und Management beginnt mit der Anerkennung ihrer einzigartigen Beiträge. Führungskräfte können von Managern den Wert von Struktur, Präzision und Konsistenz lernen, während Manager die transformativen Perspektiven und menschenzentrierten Ansätze von Führungskräften übernehmen können. Diese gegenseitige Befruchtung von Fähigkeiten bereichert beide Bereiche und steigert die Effektivität der gesamten Organisation.

Die Entwicklung von Führung und Management wird sich wahrscheinlich fortsetzen, da die Ökosysteme der Unternehmen immer dynamischer werden. Führungskräfte und Manager müssen sich ständig weiterbilden und sich an neue Technologien, unterschiedliche Belegschaften und globale Herausforderungen anpassen. Sie müssen agil sein, wobei die Führungskräfte stärker in die Feinheiten des Managements eingebunden werden und die Manager eine strategischere Sichtweise einnehmen müssen.

In einer Zukunft, die von ständigem Wandel geprägt ist, werden sich diejenigen Organisationen auszeichnen, die die Voraussicht und Anpassungsfähigkeit der Führung mit der Präzision und operativen Exzellenz des Managements verbinden können. Diejenigen, die eine Kultur des gegenseitigen Respekts, des lebenslangen Lernens und der Anpassungsfähigkeit in ihren Führungs- und Managementebenen fördern, werden in den kommenden Jahrzehnten den Maßstab für organisatorische Spitzenleistungen setzen.

Schlussfolgerung: Die Kunst und der Weg der Führung

Wenn man die Entwicklung der Führung im Laufe der Geschichte zurückverfolgt, wird deutlich, dass sich die Führung in mehreren Dimensionen entwickelt hat und sich ständig an soziale, wirtschaftliche und technologische Veränderungen anpasst. Vom Befehls- und Kontrollmodell des Industriezeitalters bis zu den dynamischen, vernetzten Ansätzen von heute wurde Führung immer wieder neu definiert.

Diese Reise war keine einfache lineare Entwicklung, sondern eine komplexe Entfaltung verschiedener Stile und Strukturen. Die autokratischen Führungspersönlichkeiten vergangener Jahre sind den transformationalen und dienenden Führungspersönlichkeiten der Neuzeit gewichen, die ihre Mitarbeiter befähigen und inspirieren. Wie wir gesehen haben, werden die einst starren Hierarchien zunehmend durch fließendere und flexiblere Strukturen ersetzt, die ein tieferes Verständnis der menschlichen Motivation und der organisatorischen Dynamik widerspiegeln.

Die Dimensionen der Führung haben sich erweitert und umfassen nun nicht mehr nur die Fähigkeit, zu führen und zu beeinflussen, sondern auch zuzuhören, Empathie zu zeigen und die Widerstandsfähigkeit von Teams zu fördern. Führung hat sich von einem individuellen zu einem kollektiven Unterfangen entwickelt, wobei sich verteilte Führungsmodelle immer mehr durchsetzen. Diese Ansätze spiegeln eine Anerkennung der einzigartigen Stärken und Fähigkeiten wider, die jedes Teammitglied mitbringt.

Das digitale Zeitalter hat die Führungsstile weiter diversifiziert. Die Zunahme virtueller Teams verlangt von den Führungskräften, dass sie sich darauf einstellen, aus der Ferne zu führen und die Technologie nicht nur zum Managen, sondern auch zum

Inspirieren und Aufrechterhalten kohärenter, produktiver Teams einzusetzen.

Wenn man über die aufkommenden Stile nachdenkt, stellt man einen klaren Trend zu Inklusivität und Zusammenarbeit fest. Von den Führungskräften von heute wird erwartet, dass sie ein Umfeld schaffen, das die Kraft der Vielfalt nutzt und sicherstellt, dass unterschiedliche Stimmen nicht nur gehört werden, sondern auch die Richtung des Unternehmens mitbestimmen.

Die Anerkennung der emotionalen Intelligenz als entscheidende Führungskompetenz unterstreicht den Wandel hin zu einem menschlicheren und personenzentrierten Führungsansatz. Damit wird anerkannt, dass es bei der Führung ebenso sehr um das Management von Beziehungen wie um das Management von Aufgaben geht.

Darüber hinaus werden die Strukturen, in denen Führungskräfte arbeiten, immer dynamischer. Die statischen, isolierten Abteilungen der Vergangenheit vermischen sich jetzt zu funktionsübergreifenden Teams, projektbasierten Kooperationen und Partnerschaften, die über die traditionellen Organisationsgrenzen hinausgehen. Dieser Wandel erfordert Führungskräfte, die sich in komplexen Netzwerken zurechtfinden und sich inmitten von Unklarheiten und ständigem Wandel entfalten können.

Die Entwicklung der Führung ist gekennzeichnet durch eine Bewegung von starrer Kontrolle zu flexibler Befähigung, von individueller Leistung zu Teamerfolg und von alleiniger Gewinnorientierung zu einer ausgewogenen Berücksichtigung von Zweck, Menschen und Planet. Diese Überlegungen sind nicht nur ein Rückblick, sondern auch eine Grundlage, auf der künftige Führungstheorien und -praktiken aufgebaut werden, da sich die Bedürfnisse und Herausforderungen der Welt von morgen weiter entwickeln.

Führung ist in ihrem Wesen mit Kunst vergleichbar. Es ist eine Disziplin, die eine Mischung aus Kreativität, Anpassungsfähigkeit und einem intuitiven Verständnis der menschlichen Situation erfordert, ähnlich wie ein Maler oder ein Musiker durch seine Werke eine Verbindung zu seinem Publikum herstellen muss. Die Kunst der Führung liegt in der Fähigkeit der Führungskraft, sich die Zukunft vorzustellen, eine gemeinsame Vision zu inspirieren und dann den Weg in diese Zukunft mit der Finesse eines Künstlers zu gestalten, der eine Leinwand zum Leben erweckt.

Denken Sie an die Analogie zu einem Bildhauer. So wie ein Bildhauer das Potenzial eines Marmorblocks erkennt, erkennt eine erfahrene Führungskraft das Potenzial ihres Teams und ihrer Organisation. Sie beseitigen die Ecken und Kanten nicht mit Gewalt, sondern mit Bedacht und bringen die Stärken und einzigartigen Qualitäten ihrer Teammitglieder zum Vorschein. Wie der Bildhauer nutzt die Führungskraft nicht nur ihre technischen Fähigkeiten, sondern auch ihre Intuition und emotionale Intelligenz, um das Beste aus ihrem Material - den Menschen - herauszuholen.

Die Musik bietet eine weitere reiche Analogie. Ein Dirigent muss ein Orchester leiten, ohne ein Wort zu sagen, und sich auf Gesten verlassen, um seine Vision für die Musik zu vermitteln. Auch Führungskräfte kommunizieren oft am stärksten durch ihre Handlungen und geben einen Ton an, der in der gesamten Organisation widerhallt. Sie müssen die verschiedenen Instrumente - unterschiedliche Rollen und Persönlichkeiten - in Einklang bringen, um eine Symphonie aus koordinierten Bemühungen und gemeinsamem Erfolg zu schaffen.

Führung kann mit Improvisationstheater verglichen werden, bei dem sich die Schauspieler kreativ und spontan auf neue Szenarien einstellen müssen. Auch Führungskräfte müssen oft Herausforderungen ohne Drehbuch meistern und dabei auf ihren Witz, ihre Weisheit und ihre Erfahrungen zurückgreifen, um ihre Teams durch unsichere Situationen zu führen. Die besten Führungskräfte sind, wie die geschicktesten Improvisatoren, diejenigen, die aufmerksam zuhören, auf den Ideen anderer aufbauen und offen für den Fluss von Kreativität und Innovation bleiben.

In der Literatur schaffen Autoren Erzählungen, die den Leser in andere Welten entführen, Emotionen hervorrufen und tiefe Wahrheiten vermitteln. Effektive Führungskräfte gestalten ebenfalls Geschichten - sie erzählen die Geschichte ihrer Organisation auf eine Weise, die ihr Team motiviert, einbindet und auf ein gemeinsames Ziel ausrichtet. Sie schaffen eine Erzählung, die der Arbeit ihrer Teams Sinn und Kontext verleiht.

Bei all diesen Kunstformen ist das Gleichgewicht zwischen Planung und Spontaneität entscheidend. Ein Meisterwerk entsteht weder durch starres Festhalten an einer vorgefassten Vorlage noch durch chaotische Fleißarbeit. Vielmehr entsteht es in einem bewussten und dynamischen Prozess des Ausprobierens, Nachdenkens und Verfeinerns. Führung erfordert ein ähnliches Gleichgewicht, eine Mischung aus strategischer Planung und der Fähigkeit, auf sich ändernde Umstände mit Anmut zu reagieren.

Die Kunst der Führung manifestiert sich in der Fähigkeit einer Führungspersönlichkeit, nicht nur die Realität der Gegenwart, sondern auch die Möglichkeiten der Zukunft zu sehen und diese Zukunft in den Köpfen und Herzen der Menschen, die sie führt, zu malen. Wie jede große Kunst erfordert auch diese Leidenschaft, Hingabe und den Mut, konventionelle Grenzen zu überschreiten. Es ist ein ständiger Prozess des Lernens, Verlernens und Wiedererlernens - ein Prozess der Beherrschung der Kunst der Führung selbst.

Führung ist nicht nur eine angeborene Eigenschaft, sondern eine Disziplin, die rigorose Anwendung, ständige Weiterentwicklung und die Einhaltung von Grundsätzen erfordert. Im Kern bedeutet Führung als Disziplin eine Verpflichtung zu persönlicher Exzellenz und das unerschütterliche Streben nach einem Ideal, das dem Kollektiv zugute kommt.

Wie jede Disziplin zeichnet sich auch die effektive Führung durch eine Reihe von Grundprinzipien aus. Zu diesen Grundsätzen können Integrität, Verantwortlichkeit, Empathie und Belastbarkeit gehören. Sie sind nicht verhandelbar, die Werte, die jeder Entscheidung, Handlung und Interaktion einer Führungskraft zugrunde liegen. Die Einhaltung dieser Grundsätze erfordert oft ein hohes Maß an moralischer Stärke und ethischer Klarheit, die angesichts von Widrigkeiten oder moralischer Unklarheit schwer aufrechtzuerhalten ist.

Die Disziplin der Führung erfordert auch eine Verpflichtung zur ständigen Weiterentwicklung. So wie ein Sportler rigoros trainiert, um wettbewerbsfähig zu bleiben, oder ein Musiker täglich übt, um sein Instrument zu beherrschen, müssen auch Führungskräfte ihre Fähigkeiten ständig verfeinern. Dazu gehört auch, dass sie sich um Feedback bemühen, reflektieren und Gelegenheiten zum Lernen wahrnehmen. Es geht um die Einsicht, dass Führung kein Ziel, sondern eine Reise ist - eine Reise, die Ausdauer, Neugier und die Demut erfordert, zuzugeben, dass man weniger weiß, als man könnte.

Führung als Disziplin bedeutet, dass man systematisch vorgeht, wenn man andere führen will. Dazu gehört es, klare Ziele zu setzen, strategische Pläne zu erstellen und messbare Ergebnisse zu erzielen. Eine Führungskraft muss organisiert, fokussiert und proaktiv sein, um ihr Team zum Erreichen gemeinsamer Ziele zu bewegen.

Die Entwicklung, die mit der Disziplin der Führung einhergeht, ist vielschichtig. Es geht darum, die eigene emotionale Intelligenz zu kultivieren, um besser mit anderen in Kontakt zu treten und deren Bedürfnisse zu verstehen. Sie erfordert die Verbesserung der kognitiven Fähigkeiten, um bessere Entscheidungen treffen und komplexe Probleme lösen zu können. Dazu gehört auch die Entwicklung der sozialen Fähigkeiten, um effektiv zu kommunizieren, erfolgreich zu verhandeln und Konflikte zu bewältigen.

Im modernen organisatorischen Kontext muss sich die disziplinierte Führungskraft auch in einer sich schnell verändernden Landschaft zurechtfinden. Das bedeutet, dass sie über Branchentrends, technologische Fortschritte und globale Probleme, die sich auf ihr Team und ihre Organisation auswirken können, informiert bleiben müssen. Dies erfordert von den

Führungskräften Anpassungsfähigkeit, das Erlernen und Verlernen von Praktiken, wenn sich das externe Umfeld weiterentwickelt.

Führung als Disziplin erkennt auch die Notwendigkeit der Selbstfürsorge an. Eine disziplinierte Führungskraft weiß, dass ihr körperliches, geistiges und emotionales Wohlbefinden entscheidend für ihre Effektivität ist. Sie nehmen sich Zeit für Ruhe, Reflexion und Verjüngung, denn sie wissen, dass die Nachhaltigkeit ihrer Führung davon abhängt.

Führung als Disziplin zu betrachten, bedeutet, sie als ein Handwerk zu begreifen, das verfeinert werden kann, als eine Reihe von Kompetenzen, die entwickelt werden können, und als eine Reihe bewusster, absichtlicher Handlungen, die von einer Reihe klarer Werte und Prinzipien geleitet werden. Es ist dieser disziplinierte Ansatz, der es Führungskräften nicht nur ermöglicht, andere zu inspirieren und zu beeinflussen, sondern auch ein Vermächtnis zu schaffen, das dem Test der Zeit standhält.

Die Zukunft ist ein unsicheres Terrain, und Führungskräfte, die es erfolgreich meistern wollen, müssen Anpassungsfähigkeit und Weitblick beweisen. Der rasche Wandel in Technologie, Wirtschaft und Weltpolitik erfordert Weitsicht - ein feines Gespür für aufkommende Trends und die Fähigkeit, deren Auswirkungen vorherzusagen. Doch neben Weitsicht müssen Führungskräfte auch die Flexibilität besitzen, sich auf neue Situationen einzustellen, die sich oft auf unvorhersehbare Weise entwickeln.

Anpassungsfähigkeit in der Führung bedeutet, dass man offen für Veränderungen ist und sich auf eine Reihe von Möglichkeiten einstellen kann. Es geht darum, eine Kultur und Organisationsstruktur zu entwickeln, die schnell und effektiv auf neue Herausforderungen und Chancen reagieren kann. Anpassungsfähige Führungskräfte reagieren nicht nur auf Veränderungen, sondern entwickeln proaktiv Strategien, die es ihren Teams ermöglichen, den Wandel als Wettbewerbsvorteil zu nutzen.

Die Vision ist ebenso wichtig. Visionäre Führungskräfte können über den Horizont hinausblicken. Sie stellen sich nicht nur die Zukunft ihres Unternehmens vor, sondern auch die Zukunft ihrer Branche und der Gesellschaft insgesamt. Diese Art von Vision ist kein fester Punkt, sondern eine Richtung, die Entscheidungen leitet und zu Innovationen anregt. Sie beinhaltet eine überzeugende Erzählung über die Zukunft, die Menschen motiviert und sie in einem gemeinsamen Ziel vereint.

Eine Vision zu haben, ist nicht genug. Führungskräfte müssen sich und ihre Organisation auch auf das Unvorhergesehene und Unvorhersehbare vorbereiten - auf die schwarzen Schwäne, die niemand kommen sieht. Zu dieser Vorbereitung gehört es, die Widerstandsfähigkeit in die Struktur der Organisation einzubauen, kreatives Denken zu fördern und eine Vielzahl von Fähigkeiten und Perspektiven in ihren Teams zu kultivieren.

Um Führungskräfte auf ein solches Umfeld vorzubereiten, muss in den Programmen zur Führungskräfteentwicklung eine Mischung aus strategischem Denken, emotionaler Intelligenz und kritischer Analyse gefördert werden. Dies erfordert die Planung von Szenarien und Simulationsübungen, die den Führungskräften helfen, eine Reihe von möglichen Zukunftsszenarien zu erleben und sich darauf einzustellen.

Führungskräfte müssen sich für eine Lernkultur einsetzen, die der Fort- und Weiterbildung Priorität einräumt. In dem Maße, wie Automatisierung und künstliche Intelligenz die Branchen umgestalten, werden die menschlichen Elemente Kreativität, Einfühlungsvermögen und ethisches Urteilsvermögen immer wichtiger. Die Führungskräfte der Zukunft müssen daher sowohl die menschlichen Talente fördern als auch den technologischen Fortschritt vorantreiben.

Anpassungsfähigkeit und Visionen sind keine bloßen Schlagworte, sondern wesentliche Führungsqualitäten in einer Zukunft, die sich einfachen Vorhersagen entzieht. Sie erfordern ein empfindliches Gleichgewicht zwischen Vertrauen in die eigene Richtung und der Bescheidenheit, den Kurs zu ändern, wenn sich die Landschaft verändert. Für Führungskräfte, die dieses Gleichgewicht beherrschen, ist die Zukunft keine Bedrohung, sondern eine Weite der Möglichkeiten.

In der sich ständig weiterentwickelnden Führungslandschaft hat sich die emotionale Intelligenz in den Vordergrund geschoben und ist inzwischen genauso wichtig wie strategischer Scharfsinn. Einfühlungsvermögen und Verbundenheit bilden den menschlichen Kern der Führung und machen deutlich, dass Unternehmen nicht im luftleeren Raum operieren, sondern untrennbar mit dem Gewebe menschlicher Beziehungen und Erfahrungen verwoben sind.

Führung ist zutiefst beziehungsorientiert. Es geht darum, mit Menschen auf einer Ebene in Kontakt zu treten, die über rein transaktionale Interaktionen hinausgeht. Führungskräfte, die Empathie kultivieren, sind in der Lage, die Emotionen ihrer Mitmenschen wahrzunehmen und die Dynamik ihres Teams auf einer tieferen Ebene zu verstehen. Dies ermöglicht einen mitfühlenderen Führungsansatz und fördert ein Umfeld, in dem sich die Mitarbeiter wertgeschätzt und verstanden fühlen.

Die Verbindung ist für eine Führungskraft sowohl Mittel als auch Zweck; durch diese Bindung kann eine Führungskraft motivieren und inspirieren. Eine Führungskraft, die über emotionale Intelligenz verfügt, kann die Komplexität menschlicher Emotionen steuern und sie nutzen, um ein Team aufzubauen, das nicht nur produktiv, sondern auch kohärent und loyal ist. Führungspersönlichkeiten mit hoher emotionaler Intelligenz haben ein Gespür für die subtilen Unterströmungen in ihren Organisationen und sind in der Lage, Unstimmigkeiten anzusprechen, bevor sie zu Störungen führen, und Gelegenheiten zur Zusammenarbeit zu erkennen, die andernfalls vielleicht unbemerkt bleiben würden.

Führung steht in einer bidirektionalen Beziehung zu Empathie und Verbundenheit. Eine Führungskraft beeinflusst nicht nur ihr Team, sondern das Team beeinflusst auch die Führungskraft. Die Beziehungen, die innerhalb einer Organisation aufgebaut werden, können die eigene Entwicklung und Effektivität der Führungskraft beeinflussen. Wenn die Teammitglieder das Gefühl haben, dass ihre emotionalen Bedürfnisse befriedigt werden, reagieren sie mit erhöhter Loyalität und Leistung, wodurch ein positiver Kreislauf entsteht.

In einer Welt, in der sich die Technologie in einem halsbrecherischen Tempo weiterentwickelt, werden die menschlichen Elemente des Geschäfts zu den entscheidenden Faktoren. In diesem Zusammenhang werden Führungskräfte, die echtes Einfühlungsvermögen zeigen und echte Beziehungen pflegen, nicht nur hervorstechen, sondern auch am besten in der Lage sein, die Komplexität des modernen Arbeitsplatzes zu bewältigen. Dieser auf den Menschen ausgerichtete Führungsansatz ist nicht mehr optional, sondern für alle, die in einer zunehmend vernetzten und sich schnell verändernden Welt erfolgreich führen wollen, unerlässlich.

Einfühlungsvermögen und Verbundenheit stehen für die Fähigkeit einer Führungskraft, sich in die Herzen und Köpfe der Menschen, die sie führt, hineinzuversetzen. Sie markieren den Weg von einer Position der Autorität zu einer Position des Einflusses und von einer Konzentration auf Ergebnisse zu einem Engagement für Menschen. Führungspersönlichkeiten, die sich diesen menschlichen Kern zu eigen machen, erzielen nicht nur Ergebnisse, sondern erheben auch den menschlichen Geist und machen Führung zu einer Praxis, die ebenso transformativ wie effektiv ist.

Das Vermächtnis einer Führungspersönlichkeit geht über die unmittelbaren Geschäftsergebnisse hinaus und erstreckt sich auf die tiefgreifenden Auswirkungen, die sie auf Einzelpersonen, Organisationen und die Gesellschaft als Ganzes hat. Der Einfluss einer echten Führungspersönlichkeit wird nicht an ihrer Anwesenheit gemessen, sondern an der Lücke, die sie bei ihrem Ausscheiden hinterlässt, an den Systemen, die sie geschaffen hat, an der Kultur, die sie gefördert hat, und an den Werten, die sie vermittelt hat.

Auf individueller Ebene spiegelt sich das Vermächtnis einer Führungskraft im Wachstum und in der Entwicklung ihrer Teammitglieder wider. Es zeigt sich in den Karrieren, die durch ihre Mentorenschaft geformt wurden, in dem Vertrauen, das vermittelt wurde, und in dem Potenzial, das freigesetzt wurde. Führungskräfte, die die Förderung und das Wohlergehen ihrer Mitarbeiter in den Vordergrund stellen, hinterlassen qualifizierte, belastbare Fachkräfte, die selbst in der Lage sind, zu führen.

Für Unternehmen ist das Erbe der Führung in die Unternehmenskultur und die dauerhaften Praktiken eingebettet, die Innovation, ethisches Verhalten und strategischen Erfolg vorantreiben. Führungskräfte geben den Ton an für das, was in einer Organisation geschätzt wird und was möglich ist. Ein positives Vermächtnis von Führungskräften trägt zu einem Ruf von Integrität, Qualität und Verantwortung bei, der Talente anzieht und eine starke, nachhaltige Marke schafft.

Auf gesellschaftlicher Ebene kann das Vermächtnis von Führungskräften einen Wandel in größerem Maßstab bewirken. Führungskräfte, die sich für soziale Verantwortung, Umweltschutz oder gesellschaftliches Engagement einsetzen, führen ihre Organisationen dazu, nicht nur wirtschaftlichen Wert zu schaffen, sondern auch zum Gemeinwohl beizutragen. Ihr Vermächtnis kann Teil einer größeren Erzählung von Fortschritt und positivem Wandel werden.

Zu den Merkmalen eines dauerhaften und positiven Führungsnachlasses gehören:

- Nachhaltiger Erfolg: Über kurzfristige Erfolge hinaus wird der Erfolg einer Führungspersönlichkeit durch das anhaltende Gedeihen der Organisation und die fortwährende Relevanz ihres Auftrags aufrechterhalten.

- Ermächtigung: Ein Vermächtnis zeigt sich in der Autonomie eines Teams, das auch in Abwesenheit des ursprünglichen Leiters weiter gedeiht, innovativ ist und die Führung übernimmt.

- Ethische Standards: Führungskräfte, die hohe ethische Standards aufrechterhalten, hinterlassen oft Organisationen, die für ihre Integrität und Vertrauenswürdigkeit bekannt sind.

- Verwirklichte Vision: Die Verwirklichung der Vision einer Führungspersönlichkeit im Laufe der Zeit, wenn ihre strategische Ausrichtung und ihr Weitblick Früchte tragen, stellt ein bedeutendes Vermächtnis dar.

- Einfluss: Die Verbreitung der Ideen, Methoden und Werte einer Führungspersönlichkeit über Branchen oder Sektoren hinweg zeigt den großen Einfluss ihrer Führung.

Ein dauerhaftes Vermächtnis von Führungskräften ist kein Nebenprodukt, sondern ein bewusstes Streben, das durch konsequentes Handeln, ein Bekenntnis zu Grundsätzen und ein echtes Engagement für den Dienst aufgebaut wird. Führungskräfte, die zielgerichtet handeln und ihre Rolle als Teil einer größeren Geschichte sehen, hinterlassen nicht nur einen Fußabdruck ihrer Taten, sondern auch einen Weg, dem andere folgen und auf dem sie aufbauen können. Das ultimative Vermächtnis einer Führungspersönlichkeit ist die Befähigung und Förderung anderer, was weit über die individuelle Leistung hinausgeht.

Leadership Pathways sind dynamische Wege, die sowohl aufstrebende als auch etablierte Führungskräfte prägen. Sie sollen jeder Führungskraft helfen, sich durch eine Reihe von persönlichen und beruflichen Erfahrungen weiterzuentwickeln. Um neue Führungskräfte zu ermutigen, ihren eigenen Führungsweg zu finden, bedarf es eines differenzierten Ansatzes, der die einzigartige Kombination ihrer Stärken und Interessen sowie die spezifischen Herausforderungen berücksichtigt, denen sie sich stellen müssen. Es bedeutet, sie zu einer Führungsvision zu führen, die mit ihren Werten übereinstimmt, und sie vor Herausforderungen zu stellen, die ihr Wachstum und ihre Entwicklung fördern.

Die erfahrenen Führungskräfte haben die Aufgabe, die Neulinge zu inspirieren und zu betreuen. Ihre Aufgabe ist es, das aus jahrelanger Erfahrung gewonnene Wissen weiterzugeben, Orientierung zu bieten und ein Umfeld zu schaffen, das zum Lernen und Experimentieren einlädt. Bei diesem Mentoring geht es nicht nur um die Weitergabe von Wissen, sondern auch darum, die Zukunft des Unternehmens zu gestalten, indem das Potenzial in den eigenen Reihen gefördert wird.

Führungswege sind von Natur aus komplex und nicht-linear. Sie stellen eine Sammlung von Erfahrungen und Lernmöglichkeiten dar, die das Wachstum einer Führungskraft fördern. Für aufstrebende Führungskräfte könnte dies bedeuten, dass sie personalisierte Entwicklungspläne erstellen, die sich auf ihre Karriere- und persönlichen Wachstumsziele konzentrieren und ihnen reale Möglichkeiten bieten, ihre Führungsqualitäten zu testen und zu verbessern.

Zur Entwicklung solcher Führungskräfte gehören nicht nur maßgeschneiderte Programme, sondern auch die Förderung reflektierender Praktiken, bei denen die Führungskräfte ihre eigene Leistung und Wirkung bewerten. Entscheidend sind auch kontinuierliche Lernumgebungen, die den Wert ständiger Weiterbildung betonen und Entwicklungsressourcen weithin verfügbar machen.

Das Erkennen von Potenzial ist ein weiteres Schlüsselelement, bei dem Organisationen aktiv nach Personen suchen und sie fördern, die vielversprechend sind, um andere zu führen, unabhängig von ihrer Ebene oder Position.

Für erfahrene Führungskräfte ist das Mentoring eine Gelegenheit, ihr Erbe zu pflegen und die Führungskultur des Unternehmens zu stärken. Es ist eine symbiotische Beziehung, die es ihnen auch ermöglicht, neue Erkenntnisse zu gewinnen und ihren Führungsansatz zu verfeinern.

Durch die Förderung beider Gruppen sichern Organisationen nicht nur ihre Zukunft, sondern stellen auch sicher, dass das Erbe der heutigen Führungskräfte an die Führungskräfte von morgen weitergegeben und von ihnen weiterentwickelt wird. Dieses Engagement für die Entwicklung von Führungsqualitäten ist gleichbedeutend mit der Vorbereitung der Organisation auf künftige Herausforderungen, denen sie mit Widerstandsfähigkeit und Agilität begegnen kann.

Bei der Führung geht es nicht nur um das, was ist, sondern um das, was sein kann. Sie ist ein Bereich, in dem Phantasie nicht nur willkommen ist, sondern für Wachstum und Innovation erforderlich ist. Führungskräfte sind aufgerufen, über die konventionellen Grenzen ihrer Organisationen hinauszuschauen und sich vorzustellen, was vor ihnen liegt. Die Vorstellungskraft von Führungskräften ist der Schlüssel zur Entfaltung des Potenzials und zur Umsetzung von Visionen in die Realität.

Die Kunst der Führung beruht auf der Fähigkeit, über den Tellerrand hinauszuschauen - sich neue Möglichkeiten vorzustellen, die eine Organisation voranbringen können. Führungskräfte nutzen die Kraft ihrer Vorstellungskraft, um Ziele zu formulieren, die nicht nur schrittweise Verbesserungen, sondern visionäre Meilensteine darstellen. Sie nutzen dieses mächtige Werkzeug, um ihre Teams zu inspirieren, Innovationen zu fördern und einen Kurs zu setzen, den andere vielleicht noch nicht sehen.

Führungspersönlichkeiten, die Phantasie haben, fördern eine Kultur der Kreativität und des Forschens. Sie stellen den Status quo in Frage, ermutigen zu unkonventionellem Denken und haben keine Angst, neue Wege zu beschreiten. Der Einsatz von Vorstellungskraft trägt dazu bei, ein überzeugendes Bild der Zukunft zu zeichnen, das die Teams motiviert und anspornt, nach Spitzenleistungen zu streben.

Phantasievolle Führungskräfte haben oft eine ansteckende Begeisterung für Möglichkeiten. Sie können abstrakte Ideen in konkrete Strategien umsetzen und ihre Organisationen zu neuen Höhen führen. Sie sind geschickt darin, sich im Unbekannten zurechtzufinden und können Ungewissheit in eine Leinwand der Möglichkeiten verwandeln.

Die Rolle der Vorstellungskraft in der Führung besteht auch darin, visionäre Ziele zu formulieren. Es geht darum, Richtungen vorzugeben, die vielleicht noch nicht vollständig verstanden oder gewürdigt werden, aber mit einem tieferen Einblick in künftige Trends und potenzielle Umwälzungen einhergehen. Diese Voraussicht ermöglicht es den Führungskräften, ihre Organisationen auf den Wandel vorzubereiten und sie mit der Einstellung auszustatten, sich anzupassen und unter allen Umständen erfolgreich zu sein.

Führungskräfte, die ihre Vorstellungskraft nutzen, können ein Umfeld schaffen, in dem sich die Teammitglieder ermächtigt fühlen, ihre eigenen kreativen Erkenntnisse einzubringen. Sie entwickeln eine kollektive Vision, die bei allen Beteiligten auf Resonanz stößt, und nutzen dabei die unterschiedlichen Perspektiven und Talente ihres Teams.

Das grenzenlose Potenzial von Führungskräften liegt in der Fähigkeit, über die Gegenwart hinauszugehen, über das Unmittelbare hinaus zu denken und es zu wagen, die Zukunft zu erfinden. Es geht darum, ein Vermächtnis zu schaffen, das nicht durch das Hier und Jetzt eingeschränkt ist, sondern sich ständig in Richtung eines Horizonts entwickelt, der weitreichend und voller Möglichkeiten ist.

Führung ist im Kern eine evolutionäre Reise und kein statisches Ziel. Sie ist gekennzeichnet durch einen kontinuierlichen Prozess der Transformation und des Wachstums, eine nicht enden wollende Suche, die Führungskräfte herausfordert, sich anzupassen, zu lernen und in einer sich ständig verändernden Landschaft Einfluss zu nehmen. Die dynamische Natur der Führung zwingt diejenigen, die sie annehmen, dazu, in ihrer Herangehensweise fließend zu bleiben und immer bereit zu sein, Paradigmen und Perspektiven zu wechseln, wenn es der Kontext erfordert.

Das Wesen der Führung liegt in ihrer ständigen Bewegung - Führungskräfte müssen sich durch das Auf und Ab von Wirtschaftszyklen, sozialen Veränderungen und technologischen Fortschritten bewegen. Die Führungskräfte, die sich im Laufe der

Zeit bewähren, sind diejenigen, die den Wandel nicht als Bedrohung, sondern als belebende Herausforderung betrachten, als Aufforderung, über die eigenen Grenzen hinauszuwachsen, innovativ zu sein und zu inspirieren.

Diese evolutionäre Natur der Führung erfordert eine Verpflichtung zu lebenslangem Lernen. Führungspersönlichkeiten sind daher auch Lernende - neugierig und bescheiden, offen für neue Ideen und bereit zur Selbstreflexion. Sie wissen, dass die Landschaften, in denen sie sich bewegen, komplex sind und dass sie, um andere effektiv zu führen, bereit sein müssen, ihren eigenen Horizont und ihre Fähigkeiten ständig zu erweitern. Bei der Führung geht es um Einflussnahme, und da sich die Welt weiterentwickelt, müssen auch die Methoden, mit denen Führungskräfte ihren Einfluss ausüben, angepasst werden. Es kommt darauf an, nicht nur zu leiten, sondern zu befähigen, nicht nur zu verwalten, sondern zu inspirieren. Die Führungspersönlichkeiten der Zukunft sind diejenigen, die nicht durch die Macht ihrer Autorität, sondern durch die Kraft ihrer Ideen und die Tiefe ihres Charakters Eindruck hinterlassen.

Die Reise einer Führungskraft ist auch eine persönliche Reise, die eng mit dem eigenen Weg des Wachstums und der Selbstentdeckung verwoben ist. Führungskräfte, die sich die evolutionäre Natur ihrer Rolle zu eigen machen, stellen oft fest, dass sie sich selbst verändern, wenn sie sich bemühen, ihre Organisationen und Teams zu verändern.
Die Entwicklung von Führungskräften ist ein Beweis für ihre lebendige und transformative Kraft. Sie ist eine fortlaufende Geschichte, zu der jede Führungskraft beiträgt und die durch die Triumphe und Prüfungen ihrer Amtszeit geprägt ist. Die Führungskräfte von heute und morgen navigieren durch die unbekannten Gewässer des Wandels und wissen dabei, dass es auf ihrer Reise nicht nur um die Ziele geht, die sie erreichen, sondern auch um das Vermächtnis, das sie hinterlassen, und die Wege, die sie für künftige Generationen erkunden und ausbauen.

Am Ende dieser Erkundung des facettenreichen Bereichs der Führung laden wir Sie ein, nicht nur ein passiver Empfänger dieser Erkenntnisse zu sein, sondern ein aktiver Teilnehmer an Ihrer eigenen Führungsreise zu werden. Betrachten Sie dies nicht nur als Abschluss, sondern als Anfang, als Beginn der Anwendung der gesammelten Weisheit auf Ihr Leben und Ihre Führung.

Setzen Sie sich mit den Konzepten auseinander, die Sie hier kennengelernt haben. Denken Sie darüber nach, inwieweit diese Ideen mit Ihren Erfahrungen, Ihren Werten und Ihren Zielen übereinstimmen. Führung ist keine Einheitslösung; sie ist so einzigartig wie die Menschen, die sie praktizieren. Daher möchten wir Sie ermutigen, diese Ideen auf Ihren Kontext zuzuschneiden und sie in Ihrem persönlichen und beruflichen Umfeld auszuprobieren.

Reflexion ist ein mächtiges Werkzeug für die Entwicklung. Wenn Sie über die vorgestellten Führungsthemen nachdenken, stellen Sie sich die folgenden Fragen, um Ihr Verständnis zu vertiefen und Ihr Wachstum zu fördern:

- Wie passen die besprochenen Führungsprinzipien zu meinem derzeitigen Führungsstil? Wo sehe ich Möglichkeiten zur Veränderung?

- Welches sind die zentralen Werte, die ich als Führungskraft verkörpern möchte, und wie kann ich diese besser in mein tägliches Handeln integrieren?

- Wie kann ich für mich und meine Mitarbeiter ein Umfeld schaffen, in dem sie sich entfalten und wachsen können?

- Wie kann ich meine einzigartigen Stärken nutzen und meine verbesserungswürdigen Bereiche angehen, um eine effektivere Führungskraft zu werden?

- Welche Schritte kann ich unternehmen, um mich und mein Team auf die unvorhergesehenen Herausforderungen der Zukunft vorzubereiten?

Lassen Sie sich von diesen Fragen leiten, zur Selbstreflexion anregen und zum Handeln auffordern. Die Erkenntnisse, die Sie aus diesem Buch gewinnen, sind Ausgangspunkte für Ihre weitere Entwicklung als Führungskraft. Der Weg, der vor Ihnen liegt, wird von den Entscheidungen, die Sie treffen, und dem Engagement, das Sie für Ihr Wachstum zeigen, geprägt sein.

Wir stehen an der Schwelle zu einer sich ständig weiterentwickelnden Landschaft der Führung. Ihre Rolle in dieser sich entfaltenden Geschichte ist entscheidend. Wenn Sie diese Seiten in die Tat umsetzen, werden Sie nicht nur eine Führungspersönlichkeit mit einem Titel sein, sondern auch eine Führungspersönlichkeit mit einer Wirkung, die nicht nur Ihre Karriere, sondern auch das Leben derer, die Sie auf Ihrem Weg berühren, beeinflusst.

Nehmen Sie diese Konzepte, machen Sie sie sich zu eigen und gehen Sie mit dem Mut zum Handeln und der Weisheit zum Nachdenken voran. Auf diese Weise werden Sie nicht nur Ihre eigenen Führungsfähigkeiten erweitern, sondern auch einen Beitrag zu dem größeren Gobelin der Führung leisten, das uns in die Zukunft führen wird.

Wenn wir die letzten Worte auf der Seite dieses Buches schreiben, kommen wir nicht an ein Ende, sondern an eine Schwelle. Jenseits dieses Punktes liegt die weite Landschaft Ihrer persönlichen Führungserforschung - eine Reise, die mit dem Abschluss dieses Kapitels von neuem beginnt. Die Konzepte und Erzählungen, die auf diesen Seiten enthalten sind, können Sie nun in Ihr Leben und Ihre Führungsarbeit einweben.

Dieser Abschied ist der Beginn eines neuen Anfangs, ein Leuchtfeuer, das Ihnen den Weg zu den Horizonten Ihres Potenzials weist. Mit jeder Herausforderung, der Sie sich stellen, und jedem Triumph, den Sie feiern, werden die Lektionen der Führung Ihrem Weg eine tiefere Bedeutung verleihen. Betrachten

Sie dies nicht als einen Abschied, sondern als einen sanften Anstoß für die Zukunft, die auf Ihren Einfluss und Ihre Leidenschaft wartet.

Nehmen Sie auf Ihrem weiteren Weg den Mut mit, der Führungskräfte durch Ungewissheit treibt, die Neugier, die sie unaufhörlich lernen lässt, und das Mitgefühl, das sie mit denen verbindet, denen sie dienen. Führung ist kein statischer Zustand, sondern eine lebendige Praxis, die von der Energie lebt, die Sie täglich in sie einbringen.

Wir hoffen, dass die Erzählungen und Einsichten auf diesen Seiten eine Flamme in Ihnen entfacht haben, einen Funken, der Ihren Weg erhellt, während Sie sich durch die Komplexität und die Freuden der Führungsarbeit bewegen. Tragen Sie dieses Wissen nicht als eine Last, sondern als eine Laterne, die die vor Ihnen liegenden Schritte erhellt, wobei jeder einzelne eine Gelegenheit ist, zu gestalten, zu beeinflussen und zu inspirieren.

Es gibt eine Welt da draußen, die sich nach der Art von Führung sehnt, die Sie anbieten können. Wenn Sie also die letzte Seite umblättern, treten Sie mutig in die Geschichte ein, die Sie gerade schreiben. Mögen Sie Freude an der Reise, Sinn in den Herausforderungen und Erfüllung in dem Wissen finden, dass die Kunst der Führung einer der tiefgreifendsten Beiträge ist, die Sie in dieser Welt leisten können.

Mit jeder Führungspersönlichkeit, die sich auf den Weg macht, geht die kollektive Geschichte des menschlichen Fortschritts weiter. Seien Sie mutig, seien Sie neugierig, seien Sie mitfühlend. Und denken Sie daran: Die wahre Kraft der Führung zeigt sich in den Leben, die sich zum Besseren wenden, weil Sie es gewagt haben, zu führen.

Referenzen

Chapter 1

Avolio, B. J., & Gardner, W. L. (2005). Authentic leadership development: Getting to the root of positive forms of leadership. The Leadership Quarterly, 16(3), 315-338.

Collins, J. (2001). Good to great: Why some companies make the leap... and others don't. Harper Business.

Fry, L. W. (2003). Toward a theory of spiritual leadership. The Leadership Quarterly, 14(6), 693-727.

George, B. (2003). Authentic leadership: Rediscovering the secrets to creating lasting value. Jossey-Bass.

Hollander, E. P. (2009). Inclusive leadership: The essential leader-follower relationship. Routledge.

Lencioni, P. (2002). The five dysfunctions of a team: A leadership fable. Jossey-Bass.

Mackey, J., & Sisodia, R. (2013). Conscious capitalism: Liberating the heroic spirit of business. Harvard Business Review Press.

Pink, D. H. (2009). Drive: The surprising truth about what motivates us. Riverhead Books.

Scharmer, C. O. (2009). Theory U: Leading from the future as it emerges. Berrett-Koehler Publishers.

Senge, P. M. (1990). The fifth discipline: The art and practice of the learning organization. Currency Doubleday.

Sinek, S. (2009). Start with why: How great leaders inspire everyone to take action. Portfolio.

Quinn, R. E. (1996). Deep change: Discovering the leader within. Jossey-Bass.

Chapter 2

Badaracco, J. L. (2002). Leading Quietly. Harvard Business School Press.

Bennis, W. G., & Thomas, R. J. (2002). Geeks and Geezers. Harvard Business Review Press.

Collins, J. (2005). Level 5 Leadership: The Triumph of Humility and Fierce Resolve. Harvard Business Review, 83(7/8), 136-146.

Conger, J. A. (1998). The Necessary Art of Persuasion. Harvard Business Review, 76(3), 84-95.

Drath, W. H., & Palus, C. J. (1994). Making Common Sense: Leadership as Meaning-Making in a Community of Practice. Center for Creative Leadership.

Heifetz, R. A., & Linsky, M. (2002). Leadership on the Line: Staying Alive Through the Dangers of Leading. Harvard Business Press.

Hill, L. A. (2003). Becoming a Manager: How New Managers Master the Challenges of Leadership. Harvard Business School Press.

Kotter, J. P. (1990). A Force for Change: How Leadership Differs from Management. Free Press.

Mintzberg, H. (2009). Managing. Berrett-Koehler Publishers.

Northouse, P. G. (2018). Leadership: Theory and Practice. Sage Publications.

Pearce, C. L., & Conger, J. A. (2003). Shared Leadership: Reframing the Hows and Whys of Leadership. Sage Publications.

Raes, A. M. L., Heijltjes, M. G., Glunk, U., & Roe, R. A. (2011). The Interface of the Top Management Team and Middle Managers: A Process Model. Academy of Management Review, 36(1), 102-126.

Rost, J. C. (1991). Leadership for the Twenty-First Century. Praeger.

Sashkin, M., & Sashkin, M. G. (2003). Leadership that Matters. Berrett-Koehler Publishers.

Zaleznik, A. (1992). Managers and Leaders: Are They Different? Harvard Business Review, 70(2), 126-135.

Chapter 3

Belbin, R. M. (2010). Management Teams: Why They Succeed or Fail. Butterworth-Heinemann.

Duhigg, C. (2016). Smarter Faster Better: The Secrets of Being Productive in Life and Business. Random House.

Hackman, J. R. (2002). Leading Teams: Setting the Stage for Great Performances. Harvard Business School Press.

Katzenbach, J. R., & Smith, D. K. (1993). The Wisdom of Teams: Creating the High-Performance Organization. Harvard Business School Press.

Lencioni, P. (2002). The Five Dysfunctions of a Team: A Leadership Fable. Jossey-Bass.

McChrystal, S., Collins, T., Silverman, D., & Fussell, C. (2015). Team of Teams: New Rules of Engagement for a Complex World. Portfolio.

Senge, P. M. (1990). The Fifth Discipline: The Art & Practice of The Learning Organization. Doubleday/Currency.

Sundstrom, E., De Meuse, K. P., & Futrell, D. (1990). Work Teams: Applications and Effectiveness. American Psychologist, 45(2), 120-133.

Tuckman, B. W., & Jensen, M. A. C. (1977). Stages of Small-Group Development Revisited. Group & Organization Management, 2(4), 419-427.

West, M. A. (2012). Effective Teamwork: Practical Lessons from Organizational Research. Wiley-Blackwell.

Wuchty, S., Jones, B. F., & Uzzi, B. (2007). The Increasing Dominance of Teams in Production of Knowledge. Science, 316(5827), 1036-1039.

Chapter 4

Ancona, D. & Bresman, H. (2007). X-Teams: How to Build Teams That Lead, Innovate and Succeed. Boston, MA: Harvard Business School Press.

Bennis, W., & Thomas, R. J. (2002). Geeks and Geezers. Harvard Business Review, 80(8), 43-52.

Burns, J. M. (1978). Leadership. New York: Harper & Row.

Drath, W. H. (2001). The Deep Blue Sea: Rethinking the Source of Leadership. San Francisco: Jossey-Bass.

Fisher, R., Ury, W., & Patton, B. (2011). Getting to Yes: Negotiating Agreement Without Giving In. New York: Penguin Books.

Goldsmith, M., & Reiter, M. (2007). What Got You Here Won't Get You There. New York: Hyperion.

Heifetz, R. A., & Linsky, M. (2002). Leadership on the Line: Staying Alive Through the Dangers of Leading. Boston, MA: Harvard Business School Press.

Kellerman, B. (2004). Bad Leadership: What It Is, How It Happens, Why It Matters. Boston, MA: Harvard Business Press.

Kouzes, J. M., & Posner, B. Z. (2007). The Leadership Challenge. San Francisco, CA: Jossey-Bass.

Northouse, P. G. (2018). Leadership: Theory and Practice. Thousand Oaks, CA: SAGE Publications.

O'Toole, J. (1995). Leading Change: The Argument for Values-Based Leadership. San Francisco, CA: Jossey-Bass.

Pearce, C. L., & Conger, J. A. (2003). Shared Leadership: Reframing the Hows and Whys of Leadership. Thousand Oaks, CA: SAGE Publications.

Quick, T. L. (1992). Successful Team Building. New York: AMACOM.

Rost, J. C. (1991). Leadership for the Twenty-First Century. Westport, CT: Praeger.

Senge, P. M. (1990). The Fifth Discipline: The Art & Practice of The Learning Organization. New York: Doubleday/Currency.

Tuckman, B. W., & Jensen, M. A. C. (1977). Stages of Small-Group Development Revisited. Group & Organization Studies, 2(4), 419-427.

Wheatley, M. J. (2006). Leadership and the New Science: Discovering Order in a Chaotic World. San Francisco, CA: Berrett-Koehler.

Yukl, G. (2012). Leadership in Organizations. Upper Saddle River, NJ: Pearson Education.

Chapter 5

Bridges, W. (2009). Managing Transitions: Making the Most of Change. Da Capo Press.

Duck, J. D. (1993). Managing Change: The Art of Balancing. Harvard Business Review, 71(6), 109-118.

Heifetz, R. A., & Linsky, M. (2002). Leadership on the Line: Staying Alive through the Dangers of Leading. Harvard Business Press.

Kotter, J. P. (1996). Leading Change. Harvard Business School Press.

Lewin, K. (1947). Frontiers in Group Dynamics. Human Relations, 1, 5-41.

Nadler, D. A., & Tushman, M. L. (1990). Beyond the Charismatic Leader: Leadership and Organizational Change. California Management Review, 32(2), 77-97.

Quinn, R. E. (1996). Deep Change: Discovering the Leader Within. Jossey-Bass.

Rogers, E. M. (2003). Diffusion of Innovations, 5th Edition. Free Press.

Schein, E. H. (1992). Organizational Culture and Leadership. Jossey-Bass.

Senge, P. M. (1999). The Dance of Change: The Challenges to Sustaining Momentum in Learning Organizations. Currency.

Uhl-Bien, M., Marion, R., & McKelvey, B. (2007). Complexity Leadership Theory: Shifting leadership from the industrial age to the knowledge era. The Leadership Quarterly, 18(4), 298-318.

Weick, K. E., & Quinn, R. E. (1999). Organizational Change and Development. Annual Review of Psychology, 50, 361-386.

Wheatley, M. J. (1992). Leadership and the New Science: Discovering Order in a Chaotic World. Berrett-Koehler Publishers.

Yukl, G. (2002). Leadership in Organizations, 5th Edition. Prentice Hall.

Zimmerman, B., Lindberg, C., & Plsek, P. (1998). Edgeware: Insights from Complexity Science for Health Care Leaders. VHA Inc.

Chapter 6

Boin, A., & 't Hart, P. (2003). Public Leadership in Times of Crisis: Mission Impossible? Public Administration Review, 63(5), 544-553.

Bowers, M. R., Hall, J. R., & Srinivasan, M. M. (2017). Organizational Culture and Leadership Style: The Missing Combination for Selecting the Right Leader for Effective Crisis Management. Business Horizons, 60(4), 551-563.

Burns, J. M. (1978). Leadership. Harper & Row.

Covey, S. R. (2004). The 7 Habits of Highly Effective People: Restoring the Character Ethic. Free Press.

Demiroz, F., & Kapucu, N. (2012). The Role of Leadership in Managing Emergencies and Disasters. European Journal of Economic and Political Studies, 5(1), 91-101.

Heifetz, R. A., Grashow, A., & Linsky, M. (2009). The Practice of Adaptive Leadership: Tools and Tactics for Changing Your Organization and the World. Harvard Business Press.

James, E. H., & Wooten, L. P. (2005). Leadership as (Un)usual: How to Display Competence in Times of Crisis. Organizational Dynamics, 34(2), 141-152.

Kolditz, T. A. (2007). In Extremis Leadership: Leading as if Your Life Depended on It. Jossey-Bass.

Lämsä, A-M., Vehkaperä, M., Puttonen, T., & Pesonen, H-L. (2008). Effect of Business Education on Women and Men Students' Attitudes on Corporate Responsibility in Society. Journal of Business Ethics, 82(1), 45-58.

Leonard, H. B., & Howitt, A. M. (2010). Organizing Response to Extreme Emergencies: The Victorian Bushfires of 2009. Australian Journal of Public Administration, 69(4), 372-386.

Mitroff, I. I. (2005). Why Some Companies Emerge Stronger And Better From a Crisis: 7 Essential Lessons for Surviving Disaster. AMACOM.

Pearson, C. M., & Clair, J. A. (1998). Reframing Crisis Management. Academy of Management Review, 23(1), 59-76.

Prewitt, J. E., & Weil, R. (2014). Organizational Opportunities Emergent from Crisis: A Case Study in the Insurance Industry. Journal of Managerial Issues, 26(2), 150-167.

Stern, E. K. (1997). Crisis and Learning: A Conceptual Balance Sheet. Journal of Contingencies and Crisis Management, 5(2), 69-86.

Useem, M., Cook, J., & Sutton, L. (2005). Developing Leaders for Decision Making Under Stress: Wildland Firefighters in the South Canyon Fire and Its Aftermath. Academy of Management Learning & Education, 4(4), 461-485.

Weick, K. E. (1993). The Collapse of Sensemaking in Organizations: The Mann Gulch Disaster. Administrative Science Quarterly, 38(4), 628-652.

Wooten, L. P., & James, E. H. (2008). Linking Crisis Management and Leadership Competencies: The Role of Human Resource Development. Advances in Developing Human Resources, 10(3), 352-379.

Yukl, G. A. (2006). Leadership in Organizations, 6th Edition. Prentice Hall.

Zolli, A., & Healy, A. M. (2012). Resilience: Why Things Bounce Back. Free Press.

Chapter 7

Ancona, D., & Bresman, H. (2007). X-Teams: How to Build Teams That Lead, Innovate, and Succeed. Harvard Business School Press.

Bennis, W., & Biederman, P. W. (1997). Organizing Genius: The Secrets of Creative Collaboration. Addison-Wesley.

Chrislip, D. D., & Larson, C. E. (1994). Collaborative Leadership: How Citizens and Civic Leaders Can Make a Difference. Jossey-Bass.

Fletcher, J. K. (2004). The Paradox of Postheroic Leadership: An Essay on Gender, Power, and Transformational Change. Leadership Quarterly, 15(5), 647-661.

Heifetz, R. A. (1994). Leadership Without Easy Answers. Belknap Press.

Kocolowski, M. D. (2010). Shared Leadership: Is it Time for a Change? Emerging Leadership Journeys, 3(1), 22-32.

Lipman-Blumen, J. (2000). Connective Leadership: Managing in a Changing World. Oxford University Press.

Pearce, C. L., & Conger, J. A. (Eds.). (2003). Shared Leadership: Reframing the Hows and Whys of Leadership. Sage Publications, Inc.

Raelin, J. A. (2006). Does Action Learning Promote Collaborative Leadership? Academy of Management Learning & Education, 5(2), 152-168.

Scharmer, O. C. (2009). Theory U: Leading from the Future as it Emerges. Berrett-Koehler Publishers.

Wheatley, M. J. (1994). Leadership and the New Science: Learning about Organization from an Orderly Universe. Berrett-Koehler Publishers.

Chapter 8

Avolio, B. J., & Gardner, W. L. (2005). Authentic leadership development: Getting to the root of positive forms of leadership. The Leadership Quarterly, 16(3), 315-338.

Bennis, W., & Thomas, R. J. (2002). Geeks and Geezers: How Era, Values, and Defining Moments Shape Leaders. Harvard Business School Press.

Brown, B. (2018). Dare to Lead: Brave Work. Tough Conversations. Whole Hearts. Random House.

Collins, J. (2001). Good to Great: Why Some Companies Make the Leap...and Others Don't. HarperBusiness.

Drucker, P. F. (1999). Management Challenges for the 21st Century. HarperBusiness.

Friedman, T. L. (2016). Thank You for Being Late: An Optimist's Guide to Thriving in the Age of Accelerations. Farrar, Straus and Giroux.

Heifetz, R., Grashow, A., & Linsky, M. (2009). The Practice of Adaptive Leadership: Tools and Tactics for Changing Your Organization and the World. Harvard Business Press.

Ibarra, H., & Hansen, M. T. (2011). Are You a Collaborative Leader? Harvard Business Review, 89(7/8), 68-74.

Kellerman, B. (2012). The End of Leadership. HarperBusiness.

Kotter, J. P. (1996). Leading Change. Harvard Business School Press.

Pink, D. H. (2009). Drive: The Surprising Truth About What Motivates Us. Riverhead Books.

Ries, E. (2011). The Lean Startup: How Today's Entrepreneurs Use Continuous Innovation to Create Radically Successful Businesses. Crown Business.

Scharmer, O. C. (2018). The Essentials of Theory U: Core Principles and Applications. Berrett-Koehler Publishers.

Senge, P. M. (1990). The Fifth Discipline: The Art & Practice of The Learning Organization. Doubleday.

Sinek, S. (2019). The Infinite Game. Portfolio.

Toffler, A. (1980). The Third Wave. Bantam Books.

Chapter 9

Bandura, A. (1997). Self-efficacy: The exercise of control. W.H. Freeman.

Block, P. (2011). Flawless Consulting: A Guide to Getting Your Expertise Used. Pfeiffer.

Buckingham, M., & Clifton, D. O. (2001). Now, Discover Your Strengths. Free Press.

Covey, S. R. (1989). The 7 Habits of Highly Effective People: Powerful Lessons in Personal Change. Free Press.

Deci, E. L., & Ryan, R. M. (2000). The "What" and "Why" of Goal Pursuits: Human Needs and the Self-Determination of Behavior. Psychological Inquiry, 11(4), 227-268.

Dweck, C. S. (2006). Mindset: The New Psychology of Success. Random House.

Goleman, D. (1995). Emotional Intelligence: Why It Can Matter More Than IQ. Bantam Books.

Grant, A. (2014). Give and Take: Why Helping Others Drives Our Success. Penguin Books.

Greenleaf, R. K. (1977). Servant Leadership: A Journey into the Nature of Legitimate Power and Greatness. Paulist Press.

Heifetz, R. A. (1994). Leadership without Easy Answers. Belknap Press.

Ibarra, H. (2015). Act Like a Leader, Think Like a Leader. Harvard Business Review Press.

Kouzes, J. M., & Posner, B. Z. (2017). The Leadership Challenge: How to Make Extraordinary Things Happen in Organizations. Jossey-Bass.

Laschinger, H. K. S., & Read, E. A. (2016). The effect of authentic leadership on employee engagement, burnout and retention: A structural equation modelling approach. Journal of Nursing Management, 24(6), 766-775.

Lencioni, P. (2002). The Five Dysfunctions of a Team: A Leadership Fable. Jossey-Bass.

Manz, C. C. (1986). Self-Leadership: Toward an Expanded Theory of Self-Influence Processes in Organizations. Academy of Management Review, 11(3), 585-600.

Northouse, P. G. (2018). Leadership: Theory and Practice. Sage Publications.

Pink, D. H. (2011). Drive: The Surprising Truth About What Motivates Us. Riverhead Books.

Quinn, R. E. (2004). Building the Bridge as You Walk on It: A Guide for Leading Change. Jossey-Bass.

Sinek, S. (2014). Leaders Eat Last: Why Some Teams Pull Together and Others Don't. Portfolio.

Wang, D., Waldman, D. A., & Zhang, Z. (2014). A meta-analysis of shared leadership and team effectiveness. Journal of Applied Psychology, 99(2), 181-198.

Chapter 10

Bennis, W., & Nanus, B. (1985). Leaders: The Strategies for Taking Charge. Harper & Row.

Drucker, P. F. (1954). The Practice of Management. Harper & Row.

Fiedler, F. E. (1967). A Theory of Leadership Effectiveness. McGraw-Hill.

Heifetz, R. A., & Laurie, D. L. (1997). The Work of Leadership. Harvard Business Review, 75(1), 124-134.

Hersey, P., & Blanchard, K. H. (1982). Management of Organizational Behavior: Utilizing Human Resources. Prentice Hall.

Kotter, J. P. (1990). A Force for Change: How Leadership Differs from Management. Free Press.

Mintzberg, H. (1973). The Nature of Managerial Work. Harper & Row.

Northouse, P. G. (2018). Leadership: Theory and Practice. Sage Publications.

Rost, J. C. (1991). Leadership for the Twenty-First Century. Praeger.

Scharmer, C. O. (2009). Theory U: Leading from the Future as It Emerges. Berrett-Koehler Publishers.

Senge, P. M. (1990). The Fifth Discipline: The Art & Practice of The Learning Organization. Doubleday/Currency.

Zaleznik, A. (1977). Managers and Leaders: Are They Different? Harvard Business Review, 55(5), 67-78.

Zhang, Y., Waldman, D. A., Han, Y. L., & Li, X. B. (2015). Paradoxical leader behaviors in people management: Antecedents and consequences. Academy of Management Journal, 58(2), 538-566.

Yukl, G. (2010). Leadership in Organizations. Prentice Hall.